全国品牌管理师资格认证考试指定用书
全国高等院校《品牌管理》课程骨干教师培训指导用书

品牌管理

Brand Management

周 云 姚 歆 徐成响 编著

图书在版编目（CIP）数据

品牌管理/周云，姚歆，徐成响编著. —北京：经济管理出版社，2013.5
ISBN 978-7-5096-2458-6

Ⅰ. ①品…　Ⅱ. ①周…　②姚…　③徐…　Ⅲ. ①品牌—企业管理—教材　Ⅳ. ①F273.2

中国版本图书馆 CIP 数据核字（2013）第 101585 号

组稿编辑：勇　生
责任编辑：许　兵
责任印制：杨国强
责任校对：超　凡

出版发行：经济管理出版社
（北京市海淀区北蜂窝 8 号中雅大厦 A 座 11 层　100038）
网　　址：www. E-mp. com. cn
电　　话：(010) 51915602
印　　刷：三河市延风印装厂
经　　销：新华书店
开　　本：720mm×1000mm/16
印　　张：13
字　　数：240 千字
版　　次：2013 年 7 月第 1 版　2013 年 7 月第 1 次印刷
书　　号：ISBN 978-7-5096-2458-6
定　　价：48.00 元

编委会

主　任： 祝合良

副主任： 姚　歆　曾叔云

委　员： 张梦霞　杨曦沧　黄　琦　郑新安　顾环宇　林　海

作　者

周　云　北京农学院经济管理学院　副教授

姚　歆　中国商业联合会职业技能鉴定指导中心　副主任

徐成响　北京市昌平区教委　副主任

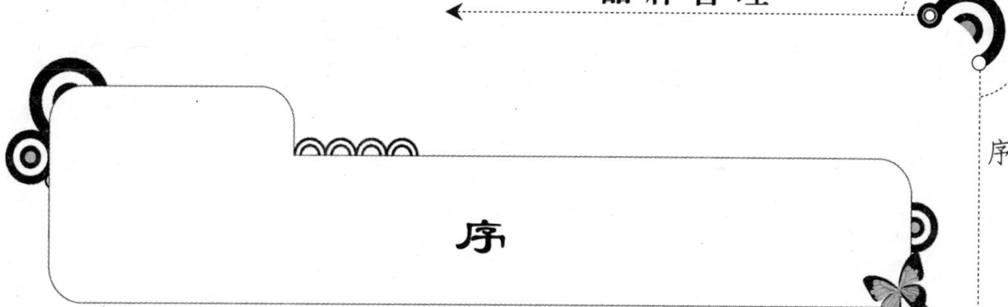

序

我国从20世纪90年代初就开始大力发展自主品牌建设、推动企业品牌化建设，但一直收效甚微，已形成了一副难以逾越的品牌困局。究其根本原因就在于我国至今仍没有专业的品牌管理人才，人才的匮乏是制约我国企业发展品牌的根本原因。

形成现在人才匮乏的原因是多重的，其中最为关键的一条就是国内一直没有专业的品牌管理从业标准，这使得现在从事品牌管理的人员都没有接受过系统的品牌理论学习，甚至从事品牌管理课程教学与科研的高校教师，几乎都没有接受过系统的品牌理论教育。以至于大家都认识到品牌管理非常重要，但却无处系统学习和深造，从事和承担品牌管理工作的实践者都是通过参加一些相关的职业技能培训课程来弥补这方面知识的贫乏。

能否尽快完成适合我国国情的品牌管理人员的培养和建设，并培养出一大批专业优秀的品牌管理人才，对于我国发展自主品牌，解开当前的品牌危局有着积极的现实意义和前瞻的理论意义。

周云老师与同事合著的这本《品牌管理》教材，是严格按照技术条件标准编著的，有一个独立的理论体系、完整的教学框架以及系统的研究思路，代表了我国现阶段品牌管理科学研究和教育的前沿水平。这一教材的发行对于规范整个品牌管理科学研究与教育培训的现状，都将起到重要的促进作用。

首都经济贸易大学

祝合良

2013年4月

前　言

2012年9月19日，商务部发布了行业标准《品牌管理专业人员技术条件》(SB/T 10761-2012)，自2012年12月1日起正式实施。此外，国家标准化管理委员会以"中华人民共和国行业标准备案公告2012年第12号（总第156号）"对行业标准《品牌管理专业人员技术条件》(SB/T 10761-2012）予以备案，备案号：37618-2012。该行业标准依据《中华人民共和国标准化法》，是目前唯一经政府主管部门批准实施的关于品牌管理人员培训评价的管理标准。该标准规定了品牌管理专业人员的术语和定义、等级划分（助理品牌管理师、品牌管理师和高级品牌管理师）、技术条件，适用于各类企事业单位中的品牌管理专业人员，其他社会组织的相关人员可参照执行。

为加快培养紧缺急需的品牌管理人才，提高品牌管理专业人员的整体素质，中国商业联合会经研究，决定从2013年起开展行业标准《品牌管理专业人员技术条件》（下称"行业标准"）宣贯和申报品牌管理师资质认定培训机构工作，由中商联培训部和中商联商业职业技能鉴定指导中心具体组织实施。为此，中商联联合首都经济贸易大学中国品牌研究中心、对外经济贸易大学、北京农学院经济管理学院等单位，邀请专家针对《品牌管理专业人员技术条件》的要求编写系列教材，配套使用。

教材按照《品牌管理专业人员技术条件》内容的具体要求分成四个部分，共由十三章组成，第一部分是关于品牌的创建，由前四章组成，分别介绍了品牌定位、品牌名称与徽标设计、品牌个性的确定与塑造和品牌推广策略。第二部分是关于品牌管理实务，由第五章品牌哲学与品牌文化管理、第六章品牌战略管理、第七章品牌危机管理和第八章品牌延伸管理组成。第三部分是关于品牌传播推广的基本内容，由第九章品牌传播理论、第十章广告策划与传播、第十一章公共关系活动三章组成。第四部分是关于品牌资产的管理，由第十二章品牌资产和第十三章品牌资产评估方法组成。

本教材不仅适合参加品牌管理师考试的学员使用，同时也适合广大品牌管理人员、自主品牌的创建者、高校教师等使用。

由于时间仓促、水平有限，难免有未能详尽之处，敬请读者指正。如有指正之处请与作者联系（作者邮箱 uibezhouyun@163.com）。最后，感谢品牌学界的同仁们以及给予支持的同行和朋友们。

周　云

2013 年 3 月 31 日于北京

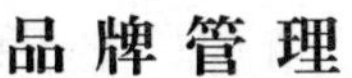

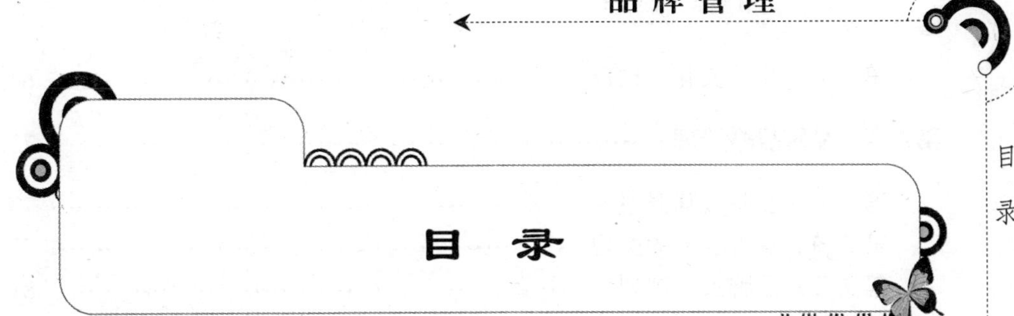

第一部分　品牌的创建

第二部分　品牌管理实务

第三部分　品牌传播推广

第四部分　品牌资产管理

第一部分

品牌的创建

传统的品牌理论认为，一方面，创建品牌是一项复杂的系统工程，整个工程中充满了来自各个学科的原理和方法，是一门典型的交叉科学。另一方面，创建品牌又是一门赢得消费者的爱的艺术，只有消费者的关注和爱才能成就一个品牌。于是，秉持传统品牌理论的学者认为，品牌就是科学与艺术的融合。

近年来，新营销理论不断推陈出新，一些有关品牌的经营思想也不断创新，尤其是有关消费者在营销中的地位问题，学者们又有了新看法。过去的“消费者就是上帝”的理念受到了质疑，来自实践的经验让经营者知道：“千万不要让你的顾客成为上帝，要想方设法让顾客成为信徒，因为上帝只能有一个，而上帝的信徒可以有千千万万个。”新营销理论认为，品牌可以使消费者付出的不仅是关注和爱，而且是可以令消费者疯狂、忘我甚至是崇拜的精神，就像上帝一样，让消费者顶礼膜拜。因此，新营销理论的学者们认为：创建品牌其实和传播宗教的过程是一样的。

本部分将按照创建品牌的逻辑顺序逐层展开，从品牌定位开始，到品牌命名与徽标设计、个性赋予和推广与传播，一共四章内容。

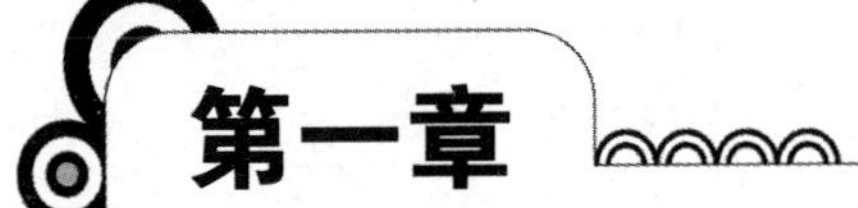

第一章 品牌定位

品牌定位指企业对具体的品牌在其价值取向及个性差异上的原则性决策。从理论上说是市场定位在先，继而是产品定位，最后才是品牌定位。前两个步骤在市场营销学当中有全面的解释，所以此处不再赘述，在此着重阐述品牌定位的基本内容。

第一节 品牌资源分析

市场营销学认为，市场就是现实购买者和潜在购买者的总和，分析市场是一切营销活动的基础，对于市场化程度极高的品牌运营也不例外，因而，品牌资源分析的实质就是市场分析。

品牌定位的前提是品牌资源分析，它决定了创建品牌的决策是否可行，因此，品牌创建之初的第一项任务就是对企业现有的、与品牌创建有关的资源进行系统的梳理和分析。品牌资源的分析包括了如下四个方面：

一、人力资源分析

进行人力资源分析时，首先审视一下自己现有的运营队伍，是否具有充足的品牌运营能力；其次对品牌运营的各个环节逐个甄选、布置，针对运营环节与岗位职能进行对比；配齐和优化运营队伍是品牌运营成败的关键。因此，对品牌运营队伍、现有营销队伍和现有品牌管理人才资源进行分析是品牌资源分析的第一步。详细地说，有三个方面的具体分析：

（一）专业的品牌运作团队

专业化品牌运作团队是创建品牌的核心，一个优秀的团队至少应该具有以下三项关键能力：其一，较强的策划能力；其二，品牌战略规划及实施能力；其三，品牌危机应对与处理能力。这三项能力都是综合能力的体现，分别代表了品牌创建当中最重要的三个环节：战略制定与实施、市场策划与运作、危机的应对与处理，它们构成了品牌创建全过程的框架。

专业品牌运作团队的成员既可以从组织内部选拔，也可以从外部聘用而来。或者通过与其他公司的合作直接建立团队。无论选择何等方式组织和招聘成员，团队的磨合都是非常有必要的，在长期的磨合协调后形成的具有高度凝聚力、创新力和执行力的团队将成为组织创建品牌的核心。

（二）企业核心领导层

创建品牌是一个涉及企业所有部门和人员的系统性工程，协调难度很大，如果没有企业核心领导层的支持，则很难完成复杂的协调和安排。因而，在品牌创建的过程中，对人的分析中就有一个重要的方面，即对企业核心领导层的品牌驾驭力的分析。

一个有利于品牌创建的企业核心领导层至少应具备三个特点：第一，开放的经营思想和开阔的眼界；第二，强有力的领导力和决策能力；第三，对企业和品牌的驾驭能力。

（三）全员的品牌经营意识

对于企业而言，创建品牌不是一个人或一个团队的事，它是企业内所有员工都必须参与的事；有许多基层工作都涉及品牌的塑造，每一个营销人员都会直接面对消费者，消费者对品牌的第一印象就来自第一个为他服务的员工，这位员工可能是业务员，也可能是安装工，还可能是电话回访员；每一个对外服务的基层员工在与消费者接触时都会代表着企业的形象，他们也是品牌塑造的一部分。即使是在企业内并不直接接触消费者的从事生产或其他辅助工作的员工，也一样会影响品牌的塑造。

因此，培养全体员工的品牌意识就成为塑造品牌过程中不可或缺的环节。通过短期的人力资源培训，使员工了解企业的品牌战略，并主动与自己的实际工作相结合，这样更有利于品牌战略的实施。

二、财务资源分析

财务资源是指企业所拥有的资本以及企业在筹集和使用资本的过程中所形成的独有的不易被模仿的财务专用性资产，包括企业独特的财务管理体制、财务分析与决策工具、健全的财务关系网络以及拥有企业独特财务技能的财务人员等。

创建品牌是一项风险很高的投资活动，其投资周期不确定，而且还要有相当长的准备期和铺垫期，其间投入规模大，且很少有人能从中受益，这就需要充足的现金流为品牌长期运营作保证；因此，财务资源是创建品牌的必要条

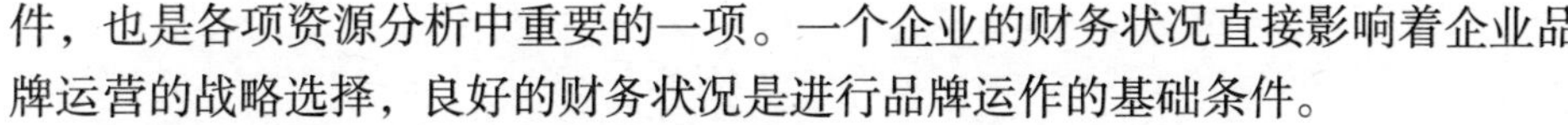

件，也是各项资源分析中重要的一项。一个企业的财务状况直接影响着企业品牌运营的战略选择，良好的财务状况是进行品牌运作的基础条件。

财务资源分析是一项专业性很强的工作，需要专门的部门和人员完成，在此，本课程不专门研究财务问题，该部分不再赘述。

三、产品资源分析

尽管现在出现了一些专事于将品牌作为产品的公司，但仍是极少数，没有产品作为支撑的品牌还是很少看到。在经典的品牌关系理论中，企业的产品是整个品牌关系运动的载体，是品牌在市场环境中实现价值的体现，从选择好产品入手，会使塑造品牌事半功倍。

对企业拥有的产品可以进行产品组合的分析。例如，在以往的销售中，企业的主导产品属于什么档次，在市场上的占有率如何，预计生命周期还有多长，盈利情况怎么样，除品牌主导的产品以外，其他的附属产品有多少，以及盈利对比情况，等等。

对产品资源的分析，一般运用产品组合的业务单元分析方法，即对已有的产品进行充分的整合，以品牌发展的需要为准绳，以是否与品牌内涵保持一致性为主要评价指标，对产品进行排序，分列出若干业务单元，对符合品牌发展目标的业务单元优先予以支持。

四、目标市场的竞争空间

如果某一细分市场内存有众多的品牌，且处在激烈的竞争当中，那么，若想在这样的市场内塑造一个新品牌是很困难的事，因为它留给新品牌的空间十分有限，我们经常用市场裂缝来形容它的狭小。与此相反，如果发现某目标市场上几乎没有品牌，企业也相对小而分散，那么，这样的市场特别适合新品牌的塑造。

塑造新品牌需要相对有序的市场环境，需要能够容纳新品牌的市场空间。企业可以努力发掘新市场，也可以回顾和总结现有的客户资源，并进行细化分类，来寻找商机；同时，要关注市场上的潜在客户，关注他们的数量和消费能力，并分析能够进一步发掘的可能性。现有的客户和潜在的客户都是进行品牌运作的重要资源。

第二节　品牌定位的内容

一、品牌定位的概念

（一）基本概念

品牌定位是指企业或组织对其品牌在战略方向、文化取向及个性差异上的选择决策，它是建立一个与目标市场有关的品牌内涵的预先设计，指品牌能够实现并到达预先确定的市场位置的路径。

（二）品牌定位与市场定位的关系

品牌定位是与 STP（市场细分、目标市场选择和市场定位）连续步骤相连接的一个环节，即 STP、产品定位和品牌定位。它们看起来相对独立，其实与市场定位一致，是一个连续的完整过程。

具体来说，市场定位是企业针对于目标消费者做出战略愿景之后，为达到此愿景而选择的路径。产品定位是在完成市场定位的基础上，采用什么样的产品策略来满足目标消费者或目标市场的需求。产品定位是对市场定位的具体化和落实，其以市场定位为基础，受市场定位结论的指导，但比市场定位更深入和细致。

品牌定位也可以看成是市场定位的一部分，在实施品牌优先发展战略的企业里，品牌定位就是市场定位的核心，它是这个企业发展战略的集中表现。企业一旦选定了目标市场，就要设计并塑造自己相应的品牌及企业形象，以争取获得目标消费者的认同。由于市场定位的最终目标是实现产品销售，而品牌是企业传播产品相关信息的基础，是消费者选购产品的主要依据，因而品牌成为产品与消费者连接的桥梁，品牌定位也就成为市场定位的核心和集中表现。

一般而言，在完成市场定位和产品定位的基础上我们才能比较顺利地进行品牌定位。品牌定位要解决的问题是：在市场细分化和产品差异化的基础上，进一步强化品牌识别的作用，以增强产品竞争能力。品牌定位以产品定位为基础，但内容远不止于产品的范畴。

（三）品牌定位的作用

品牌定位是品牌与这一品牌所对应的目标人群建立的一种内在的联系。因而，对品牌的定位实际上是寻找和预设目标人群能够接受的消费诉求。

品牌定位是企业总体战略的组成部分，充分体现品牌的独特个性和差异化优势，其作用归纳起来有如下三点：

1. 在实务中经常表现为品牌的核心价值观

品牌核心价值观是一个品牌的灵魂所在，是消费者认同一个品牌的主要原因。它是品牌定位中最重要的部分，与品牌识别体系共同构成了一个品牌的独特定位。

2. 与消费者建立长期的、稳固的关系

当消费者可以真正感受到品牌优势和特征，并且被品牌的独特个性所吸引时，品牌与消费者之间建立长期、稳固的关系就成为可能。

3. 为企业的产品开发和营销计划指引方向

品牌定位的确定可以使企业实现其资源的聚合，产品开发从此必须履行该品牌向消费者所做出的承诺，各种短期营销计划不能够偏离品牌定位的指向，企业要根据品牌定位来塑造自身。

二、品牌定位系统

一个完整的品牌定位系统由三个层次共同组成，分别是品牌内涵定位、品牌外延定位、品牌市场策略定位。每一层定位的内容和作用都不同。品牌内涵定位是核心定位，具有相当强的稳定性，一旦形成一般不会改变；而品牌外延定位是定位的主要表现，短时间内也较为稳定，但受到较大影响后也会发生一些调整；品牌市场策略定位是在前二者的基础上，以细分市场中目标消费者的特点为对象，制定具体的方案以应对市场竞争，其往往有针对性，是针对一时一事、一物一地的具体的竞争方式的定位，因而，品牌市场策略定位强调随机应变，与时俱进，不具有稳定性。

（一）品牌内涵定位

1. 品牌价值观定位

品牌内涵定位即指品牌价值观定位。品牌价值观定位是品牌的基础的定位，体现品牌的价值取向，与其价值观相符的消费者会对品牌产生认同感，并以联想的形式，影响消费心理和消费行为。

品牌价值观实际上是经营者用有关品牌的活动来表达自己对周围的客观事物的意义、重要性的总评价和总看法。一方面表现为价值取向和追求，凝结为一定的价值目标；另一方面表现为价值尺度和准则，成为人们判断事物有无价值及价值大小的评价标准。

品牌价值观一旦确立，便具有相对稳定性。但就经营者而言，由于人员更替和环境的变化，经营者的价值观念又是不断变化的。传统价值观念会不断地受到新价值观的挑战。对品牌关系中的诸多事物的看法和评价在经营者心目中的主次、轻重的排列次序，构成了品牌价值观体系。品牌价值观和品牌价值观体系是决定经营者行为的心理基础。

品牌价值观定位的主要内容是建立符合品牌文化的价值观体系，要有明确地对经营指导的是非判断标准。

2. 品牌价值观的作用

品牌价值观对经营者自身行为的定向和调节起着非常重要的作用。它决定企业的自我认识，直接影响和决定企业的经营思想和追求方向。品牌价值观的作用大致体现在以下两个方面：

其一，品牌价值观对企业的经营有导向的作用。

经营者的价值观支配和制约着他的经营风格，对其经营模式有着重要影响，一旦形成独特的品牌价值观，经营者本身的言行也都会受到它的影响和制约。

其二，品牌价值观对消费者的消费动机有很大影响。

在同样的客观条件下，具有不同价值观的人，其动机模式不同，产生的行为也不相同；动机的目的受价值观的支配，只有那些经过价值判断被认为是可取的，才能转换为行为的动机，并以此为目标引导人们的行为。品牌价值观依据这一原理深刻影响着消费者。

（二）品牌外延定位

品牌外延定位包含了两重含义，即品牌的经营理念与经营风格的定位。

1. 品牌经营理念定位

品牌经营理念定位是对品牌内涵定位的具体化，突出了品牌的价值取向和意义，该定位是使品牌经营能够把握目标人群的消费心理和消费习惯，使品牌经营的习惯和消费者接受的消费习惯在根本上保持一致，塑造一种以品牌观认同为基础的品牌经营理念。

品牌经营理念定位的内容直接影响到品名与品质的设计、功效和价格（档次）的确定等一系列的在经营层面的操作原则，是未来所有品牌经营活动的指导原则。

2. 品牌经营风格定位

品牌经营风格定位是指与品牌经营有关的所有人员的管理水平、经营特点和经营风格的定位，是反映在品牌运营过程中，品牌被人格化以后具有的品牌个性与风格的定位。

品牌经营风格定位包括了品牌的视觉识别和行为识别定位、形象定位，以及文化定位等，是品牌外延定位的另一重要方面。

（三）品牌市场策略定位

品牌市场策略定位就是以细分市场中目标消费者的特点为主要研究对象，

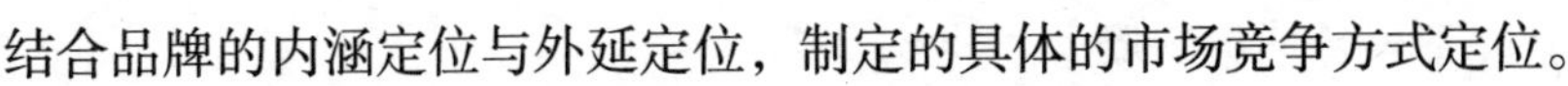

结合品牌的内涵定位与外延定位，制定的具体的市场竞争方式定位。

三、品牌定位程序

品牌的定位，不同于抽象的市场定位，也不同于十分具体的产品定位，品牌定位的抽象程度介于二者之间，因此它的定位过程有其独特的程序，从抽象的核心价值到具体的诉求点选择，贯彻一个从抽象到具体的过程。

越抽象的理论就越会被普遍地运用，抽象的核心价值观会在整个品牌运作中体现出来，远不仅仅局限在品牌定位程序中。作为品牌定位的首要条件，是将企业的核心价值观浓缩在品牌方面，将最为抽象的企业经营理念，进一步具体化为品牌的核心价值；这是企业经营理念与品牌风格的统一。

在确定了品牌的核心价值之后，品牌定位进入了下一个重要的步骤，即品牌竞争目标的确认。这是将品牌核心价值进行充分演绎的过程，同时也是将抽象的价值观具体化的重要步骤。然后，对可以进行演绎的方向进行穷尽分析，优选其中有优势、有可能的方向，放大并将其目标具体化。这一过程会充分体现出品牌所有者的社会责任感和价值观，以及品牌经营的思路，对今后品牌实务有程序化的指示作用。

品牌的定位具体表现在两个方面：一是诉求定位；二是策略原则。前面的两步都是为了清晰品牌诉求与品牌策略原则。优选品牌诉求是品牌定位理论的具体化，品牌策略原则则是品牌定位实务的具体标准。二者共同构成完整的品牌定位。

综上所述，品牌定位按照如下四个步骤展开：

第一步，分析该品牌的核心价值。

依据产品定位确定品牌核心价值。品牌的定位一定不能偏离品牌的核心价值，优秀的品牌核心价值应该能够体现品牌所有者的社会责任感和价值观。例如，对食用农产品而言，安全性是体现生产者社会责任感的首要要求等。

第二步，品牌竞争目标确认及核心价值的演绎。

品牌定位的目的是尽可能地避开竞争者所带来的冲突。在具体确定企业品牌位置时一定要分析竞争品牌在消费者脑海中的现有位置。在了解竞争者的基础上，运用具体的营销策略，结合自身的资源情况确立明确的品牌价值理念。除此之外，企业并不能直接实现其价值观的传播，优选演绎方向是品牌定位中重要的步骤。

第三步，优选品牌诉求点。

在确立了核心价值及其演绎方向之后，其他定位都要建立在自己的优势诉求点之上，品牌所有者即可优选品牌在营销中的品牌诉求点。此阶段的品牌诉求表达起来已经不再是抽象的概念。

第四步，品牌策略原则的形成。

这一阶段，完成了品牌理念从抽象概念到具体操作的过程。对原则的具体化是以后对品牌进行传播与应用的基础。应用与传播必须遵循这一阶段形成的各项品牌策略原则。

品牌策略原则的形成标志着一项品牌定位的完成。当然，这些原则也不是一成不变的，适时地修改原则以适应环境的变化也是必须有所准备的。

品牌定位会有两种具体的形式来影响企业的经营。其一是具体的执行目标和选择。像目标人群定位、产品档次定位等，都是具体的目标与选择定位。其二是与品牌经营相关的原则。如广告媒体选择的原则、品牌危机处理的原则等，很多优秀的广告设计或公共关系活动就是基于品牌定位而来的。这类定位表现得并不具体，只是对预计发生的经营步骤提前做出预见性的分析和处理原则的安排。

第三节　基于品牌内涵的定位策略

一套完整的品牌定位体系包含了品牌价值观的确定，品牌经营理念和经营风格的确定，以及市场策略定位。尽管所处层次不同，但都是围绕着品牌关系展开。创建品牌之初只有品牌价值观的确定，其余的定位和设计都是在长期实践中慢慢积累和丰富起来的，因而，此节只对品牌内涵定位的策略和分类进行分析，其他层次有关定位的问题在本书的品牌管理部分有详解。

品牌内涵定位的分类是依据品牌要素而来的，对所有创建品牌所需的要素逐一安排确定的过程就是品牌内涵定位分类的基本框架。依据每个要素的特点，结合企业实际，可以制定出千差万别的品牌内涵。

一、产品属性与类别导向型定位类型

如果确定产品因某种属性或类别而具有明显的差异化优势，难以模仿但消费者又很重视这种属性，那么，企业可以考虑采用产品属性与类别导向型定位策略。产品属性与类别导向型定位意指以产品属性或类别为定位起点，全面思考产品构成，并使其成为品牌构成要素的主导，整个品牌定位策略看起来就是在产品身上做文章，渐渐地使品牌成为产品的代名词。

雷达表的品牌定位就是此类定位的典型代表，该品牌的定位就是基于产品

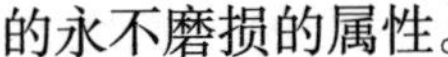

的永不磨损的属性。

七喜饮料的品牌非字法定位更是将此类定位综合运用到了极致。七喜打破饮料市场一贯按照碳酸类饮料和非碳酸类饮料的划分方法，将饮料市场的饮料类别划分为可乐类饮料和非可乐饮料，并针对可乐含咖啡因的弱点，将自己的品牌市场策略定位于“七喜，不含咖啡因的可乐”，从而使得自己成为非可乐饮料的第一大品牌，获得了第一效应，占据了美国饮料市场的半壁江山。

二、企业导向型定位类型

企业导向型定位类型是指企业发展品牌的思路依据企业发展的阶段或企业的特殊性而展开。每个企业发展的路径都不尽相同，确定自己发展品牌的思路也需要结合自身的条件，尤其是需要结合企业发展的状况和特殊性。

这类品牌策略定位表现为对品牌核心观念一致性控制的不足，频繁地更换代言人或是不断地变化自己的核心价值观，使得消费者对他的认识无所适从，这样的品牌很难深入人心并连续地发展。

三、消费者导向型定位类型

如果品牌定位是参考消费者对品牌或产品诉求的能力，则属于消费者导向型定位类型。有些企业通过对产品诉求进行品牌宣传，但因为产品诉求很复杂，不易于消费者的理解和传播，所以，为了便于消费者的理解和记忆，一般会将这些诉求整理成一个通俗易懂且有吸引力的新词汇，从而引发消费者对其诉求的联想和兴趣。

娃哈哈儿童口服液的定位“喝了娃哈哈，吃饭就是香”就是一个比较典型的消费者导向型定位。这句浅显易懂的广告语里包含了娃哈哈产品的众多诉求，如果一一介绍则会将产品的主要诉求埋没在众多的功能信息当中；该定位通过对消费者心理的把握，高度凝缩了产品信息，使其定位完全按照消费者的最终目的来表达，使其也包含了家长们对孩子健康的期望，加上随后的广告语设计也很有创意，最终使得该品牌在市场中获得了消费者的认可。

金六福的品牌策略定位也是基于对消费者的考虑，它将自己定位在了“有喜事，金六福酒”，这使得它的用途专指于喜庆场合的用酒。其实，消费者在特定场合对同一种产品的属性认识是没有任何差异的，但是，由于品牌定位的不同，使得消费者对产品的认识因品牌不同而产生差异却是可以做到的。

四、市场竞争导向型定位类型

市场竞争导向型品牌定位的策略，是指企业比较重视市场内的其他竞争者的定位，参考其他竞争者的定位策略并有意安排自己的品牌在竞争中处于独特的有利地位，以便获取竞争优势的定位策略。

这种品牌市场策略的定位完全基于竞争对手的品牌策略，有时是回应式的，有时甚至是回击式的。这种定位可能是针对一轮竞争，也可能是针对一个品牌或是一组观念；总之，具有针对性是这种定位类型的特点。

如五谷道场的“非油炸，更健康”的定位就是针对其他方便面品牌油炸工艺的弱点而制定的。在加多宝和王老吉之间的较量中，加多宝打出“销量领先的红罐凉茶改名了”的标语后，王老吉马上回应“从未改名”。这些都是竞争导向型定位的导向。

第二章 品牌名称与徽标设计

第一节 品牌品名设计

在品牌形象系统中的名、图、字、色四要素中，品名是首位。确立品名识别，对于品牌塑造而言是很重要的一步，深入了解名称以发现做出该选择的理由是十分必要的。这其中的道理，正如西方谚语所说的，“名称预示着一切”，“好名字预示着好的开始”。

一、品牌品名的设计综述

一般来说，一个品名有两层含义。第一层含义是指“用以识别”功能的产品名称，是品名的基本含义层，商标名称是与品名最为接近的法律词汇，二者的识别功能是一致的，只是适用的范围有所不同而已，有关商标的理论完全可以适用于品名的初步设计。当产品名称得到消费者的广泛认知，产生了品牌关系后，品名就有了第二层的含义，即品牌的品名。这时的品牌品名与商标名称是完全不同的概念，品牌品名具有深刻的内涵。一般来说，提及商标名称是指商标名称的标准，提及品牌品名一般是指品牌品名的设计，属于品牌的符号或形象识别系统。

在品名设计实践当中，品名的设计是艺术性最强的环节，有很大的发挥空间，也正因为如此，品名设计的实践者存在良莠不齐的现状；不能科学地、系统地设计品名，造成了许多品牌在发展初期就存在着深刻的隐患。尤其是在跨文化的品牌传播过程当中，因品名设计引发文化冲突而导致品牌推广失败的例子更是不胜枚举。

品名设计有两种倾向，在品名设计的实践中有极大的危害性。其一可以称之为艺术论，认为品名设计是艺术的发挥，很简单很容易，只要把握住品牌的内涵，对其进行艺术的加工，符合文化背景的要求，被消费者认可，这就是好的品名，自然而然，这个设计也是成功的。其实不然，品名的设计除了要求艺术的发挥，还要求科学的指导，其过程并不复杂，但却很难把握。另一个倾向是运气论，认为品名设计根本无规律可循，品名或品牌的成功都是运气好而已。这两种论调对实践都是有害的，客观地讲，品名设计是艺术的，同时也是科学的，二者不能偏废。品名设计的成功有运气的成分，但也不是完全受运气所支配的。

二、品牌品名设计的原则

总结以往有关品牌品名的设计理论和经验，可以归纳出设计品牌品名需遵循的五大原则，即易于传播的原则、丰富内涵与易于联想的原则、易于延伸的原则、适应性原则与可保护性原则。

（一）易于传播原则

易于传播原则是创造品名的核心，由易识别、易口传、易记忆几个方面的要求共同组成，最终达到易于传播的目的。

1. 易识别

一个品名越长越难记忆，但这也并不是说越短就越好，名称太短识别也越发困难，因为内涵越小外延就越大。比如，一个字的品名就特别容易引起歧义，还可能招致其他品牌的恶意模仿而难以处理。如品牌“派”，和品牌“哌”就很难区分。

2. 易口传

从心理学的角度讲，易口传的品牌品名字数不应该超过 4 个，超过 4 个字的品名被传播的可能性会迅速递减。而且在选择用字时尽量不用生僻字或谐音字，因为越难传播的名词，其宣传成本就越高。比如说：犇羴鱻饭店，饕餮居，这样的品名，其取意都是非常好的，但因为用词生僻，传播起来难以上口，所以不易形成口传。便宜坊的“便”字让初次接触的消费者不知道该读 bian，还是读成 pian，因而不能及时上口传播，也会影响它传播的效果。品名传播首先要朗朗上口，易于口传。

3. 易记忆

记忆在消费者的心理活动中，起着极其重要的作用。实际上，这不仅发展、深化了认识过程，而且把认识过程与情感过程联系起来。

人类视觉系统作为传播系统的一个渠道，在特定的时间内，分析和传递的信息比大脑接收和记忆的要多得多。因此，在这样的传播系统中，系统所能经受的强度在很大程度上要取决于大脑的存储能力。

在短暂呈现的条件下，大脑能接受的数量至少 6 个，至多 9 个，平均为 7 个。也就是说，在刺激的数目超过 7 个的场合下，大脑适时所接受的量一般是 7 个。

还有资料表明，品牌标题在 6 个字以下，消费者的回忆率为 34%，在 6 个字以上，则其回忆率只有 13%。适时记忆的具体数可能会因具体情况而不同，但是有一点可以肯定，即消费者在短暂时间中接受的信息是极有限的。彼得森的研究证明，短时记忆保持的时间也是很有限的，该项试验指出，记忆在间隔 18 秒时几乎完全遗忘。

像顶新集团的“康师傅”品名就是个很好的例子，“康”代表健康，与产品所处的食品行业理念一致；而“师傅”又是传统中对好厨师的一种尊称，整个品名读起来上口亲切，响亮易记，是一个很优秀的品名。还有白大夫、小护士，这些品名的命名思路基本上都是一致的，它们都遵循了命名的易于传播原则。

（二）易于联想的原则

一个优秀的品名是能够引起消费者联想的品名。要想使消费者朝着设计好的方向联想，就需要在品名设计时遵循易于丰富联想的原则；这需要设计品名的内涵，有丰富内涵的品名更易于联想。

1. 联想

联想在消费者的心理活动中也占有重要的位置，因此，在市场营销活动中，尤其是在品牌的品名和徽标设计之中，必须考虑联想的作用。

人所处的环境是由无数客观事物构成的客观世界，而客观事物之间又是相互联系着的，事物之间的不同联系反映在人脑中，就会形成心理现象的联系。这种由一种事物的经验想起另一种事物的经验，或由想起的一种事物的经验，又想起另一种事物的经验就是联想。

巴甫洛夫的条件反射说认为，联想是神经中已经形成的暂时联系的复活。“暂时神经联系乃是动物界和人类本身一般的生理现象，而且它同时又是心理学者称为联想的心理现象，二者完全是相互融合、彼此互为吸收并完全是同一种东西。”因此，人们也把条件反射的建立说成是联想的形成。

2. 联想律

古希腊的亚里士多德认为，一种观念的发生必然伴以另一种与它类似的，或相反的，或接近的观念的发生。这种在空间上或时间上的接近、对比和类似的观念的联系，被称为三大联想律，即接近律、对比律和类似律。

接近律是指在时间或空间上接近的事物容易引起的联想，例如，火柴与香烟的联想。对比律是在性质或特点上相反的事物容易引起的联想，例如，白天与黑夜的联想。类似律是在形貌和内涵上相似的事物容易引起的联想，例如，鸡与鸭等。

在三大联想律的基础上，后人又补充了因果律，所以，现在就有了人们所称的四大联想律。所谓因果律，是指在逻辑上有着因果关系的事物容易引起联想，例如，潮湿与下雨。

3. 联想律在品名设计中的应用

在品牌设计中，一个基本事实是：品牌主题需由语言文字和图形才能成为可视、可听和可读的品牌作品。人们所说的联想在品牌设计中的运用，主要通过语言文字和图形来实现。

现代品牌管理当中，人们很容易发现四大联想律的利用。例如，每到节日来临之前，无论是西方国家的圣诞节，还是中国及东南亚国家的春节，围绕着过节为主题的广告明显增多。这是利用接近联想律的典型示例。实际上，任何产品都可能同一定的对象在时间、空间上有联系。为了充分说明特定商品给人们带来的效用和好处，品名设计常使用对比的手法。例如，黑人牙膏的品牌用黑人口中的洁白牙齿作为该品牌形象，也是对比律的一个具体应用。因果律最常应用于药物、补品一类的商品品牌。这些商品通常与身体健壮相联系。至于类似律的应用就更广泛了，啤酒取名为北冰洋，意指与冰冷的特性类似，夏天喝起来清凉爽口。

4. 品名设计运用联想律的制约因素

品牌名称中往往包含着一些引申的含义，进行品牌品名设计时要格外慎重，稍有不慎就会让消费者产生误解。

美国通用汽车公司在波多黎各市场推出 NOVA 雪佛莱品牌时，遭到了无人问津的尴尬。究其原因才发现 NOVA 在西班牙语中发音意为“走不动”，后来通用将其更名为 CARIBE，销量骤然上升。

心理学研究表明，一个事物可能引起多种联想，首先引起什么联想，是由联想的强度和人的定向兴趣两方面的因素决定的。理解制约联想的因素，对于品名设计运用联想律具有重要意义。

定向兴趣受年龄、职业、文化程度等因素制约。因而，同一事物所引起的联想就有所不同。例如，关于不同年龄的联想差异，一般来说，儿童的联想内容大多是身边的具体东西，即时间和空间上更接近的东西，而成人的联想还能以抽象的观念表现出来。例如，对白色，儿童可能倾向于联想雪、白糖，而成人却联想到纯洁、神圣等与其内涵、性质上类似的品质。在对比联想上，成人也与儿童表现得更为不同。比如，对形容词“深的”的联想提问，成人多回答“浅的”，可儿童则容易回答“洞”。

联想的职业差别也是明显的。例如，对于文化水平高的人，说起梅花容易想起梅花的清香以及坚强不屈的性格，可对于一些商人来说，梅花的“梅”字与倒霉的“霉”同音，因而被视为不吉利，成了港粤商人老板的忌语。“炒鱿鱼”一词，对于广大消费者，首先想到的是一种菜名，但在国外，对许多雇员来说，极易想到解雇。在品牌中，联想律的应用显然不能忽视不同行业、不同文化、不同年龄的特点，包括禁忌语与禁忌形象。

好的品名设计一定要使品名中蕴涵一种深刻的理念，能够引发消费者的联想，从而影响消费行为。在品名设计时，既要让语词蕴涵我们所要传达的理念，用词也要达到一定的抽象程度，要确保该品名可以引发消费者联想。因此，品名的设计，其语意最好不要太具体，包容度要大，还要能给人以一定的联想空间。

（三）易于延伸的原则

易于延伸的原则，简而言之就是品名是否能顺利地扩展到其他产品上。一个优秀品牌的品名设计既要能符合产品定位和品牌定位，也要兼顾今后企业经营发展的需要。

品牌延伸是介于新产品线增加和新品牌增加战略之间的一种发展战略的选择；一般认为，品牌延伸是指将一个著名品牌或某一具有市场影响力的成功品牌使用到与成名品牌或原产品完全不同的产品上。品牌延伸能力是决定品牌价值实现与否的最为重要的组成部分，同时，品牌延伸在品牌实践中的应用也最为常见。以美国为例，在过去 10 年新上市的消费品中，有 95%是属于品牌延伸的，采用新品牌推出新产品的比例只有 5%。因此，在设计品名阶段就考虑品牌延伸的问题是十分必要的。

品牌是否可以用于延伸，主要取决于品牌是否具有联想度，在创建品牌的过程中，达到联想度要求之后的品牌就具有了可以被延伸使用的能力。一个品牌是否能够达到联想度又取决于该品牌品名设计时是否考虑延伸并有所安排，否则，一旦不具有联想度，该品牌在后期将会失去延伸的能力，且无法弥补。因而，在品牌品名设计时就必须为品牌未来的延伸进行设计，遵循可延伸的命名原则。

（四）适应性原则

适应性是指品名的使用能够适应时间、空间以及消费者的变化。品名设计要求，在时间上，不能有过强的时代特征，因为时过境迁后品名会随之显得陈旧过时；在空间上，要注意地域差异容易引起的文化冲突，还要尊重各地区消费者不同的消费文化和习惯。此外，品名适应性还包括如下几个方面：

（1）品名的设计选择遵循与企业的经营风格相适应的规律。

（2）品名的设计应当与商品及所处行业相适应。

(3) 品名要与目标消费者的心理相适应。

美国 CocaCola 公司当年准备进入中国市场时，曾聘请一位华裔来设计其中文名。英文的 Cocacola 实际上是一种药草和果子名称的结合，并无实质性的意义，该设计者谙熟中国人的心理，设计出“可口可乐”四个字作为 CocaCola 在华的品名。如今，“可口可乐”在中国市场的反响，充分证明了这一品牌名的策划的成功。第一，“可口可乐”这一品名没有时代印记，且明明白白地显示了饮料的功效，满足了消费者的愉悦心理，体现了品牌定位的内涵；第二，“可口可乐”这一品名符合中国文化音义双佳的审美价值，双声叠韵，凸显了汉字文化的魅力，成为全世界最为成功的品名设计典范。

（五）可保护性原则

可保护性是指名称可以在法律意义上得到充分的保护（即能注册），最好可以在全球注册，尽量避免使用已经被注册的品名。很多企业在这方面意识很薄弱，以至于自己经营了几十年的品牌，被竞争对手抢先注册，而丧失了应有的法律权利。

联想集团将原先使用了 10 年的英文名 Legend 改为 Lenovo（见图 2-1），原因就在于此。联想在解释更名动机时说：“联想品牌要国际化，首先需要一个可以在世界上畅通无阻的、受人喜爱的英文品牌，但 Legend 这个英文名在国外很多国家已经被注册。所以，必须未雨绸缪，为未来公司业务拓展做好先行部署。”联想英文品名变更的案例充分诠释了可保护性原则的重要性。

图 2-1 联想公司的徽标及名称

资料来源：潘肖珏. 牌子=品牌？“第一品牌”的品名研究 [J]. 公关世界，2003 (11).

三、品牌品名的保护

一般认为，注册商标是对品牌品名最可靠的保护，及时地进行品名注册是对品牌法律形式上的保护（详细法律依据见附录《商标国际注册马德里协定》、《中华人民共和国商标法》、《中国名牌产品标志管理办法》），以至于大多数学者都将商标视为法律层面对品牌的诠释，认为商标具有的可保护性是品牌传播与保护的法律依据。这一认识当然没有错，但是商标与品牌的关系还远不止这么简单。商标可以作为品牌传播的基本符号或图形，符号与图形的重要性不在于从它们的外观形象辨明品牌，而是通过品牌与它们之间，及它们的内在联系来增强品牌被识别的能力。商标和品牌的本质区别在于如下三点：

其一，商标是经营前注册的，企业在获得市场认可之前就未雨绸缪，商标经过国家管理机关的审核，获得法律对未来受益权的保障而进行注册，注册即生效。而品牌是获得市场认可之后方可称之为品牌，仅有商标的注册而没有市场的认可是不能成为品牌的。

其二，商标是依靠国家强制力对私有物品排他性和竞争性的保护，而品牌只能依靠商标保护其排他性，品牌的竞争性则要依靠品牌自身在市场中的影响力来实现。

其三，品牌概念广泛，与之相关的有商务部认可的老字号，国家质检总局认可的地理标志、原产地名称，国家知识产权局认可的集体知识产权等概念，涵盖了从个人信用到国际形象的广泛概念。而商标只是国家工商总局的管理范畴，尽管商标概念的泛化使得品牌与商标在外延上越来越接近，但是商标与品牌在本质上的区别是难以依靠泛化来模糊填平的。

因此，对品牌品名的保护靠两个方面来进行，一方面，积极地运用法律的手段保护品牌品名的所有权和使用权。另一方面，还要依靠市场的认可，建立起强大的品牌影响力，依靠消费者忠诚自发形成对品牌品名的保护。

索尼的来历

日本原东京通信工业株式会社的创始人盛田昭夫，早年去美国谈生意时发现，西方人读不准他们公司的这个日语名字。这不仅影响沟通，而且影响业务的拓展。于是，他决定更改名字。回到日本后，他动用了很多力量来改名，要求新名字易记、好读，全世界的人用任何语言都能同样拼读这个名称，最后决定以英文单词 SONNY 来命名。此词意为“小家伙”，这倒与小巧玲珑的日产录音机很相配。遗憾的是，这个单词的读音在日语中听起来有点像 SOHNNE 的味道，意为“吃亏”。经过反复推敲，盛田昭夫断然决定将 SONNY 去掉一个 N，创造一个新词——SONY，这样，既无含义，又避谐音，而且简单好记。后来，为了统一企业形象，他将企业名与产品名统统改为 SONY（索尼）。SONY 这一名称最大的特点是能在全世界通用，且不会受企业经营结构变化的影响。这也正是“索尼”具有长久生命力的原因所在。

资料来源：潘肖珏. 牌子 = 品牌？“第一品牌”的品名研究［J］. 公关世界，2003（11）.

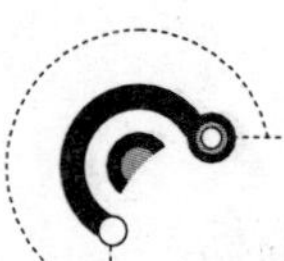

【案例】

Google 更名记

著名的搜索引擎 Google.com 为了拓展中国市场，取了个中国味儿十足的中文名字“谷歌”，没想到却在中国遭到了激烈的反对，居然还有反对者专门建立了网站 www.noguge.com，并且在该网站举行的签名投票活动中，投票反对“谷歌”的人数已经达到一万两千之多，而支持“谷歌”的仅三百余人。

反对者的主要理由有：①网民已经习惯亲切地称呼 Google 为“狗狗”或“搜狗”，狗是最平民化的动物，它的嗅觉灵敏，符合 Google 的搜索性质，容易记住，而且形象可爱，而“谷歌”太别扭，难听难念。②“谷歌”有点俗气，网名希望换一个更优雅的名字。③这个名字让人联想起日本人。④Google 跟“歌”有什么关系？还是以前叫“搜狗”好听，“谷歌”太田园化、太浪漫了，很腻。⑤用任何一个拼音输入法打“guge”，出来的都是“骨骼”，让人感觉不太舒服。⑥在繁体字中，“谷”是山谷的“谷”，而不是“稻谷”的“谷”，这样一来就会有歧义。

从中我们可以看到，跨文化品名创意必须考虑的因素是这么的多，就连输入法和繁体字都应该考虑到。有趣的是，很多人在认为“谷歌”太俗气的同时却强烈建议使用“狗狗”或“搜狗”，这也许是任何一个广告人坐在办公室里都绝对想不到的；在消费者心目中，“高雅”和“俗气”的定义居然和人们通常的理解截然相反。

所以，在进行跨文化品名设计时，我们一定不能想当然，要老老实实地做调查和测试。一位网民指出：“Google 是网民常用的工具，应该让网民来投票，本来还可以做成一个漂亮的 show。”的确如此，如果搞个活动，让网民来取名，这样既可以找到大多数人喜欢的名字，又是一个很好的营销活动，何乐而不为呢？与此相反，Google 公司自己花费大量精力，绞尽脑汁，想出了两千多个中文名字，再从中挑选出“谷歌”，却费力不讨好。

实际上，早在 2005 年，中国互联网络信息中心的一份调查报告就已经显示，43%的人使用英文原名称呼 Google，26%的人称 Google 为“狗狗”，13%的人称 Google 为“古狗”。“谷歌”的失败实际上是 Google 公司没有重视消费者的必然结果。“胡乱地在纸上将现有的名称拼来拼去，突然，‘谷歌’的组合跃然纸上”，用这种方法进行广告设计，创作出的东西很容易让消费者不满意。

“谷歌”是一位美籍华人的创意。海归人士和美籍华人虽然懂中文，对中国文化也很熟悉，但他们长期在国外生活，受到西方文化的深刻影响，当他们设计面向中国消费者的广告时，实际上也涉及文化差异的问题，在他们看来非常中国化的东西，中国消费者却可能一点儿也不认同。“谷歌”就是一个典型的例子。因此，中国企业为拓展外国市场而创作广告时，可以邀请长期在当地生活的当地人或华人参加，但不应该找长期生活在中国的该国人。

资料来源：黄佶. 关于跨文化广告创意的思考［J］. 中国广告，2006（6）.

第二节　徽标设计

徽标设计和品名设计往往是连在一起的，因为它是品名设计的延伸，是品名的形象化的表现。同时，徽标设计又是非常复杂的，它强调色彩、空间感，以及各个元素的协调等等，丝毫不亚于任何一类艺术创作，而且设计者还必须真正掌握企业的核心理念与经营风格。徽标的设计是艺术创作与品牌科学运作的结合。

一、徽标的概念与作用

（一）徽标的概念

徽标，也称 LOGO，是指抽象表示事物特征的记号，它以单纯、显著、易识别的物象、图形或文字符号为直观语言，起到标示、代替、表达意义和情感的作用。LOGO 是徽标的英文说法，由希腊语 logos 演化而来，设计和传播品牌的 LOGO 能够起到对品牌的简化识别的作用，通过形象的徽标，可以让消费者更易理解和记忆品牌符号。

徽标是品牌的重要组成部分，其应用最广泛、出现频率最高。徽标让消费者更易理解品牌符号上的关键信息，徽标甚至可以成为某个行业的标志。如经常看到的银行的徽标，医学院的徽标都有着明显的行业标准，有着高度抽象的含义（见图 2-2）。

（二）徽标的作用

徽标具有高度的抽象和凝聚作用，企业 LOGO 集中体现企业强大的整体实力、完善的管理机制、优质的产品和服务，通过不断反复地刺激和强化，深刻地影响着消费者的行为。

具体说来，有如下三个特性，共同实现了徽标的作用。

1. 实现识别性

徽标产生的原因很简单，就是为了简化消费者的记忆，使消费者更容易地

图 2–2 世界卫生组织的徽标与四个医科大学的徽标

资料来源：http://cn.bing.com/images.

识别品牌，因此，识别是徽标最基本的功能。品牌是实现差异化的工具，徽标就是实现差异化的具体承担者。通过徽标的艺术表现，使得代表企业的品牌之间产生明显的差别，得以实现品牌差异化，再通过消费者认同的一致性，实现消费者的差异识别，最终达到品牌的识别。

2. 拥有排他性

徽标的图案可以作为商标进行注册，能够受到法律的保护，因此它具有使用的排他性，这一性质也是品牌资产得以长期积累的基础。

3. 保持一致性

徽标是品牌的理念、文化、价值观的高度浓缩，反映企业的产业特点和经营风格，是企业精神的象征，消费者对品牌徽标的认同等同于对企业价值观的认同。徽标的设计不能背离企业的宗旨，更不能脱离企业的经营风格而单独存在。因此，徽标和企业及品牌的内涵是一致的，保持一致性是对徽标设计的基本要求。

二、徽标的设计流程

（一）徽标设计的要求

1. 符合国际标准与管理，遵守法律法规和风俗习惯

徽标设计是一个具有创意的工作，要求设计人员有丰富的想象力，能够创

作出别具一格的作品。但创意很容易陷入一种怪圈，甚至为了标新立异，设计人员不惜故意违反国际标准、法律法规或是特定的风俗习惯。

比如，在伊斯兰地区传播品牌一定要注意对一些涉及"猪"的形象的禁忌。我国有些企业使用八戒的名称及形象设计并注册的商标就要尽可能避开在这一地区使用。

2. 强调识别性与差异性

关于识别性，要求徽标必须容易识别、理解和记忆。所谓差异性就是要与其他的徽标有区别，要有自己的特性；否则，设计的徽标其含义都是一样的，这也是徽标设计的大忌。

在徽标设计当中，最值得关注的就是徽标的原创性，最忌讳的就是品牌徽标的模仿与雷同。对比参看图 2-3 中的徽标设计，其创意、创作手法几乎没什么区别。如果去掉企业名称的文字说明部分，那么很难说明其品牌包含的含义有什么区别，这样的徽标也就失去了它的意义。

图 2-3　徽标对比

资料来源：周方. 品牌学——原理与实务［M］. 北京：清华大学出版社，2009.

徽标设计强调原创，却并不是要求一定要标新立异，刻意地强调差异不是徽标设计的追求目标。因为，各个品牌的内涵不同，它们的表现自然就应该不同，只要把握住品牌的内涵进行设计，徽标的差异自然会表现出来。形象的雷同或模仿只会降低消费者对品牌的认可程度，是品牌品名及徽标设计一定要回避的大忌。

3. 赋予内涵和感染力

设计徽标一定要有它自身的含义，否则，就算做得再漂亮再完美也只是形式上的漂亮，没有任何意义，这就要求徽标必须有自己的象征意义。徽标设计应注重简洁鲜明，富有感染力。总之，无论用什么方法设计的徽标，都应力求形体简洁，形象明朗，引人注目，而且有很强的感染力。

4. 整体形象规划

徽标是品牌的理念、文化、价值观的高度浓缩，反映企业的产业特点和经营风格，是企业精神的象征，消费者对品牌徽标的认同等同于对企业价值观的认同。徽标不能背离企业的宗旨，更不能脱离企业的经营风格而单独存在。

在徽标中设计不同的结构会给人不同的心理感受，就像水平线给人的感觉是平缓、稳重、延续和平静；竖线给人的感觉是高、轻、直率和浮躁；点给人的感觉是扩张或收缩，容易引起人的注意等。因此，往往要结合品牌个性和企业经营的风格进行整体的形象规划才能较好地完成徽标的设计。徽标和企业及品牌的内涵始终是一致的，保持一致性是对徽标设计的基本要求。

（二）徽标设计的基本步骤

1. 调研与分析阶段

根据上述徽标的作用可知，徽标不是一个简单的图形或文字的组合，而是依据企业的行业类别和经营理念，并充分考虑目标消费者和营销环境，为企业制定的抽象的视觉识别符号。在设计之前，首先要对企业做全面深入的了解，包括经营战略、市场分析，以及企业经营者的基本意愿，这些都是徽标设计的重要依据，对竞争对手的了解也是重要的步骤。徽标的重要作用在于识别，避免重复和雷同是徽标艺术性的要求，这都要建立在对竞争环境的充分调研分析的基础上。

2. 整理与挖掘阶段

整理与挖掘是为设计做进一步的准备。依据对调查结果的分析，提炼出徽标的结构类型和色彩取向，列出标志所要体现的精神和特点，挖掘相关的图形元素，找出标志设计的方向，使设计工作有的放矢，避免对文字图形的盲目组合。

3. 创意与设计阶段

有了对企业的全面了解和对设计要素的充分掌握，就可以从不同的角度和方向进行设计创作了。充分发挥想象力，用不同的表现方式，将设计要素融入到创意当中，尽力达到含义深刻、特征明显、造型大气、结构稳重、色彩搭配能适合企业特征的要求，避免流于俗套或与同类企业雷同。不同的标志所反映的侧重和其表象会有区别，经过讨论分析和修改，找出适合企业的徽标方案。

4. 论证与修改阶段

创意设计阶段确定的徽标，在细节上还不太完善，再经过标准制图、大小修正、黑白应用、线条应用等不同表现形式的修正，使徽标更加规范；同时，标志的特点和结构在不同环境下使用时，也不会丧失，从而达到统一、有序、规范的传播。

【案例】

苹果的内涵

苹果品牌电脑的品名和 LOGO 设计可谓含义深远，两位创始人在他们创业之初选择“苹果”为其品牌名称，并没有严格的设计原则。但他们深知苹果在西方文化中的含义，尤其是视觉符号是被咬掉了一部分的苹果，它代表了拒绝神化，开启文明，在决定采用苹果这一名字时，创始人敢于跳出禁锢。他们采用被咬了一口的苹果做 LOGO，表明了品牌的价值观，拒绝将计算机神化，预示着苹果品牌将是未来计算机世界的先行者，计算机世界必将被人类所征服。

苹果电脑公司最早的 LOGO 设计（见图 2–4），选用的品名内涵是悬在牛顿头上的苹果，此处的苹果暗喻启迪智慧的科学，形象地阐述了苹果电脑公司的行业与产品性质。

图 2–4 苹果电脑公司最早的 LOGO

资料来源：http：//www.zcool.com.cn/article/ZMzIxNDQ=.html.

另外，在英语中，“Bite”（咬）与“Byte”（字节）同音，用被咬了一口的苹果做 LOGO 能够进一步增强苹果品牌与计算机的联系。

1977 年由里吉斯·麦肯纳公关公司设计的第二个苹果徽标见图 2–5。这一徽标的缺陷之美体现了它的价值观——拒绝将计算机神化。苹果是人机关系中离经叛道的先行者，人们将不再崇拜或恐惧计算机。一只色彩柔和的，被咬掉一口的苹果，表现出 You can own your computer（你能够拥有自己的计算机）的亲切感。

图 2–5 苹果公司的第二个徽标

资料来源：http：//www.zcool.com.cn/article/ZMzIxNDQ=.html.

此后的苹果公司逐步实现了初始想法，一种新的标准被确立，引发了计算机乃至全人类的一次价值观的革命。从徽标的变化，也能看出经营者经营思想的变化，徽标发展的过程就是品牌发展的缩影。

【案例】

IBM 的 LOGO 变迁史

IBM 是全球 IT 业第一巨头，在过去半个多世纪中遥遥领先，与第二名拉开了极大的距离，人称“蓝色巨人”。IBM 无论在美国国内，还是在世界上，都取得了极大的成功，有着极其深远的影响。IBM 的历史就是一部计算机的历史，IBM 就是计算机的代名词。美国《时代周刊》称：“IBM 的企业精神是人类有史以来无人堪与匹敌的，没有任何企业会像 IBM 公司这样给世界产业和人类生活方式带来和将要带来如此巨大的影响。”

正如国旗代表国家独特的身份，LOGO 也帮助组织确立名字，定义企业的特征。引人注目的 LOGO 与它所描绘的组织变成同义。它们很快被亿万人认知，LOGO 帮助消费者来识别它们的公司，传递它们所代表的品牌的信息。

多年以来，IBM 使用了一系列的 LOGO，并把其放在招牌、产品及所使用的文具、车辆甚至旗帜上，在全世界创造了独特的表述，培育了直接认知，下面就是这些 LOGO 的变迁历史。

1. 国际记时公司 International Time Recording Company（1889~1914 年）

国际记时公司（ITR）最初是建立在纽约奥本区的 Bundy 制造厂（见图 2–6）。ITR 的主要产品线是由 Willard Bundy 在 1888 年发明的机械记时专利。后来，ITR 在 1911 年被计算机—制表机—记时机公司 Computing Tabulating

图 2-6　国际记时公司 LOGO

Recording Company——IBM 的前身收购。

2. 计算机度量公司 Computing Scale Company （1891~1914 年）

1891 年，Edward Canby 和 Orange Ozias，两位来自美国俄亥俄州 Dayton 区的商人购买了最新发明的计算机度量专利，并创立了计算机度量公司，以生产商用度量仪（见图 2-7）。

图 2-7　计算机变量公司 LOGO

3. 计算机—制表机—记时机公司 Computing-Tabulating-Recording Company（1911~1924 年）

1911 年，金融家 Charles Flint 指挥国际记时公司、计算机度量公司和制表机器公司并入计算机—制表机—记时机公司（CTR）。1914 年托马斯·华生(Thomas Watson) 被任命为 CTR 的总经理（见图 2-8）。托马斯·华生强调研究和实践，并导入了他著名的座右铭 "THINK"。

图 2-8　计算机—制表机—记时机公司 LOGO

4. 国际商用机器公司 International Business Machines（1924~1946 年）

1924 年，计算机—制表机—记时机公司采用国际商用机器公司的名字。之前的“CTR”LOGO 中过分华丽的、洛可可式的字母被更现代的、无拘无束的“Business Machines”字母所取代，并有意做成球形，当腰是字母“International”（见图 2–9）。

图 2–9 国际商用机器公司 LOGO

5. IBM 的变迁（1947~1956 年）

IBM 的品牌形象和声名帮助它完成了从打孔制表业务向计算机业务的艰难过渡。这个过渡是从 LOGO 的变化开始的，这是 22 年来的第一次。业界普遍认为，是 IBM 在 1947 年首先导入了 CIS，开了 CIS 的先河，把 29 个字母长的公司名称用三个缩写字母“IBM”代替，使之易于识别和记忆，人们熟悉的“球”被简单的“IBM”代替（见图 2–10）。新 LOGO 在 1947 年元旦出版的《Business Machines》的头版头条出现时，带给人们的是耳目一新的惊喜。从此，CIS 开始在全世界广泛应用。

图 2–10 IBM LOGO（一）

6. IBM 的连续性（1956~1972 年）

1956 年 5 月，托马斯·华生在去世前不久，正式将 IBM 的权力之柄移交给汤姆·华生。汤姆·华生行动迅速，用行动和符号展示了一个新的时代。他接手公司后的第一个明显的表现是很微妙地改变了公司的 LOGO，新 LOGO 由著名的图形设计师 Paul Rand 设计，用 City Medium（城市媒体）字体代替了 Beton Bold 字体，使“IBM”字母显得更刚性、更扎实、更平衡（见图 2–11）。而且，新标识在旧标识的基础上没有做大的改变，因为任何的改变都将影响徽标整体的连续性。

图 2-11 IBM LOGO（二）

7. IBM 的国际认知（1972 年至今）

1972 年，IBM 公司导入了一个新的 LOGO。仍然是由著名图形设计师 Paul Rand 设计，水平的条纹代替了刚性的字母，暗示“速度和力度”（见图 2-12）。新 LOGO 把美国的国旗和 IBM 的标识用蒙太奇手法拼接在一起。这样，就把企业的形象和美国的国家形象联系起来，把企业的文化和美国的文化结合起来，把企业的理念和国家的理念结合起来，把企业的精神和国家的精神结合起来。从此，IBM 才成为国际性的大企业。

图 2-12 IBM OGO（三）

IBM 的标识的变化是 20 世纪 90 年代品牌发展最伟大的成就之一。IBM 由古板自负的庞然大物成功地转变成为电子商务的代名词。

经历了四分之一世纪后，基础设计保持不变，这是世界上最广泛认知的、被其他人仿冒最多的 LOGO。蓝色条纹的设计也使 IBM 获得了“蓝色巨人”的美称（见图 2-13）。

图 2-13 IBM LOGO（四）

IBM 之所以能设计出这么好的标识，也是跟企业董事长汤姆·华生的理念有关。他认为，企业的标识就是企业的一面旗帜。汤姆·华生领导 IBM 度过了一个前所未有的长期的、惊人的迅猛增长时期。他塑造了 IBM。IBM 的 LOGO 的变迁历史成为美国在第二次世界大战后繁荣时期最脍炙人口的成功故事。每当人们谈到美国公司和“组织人”的话题的时候，他们的脑海里就会涌现出这家公司，IBM 成了美国精神的象征。

资料来源：墨动广告. 浅谈 IBM 公司 VI 设计［EB/OL］. http：//www.modong.net.

第三章 品牌个性的确定与塑造

品牌大师大卫·奥格威说：最终决定品牌市场地位的是品牌本身的性格，而不是产品间微不足道的差异。他所说的品牌性格就是品牌个性。每个成功品牌都应保持稳定、独占、简约的品牌个性。品牌个性的作用归纳起来有如下三点：

其一，制造品牌间的差异性，有助于形成核心竞争优势。

其二，赋予品牌个性，易于品牌拟人化，利于营销。

其三，赋予品牌情感感染力，促使品牌文化形成，使得品牌趋于稳定。

没有品牌个性的品牌，就像没有气质的人，是很难获得消费者认可的。如何确定与塑造一个品牌的个性，是品牌实务当中最重要的问题之一。

第一节 品牌个性的基本概念

塑造品牌个性是一个持续变化的过程，不会一蹴而就，更不会一劳永逸；从品牌定位开始，很多环节的工作都是在进行品牌个性的塑造。

一、品牌个性与拟人化

品牌个性塑造的前提是品牌拟人化，这最初源自对大卫·奥格威的“所有的广告都是为塑造品牌个性服务的”这一著名观点的解释。他认为，消费者的消费行为受到他熟悉的、信任的人的影响要远远大于广告的影响。因而，不应该是把广告通过媒体简单地送到消费者面前，而应该是每一则广告都要像是亲友的口口相传一样，最终将品牌塑造成一个消费者熟悉的、信任的朋友的角色。为此，他将品牌个性塑造的前提定在了品牌人格上，并强调“任何品牌个性的塑造都首先要将该品牌看做是一个活生生的人”。于是，在品牌个性赋予与塑造之前，首先是将该品牌视为一个具有人格及感情色彩的人或其他事物（卡通人物等），这一过程就是品牌拟人化过程。

品牌拟人化处理与广告学中的品牌人格化理论很相似，是将品牌在市场中的功用简化成为竞争的主体，将其视为一个具有价值观的人，并按照人的思维习惯来体会和揣摩品牌的行为逻辑，在此基础上能够进行最简化的品牌发展预测活动。大卫·奥格威为此专门在品牌形象战略理论中作过论述："广告不仅要挖掘产品本身的卖点，同时还要赋予产品一种人性化的形象。如威士忌、香烟、啤酒等商品，竞争者不易看出各个品牌有多大的差异，如何转化广告表现才是主要课题。"因此，大卫·奥格威主张，培植品牌拥有的威信，使消费者保持对品牌长期的好感，从竞争品牌中确立自己品牌的优越地位。要实现这种战略构想，必须长期使用某一象征，借以强调高级感、高品质，多起用名人或有个性的人作象征人物。品牌概念具体化的结果就是要清晰品牌经营风格，个性与风格对于已经拟人化的品牌来说，界限并不明显，个性更多的是对内在内容的形容，而风格是对外在表现的描述，两者是内涵与形式的关系，因此，品牌经营风格就是品牌个性的外在表现。

二、品牌个性的确定

"个性"一词原意是对人的心理特征的一种描述，是指个体在心理发展过程中逐渐形成的稳定的心理特点。由此可见，品牌个性就可以说是指品牌在建设过程中逐渐形成的对消费者而言稳定的心理感受。

塑造品牌的个性其实就是针对目标消费者的个性，将品牌的定位向拟人对象进行适当的扩展和延伸。消费者都有自己的价值观、信仰和消费习惯，所购买的商品一般也都会与他们的自我认知相匹配，符合他们的价值观，消费行为也符合他们的消费习惯。人们总是喜欢符合自己观念的品牌，希望品牌的内涵定位与自己的价值观一致；塑造品牌个性的目的就是使得品牌具有的含义约等于程序化的消费习惯。

在汉语当中，描绘个性的词汇有200多个，根据品牌人格化的假设，这些用以形容个性的词汇都可以用来描述品牌的风格，品牌拟人手段就是为了使品牌更容易地靠近消费者的情感世界或心智世界。

消费者喜欢那些与自身相似或与自己所向往的形象相似的个性。因此，对目标消费群体而言，创建具有与之相仿的品牌个性是一种明智的战略。品牌的个性跟消费者的个性越一致，消费者就越容易认同这个品牌，品牌忠诚度就会越高。

确定品牌个性有两个关键步骤：其一是将目标消费群体的消费习惯及认识高度升华，把握消费者的最本质、内在的需求，使品牌最容易靠近消费者的情感世界。其二是品牌由内而外的统一性，这要求品牌个性符合各项定位的要求，不能有偏差；否则，会造成传播信息的内容混乱的局面，使消费者对该品牌失去兴趣。

品牌在这两个步骤中被赋予了情感的特点，消费者对某个品牌接受与否，更多的是来自品牌是否具有与消费者情投意合的感觉。把握这一感觉需要品牌管理者对消费者心理和情感的把握，是定位的进一步深化。例如，目标人群定位于青年人的产品，其品牌个性就不能过于成熟稳重，最好是充满激情，这也是定位一致性的要求。

品牌个性的确定，其过程更像是经营者对品牌的形容与夸赞，最终使消费者对品牌有较为统一的认识和看法。品牌个性的确定是随着经营者对品牌的描述不断抽象的过程，消费者最终形成对其认同的偏好，或是反感，品牌个性的确定是经营者按照其经营品牌的思路，不断赋予其品牌含义的过程。

第二节　品牌个性的赋予与塑造

一、品牌个性的赋予过程

品牌个性的表达不像LOGO、广告及包装等那么直白，它非常含蓄。就像一个人让人感受到其个性，不仅仅是通过言谈、行为、外表，更多的是通过他的立场、行事的一贯风格，以及他人的评价。品牌的个性也是一种感觉。品牌个性塑造过程中最容易出现的问题是：品牌飘忽不定，品牌个性雷同或不鲜明。鲜明的品牌个性是内涵不断被赋予的过程，是长期努力的结果。

依据已确定的品牌个性进行品牌个性的赋予，这一赋予过程包括了以下四个方面的内容：①品牌个性概念的具体化；②品牌个性表现方式的选择；③品牌口号的提出；④品牌个性识别测试。

品牌个性最终可以形成消费者对品牌的偏好，甚至品牌忠诚，影响消费行为的发生，因此，品牌个性常常被视为品牌成败的关键。其中，品牌个性表现方式的选择是品牌概念与消费者沟通的关键步骤，所以品牌个性表现方式的选择就是重中之重，是关键步骤中的关键环节。从品名个性的概念到品牌个性的表现，是品牌个性概念具体化的过程，是以前述定位为依据的品牌经营起点。

1. 品牌个性概念的具体化

品牌个性概念的具体化有两个环节：其一是将既有品牌个性拟人化处理。其二是依据品牌个性确定品牌经营风格。塑造品牌个性应该独具一格，其关键在于选用适当的核心图案及对其的解释来表现品牌个性，品牌的特定个性要用标志和文案表现出来。

2. 品牌个性表现方式的选择

品牌通过各种传媒能够将品牌信息传递给目标消费群体，其间的路径复杂，可供选择的余地很大；因此，品牌个性表现方式的选择原则对品牌个性的塑造而言，就显得既复杂又重要了。

3. 品牌口号的提出

具体到不同表现形式下的表现手法和表现侧重点都是不一样的，同样的品牌内涵因其表现形式的不同自然也就有所不同，品牌个性最后都会体现在它们所提出的品牌口号上，不同的个性会有不同的口号，不同的表现形式也会有不同的口号。

品牌口号的要求是精练、清楚、易记忆。因为消费者有避繁就简的心理定式，所以在品牌口号的制作上一定要简练，否则，很难被消费者牢记和识别。

品牌口号的提出意味着品牌个性塑造的完成，接下来就是对它进行测试，预期未来的品牌在市场中的可接受程度。

4. 品牌个性识别测试

最简单的测试办法就是随机选择一批消费者来对品牌个性进行评价，再按照他们的评价作出修改。按照上述的品牌个性塑造原则，将多个品牌个性设计(包括测试品牌)、品牌口号与多个产品（包括测试产品）组合起来，请所选消费者对其进行排序，选出他们感觉最为一致的品牌个性设计与产品，如果多数消费者反映出所测试品牌的个性设计与产品的组合较好，则说明该品牌个性设计符合该产品的要求。

二、品牌个性塑造的原则

在市场竞争愈加激烈的今天，塑造一个品牌无疑是使商家在竞争中占据优势、获得高额利润的一把利器；通过品牌个性的塑造，会使品牌立得稳、立得长久。没有个性的品牌，无论投入多少资金进行推广与传播，都不会让品牌有生命力。而塑造品牌个性也不是一个按部就班的过程，整个品牌塑造的全过程几乎无处没有品牌个性的影子，只有掌握品牌个性塑造的几项基本原则，并贯彻在经营过程之中，才能对品牌个性的塑造起到指导作用。

塑造品牌个性需要经营者有高超的品牌经营技巧及具有战略眼光的长期准备，有如下四条原则需要坚持与灵活掌握。

1. 总体目标优先原则

品牌个性塑造的目标不是凸显个性，一味地追求品牌个性的差异会造成品牌创意有简单的标新立异与疯狂的哗众取宠的倾向。品牌个性塑造只是品牌塑造过程中的一个环节，它的作用一定要符合品牌塑造的总目标以及企业发展的总体战略。这就是品牌个性塑造必须遵守的总体目标优先原则。

2. 大众化的原则

品牌个性的提炼尽量大众化，这样易于消费者接受，也易于品牌传播；如果一味地强调品牌个性的脱俗或雅趣，则很可能会使品牌脱离目标人群的接受范围。即便对于小众传播的一些特殊类型的品牌，赢得大众的普遍认可依然是小众传播和发展的基础。不能因为传播的对象是小众就可以放弃大众化原则，有些品牌仅仅为了细分市场的一些特殊偏好而单独设计一些富有个性化的产品或服务，其结果可能会成功地开发一项独具特色的产品，却很难形成真正意义上的品牌。

网络搜索引擎 Google 曾为自己起了汉语名称“谷歌”，就词义和译音而言，无可挑剔，但是网络用户却不接受，他们更习惯于“狗狗”或“搜狗”这样的大众化的名称。有一个规律可以为大众化原则的重要性佐证：凡是产生自我传播现象的品牌几乎都是俗名，而被反复雕琢的雅名一般都很难发生品牌自我传播。

3. 适度的稳定原则

品牌个性要保持一个相对稳定的状态，不能朝秦暮楚，在原则问题上也不能左摇右摆，要有一个自己坚持的个性和态度。蒙牛在中国是一个知名度很高的品牌，但它的品牌个性却不是十分鲜明，这可能是品牌管理者的一个疏忽。在蒙牛品牌塑造的过程中，从最早与伊利品牌相互竞争的品牌定位“大草原”概念，到“神五”概念，再到“超女”概念，品牌诉求从环保到健康、爱国、时尚，整个品牌个性时而大气，时而可爱，时而又前卫时尚，始终没有形成一个稳定的个性，给消费者留下的品牌印象是飘忽不定，似乎一切有关品牌的活动都是为了获取知名度而在追逐消费者关注的热点。

4. 消费者优先的原则

许多品牌学家都认为，品牌管理的核心就是始终如一的品牌价值观及稳定的品牌个性。有人甚至认为，品牌个性从品牌塑造成功那天起就应该是不再有任何变化的。这样的说法固然有它合理的一面，但是品牌个性不是一蹴而就的，更不是一成不变的；有时，有些目标市场会发生一些变化，要求品牌的内涵也能相应地予以反映，而有些品牌管理者会强调品牌内涵的稳定性而对其加以拒绝，使得品牌衰老，品牌关系断裂，更有甚者，还会引发品牌危机。

因此，品牌管理必须尊重消费者需求不断变化的事实，通过对消费者需求变化的把握，品牌的个性塑造才能不断地赋予品牌新的含义，与时俱进。

【案例】

普拉达的品牌个性

2008年4月17日，位于北京的普拉达旗舰店高朋满座。美轮美奂的动画短片——《Trembled Blossoms》的赏析酒会正在这里隆重举行。令人感到意外的是，这部短片并非出自某个电影公司抑或广告公司，而是知名奢侈品牌普拉达的力作。尽管这部动画片片长仅有4分钟，但却凝结了全球众多顶尖建筑设计师、艺术家和程序师的智慧。该片于2008年2月5日制作完成后，开始在普拉达全球专卖店中巡演。

无独有偶，普拉达经典产品在米兰博物馆中占据首席之地，展台的设计者是荷兰建筑大师雷姆·库哈斯。

一个久负盛名的奢侈品牌开展动画短片巡演、进驻博物馆，看似有些“不务正业”，但普拉达正是凭借这些看似反常规、反潮流的“无厘头”营销策略，成功地构建了自己的商业帝国。

——破茧而出的品牌帝国

普拉达拥有悠久的品牌历史。1913年，Mario Prada兄弟在意大利米兰开设了一家普拉达精品店，供上层社会享用专营皮具和进口商品。由于经营理念落后，普拉达诞生之后曾一度默默无闻，在20世纪70年代甚至濒临破产。危难时刻，普拉达家族的第三代嫡传子孙Miuccia Prada接管公司。她运用差异化战略对公司进行大刀阔斧的改革，重整产品线，赋予手提包和鞋子等这些传统意义上的搭配次要品以战略性地位。在Miuccia Prada的悉心经营下，普拉达将传统的品牌理念和现代化技术完美结合，拥有了敏锐的时尚触角和独特的品牌个性定位。1983年后，普拉达羽翼渐丰，经营范围逐渐涵盖皮件、服装、鞋子、内衣，成为一个完整的奢侈品王国。1998年后，普拉达陆续收购了Jil Sander、Fendi以及Helmut Lang等品牌，走上了集团式全球扩张之路，成为堪比路易·威登（LVMH）和古奇（Gucci）等顶级品牌的奢侈品牌。

——特立独行的品牌内涵——卓越品质

普拉达历来视品质为企业之魂，其产品都是按照意大利顶级工艺标准生产。即使在筚路蓝缕的创业初期，交通运输尚不便利，为了追求卓越品质，普拉达还是坚持从英国进口纯银，从中国进口最好的鱼皮，从波希米亚运来水晶，最后将皮具交给以精益生产而著称的德国生产，其对品质的苛求可见一斑。今天，尽管普拉达品牌风格融入了更多时尚元素，但其重视产品品质和售后服务完善的传统从未改变。

——超凡脱俗的品牌个性

普拉达品牌个性十分鲜明，很多看似矛盾的设计元素，却在普拉达麾下浑然天成，和谐统一。Miuccia Prada 曾这样表达她的设计理念："当我发现有些事看似不可实现，那恰恰就是我的努力方向。我总是试图把看似对立的、不和谐的事物融合在一起，并且，我通常会同时对六七个不同的概念感兴趣，并试图把它们和谐地表现出来。"

普拉达的品牌中流露着一种反潮流、前卫独特的气质，这使其总能够从令人眼花缭乱的众多时装品牌中脱颖而出。

20 世纪 70 年代，当时世界时装界淹没在以萎靡、颓废、无政府主义为主题的浪潮中时，普拉达从一个完全对立的角度推出如童话般神秘甜美的小精灵造型。1978 年以后，普拉达的品牌内涵得到进一步丰富，传统与时尚、简单与高雅在这里完美融合。20 世纪 90 年代，普拉达简约的设计风格迎合了"Less is More"的极简主义潮流，迅速风靡全球，诸多产品被奉为经典，赢得拥趸无数。

2000 年之后，普拉达以"时装 ABC"之名，将女性衣柜中的毛衣、T 恤衫、简洁的打褶裙、直筒裙和丝巾组合搭配，刮起一股强劲的回归风潮。无论是衣裙色彩上清一色的低调沉实，还是长裙作品中布条纠结而成的造型，抑或通过透纱与内里的黑色内衣和裙裾形成深浅的对比，普拉达都用我行我素的概念将世俗驱逐出境。

普拉达女装的诉求是"最懂女人的品牌"。其含义为，优秀的服装不仅漂亮，还能够帮助消费者充分了解自己的心思、发掘自身的独特气质。普拉达绕开了其他品牌单纯强调奢华、高档的特质，用那些色彩干净、单纯柔和、女孩儿气十足的娃娃领，或是小方领单排纽扣上衣、圆台裙和圆头皮鞋挖掘藏在每个女人心中的记忆。这样细密的心思，季季都能牢牢俘获女人心，令她们爱不释手。

在男装方面，普拉达依然沿袭了女装简单加摩登的个性，当其他品牌设计师纷纷解构传统男装的时候，普拉达男装却凭借干净利落的简约与完美令人耳目一新。其精心设计的窄版领带，经过缩水处理的外套引领了男装世界的潮流。普拉达男装与其他男性奢侈品牌最大的区别在于，它颠覆了传统的男性阳刚形象，利用视觉错置，让紧身针织衣显露出肌肉线条，造成专属于男人的性感魅力。

——娱乐营销的全新演绎

"酒香不怕巷子深"的时代早已远去，任何一个品牌都不能忽视传播的巨大作用。通过传播，可以使消费者对品牌建立认知，形成独特的品牌联想。普拉达天马行空般的想象力在其传播策略上体现得淋漓尽致。

虽说同娱乐事件相结合的营销策略已经被众多企业（尤其是奢侈品企业）广泛运用，然而，善于创新的普拉达的表现仍令人耳目一新。近日，一部反映职场女性生活的影片大受欢迎，影片的主人公是一位立志成为记者的女孩子Andrea Sachs，因为机缘巧合，她来到一家顶级时装杂志社当总编助理，随即接触了很多用名牌包装的女强人。她发现，在她们风光的背后，隐藏着无穷无尽的工作，严格的品质要求以及理想和现实的矛盾。Andrea Sachs 通过自己的努力，逐渐适应了这种氛围，取得了成功，但最终她还是放弃了这份工作，去追逐自己的理想。影片上映后受到白领女性的青睐，被喻为“白领女性生存法则”。

女主角 Andrea Sachs 的故事令白领女性认识到：要想取得成功，就必须付出努力，甚至要有所放弃。Andrea Sachs 在剧中的台词“即使我不喜欢这份工作，但我也不能让他们看不起我，我要干出个样子来”。被评为现代职场女性不服输品性的绝佳体现。影片真实再现了职场女性生活紧张忙碌的一面，剧中主要人物之一的“女魔头”折射出职场女性必须具备冷静、睿智、干练、严谨等品质，其面临的巨大压力以及在危急时刻的抉择都令职场女性感同身受。

影片结尾，女主角 Andrea Sachs 放弃了很多人梦寐以求的时尚生活，重新回到追逐理想的跑道上，其对最初梦想的执著追求令人感动。主人公单纯而又任性的性格，与普拉达的品牌内涵实现了深度共鸣，为普拉达开展娱乐营销提供了良好的条件。

由于剧情需要，剧组需要大量赞助，这为奢侈品巨头们在片中开展植入式营销提供了良机。它们的“倾囊而赠”使得这部电影成为名副其实的奢侈品“T 形台”。在这股争先恐后的赞助浪潮中，普拉达依然保持着冷静。公司注意到，单纯通过产品赞助以获得有限的镜头，品牌必然被淹没在一场豪华的时尚秀之中。因此，普拉达选择了更为高明的方式——直接冠名该部电影，将这部电影深深地打上自己的烙印。于是，电影的名称随即更名为《穿普拉达的女魔头》。

这样，普拉达跟随这部电影走遍了世界，哪里有人谈论这部电影，哪里就有人在谈论普拉达。尽管几乎全部的顶级奢侈品都在这部影片中登台亮相，但是人们关注的焦点始终是普拉达。这是因为，在令人目不暇接的场景变换中，观众几乎不可能记住每件衣服和配饰的品牌，但它们都有一个共同的名字——《穿普拉达的女魔头》。影片主人公性格特质也被浓缩为一个词——普拉达。普拉达以这种方式在被观众津津乐道的同时，也在其心智中留下了深深的烙印。

通过冠名，普拉达成功地利用影片将品牌的原有个性进行了恰到好处的延伸，将品牌与职场女性紧密相连，引起了目标消费者更加强烈的共鸣。由此，普拉达完成了品牌与媒体或名人结合进行宣传的飞跃，脱离了单纯的“谁在用普拉达”的模式，进入“什么样的人在用”的层次。

——普拉达的中国情缘

目前，中国是仅次于美国、日本的世界第三大奢侈品消费国。中国奢侈品市场的年销售额超过20亿美元。相关部门预测，2008~2015年，中国奢侈品市场的年增长率将为10%；到2015年，中国奢侈品销售额将超过115亿美元，占全球市场总份额的29%。届时，将有2.5亿中国人具备奢侈品消费能力。

中国在奢侈品消费领域蕴藏的巨大市场潜力，吸引了包括普拉达在内的众多跨国巨头纷纷前来“淘金”，他们认为，中国就是下一个日本市场。2006年，普拉达在中国的销售额是2005年的两倍（相同数量的店面）。普拉达之所以能够在中国取得骄人业绩，与其实施基于中国文化的本土化营销策略密不可分。

——黄浦江畔的倩影

2005年仲夏，一场名为《缪科雅·普拉达：艺术和创作展》的时装作品展览在上海外滩最具历史特色、堪称地标性建筑的和平饭店举行。在这场奢侈品的盛宴中，普拉达从1988年至今的逾百件经典裙装作品悉数登场，在设计师的精心布置下，有如盛开的鲜花，优雅而高傲地次第“绽放”。这次展示不同于以往展览的特别之处在于，它并不是将裙子静态地悬挂起来，而是采用了旋转、放大、束腰等10种不同的方式进行动态展示。在设置展架时，如果裙装材质轻薄，就将它旋转一下；如果材质硬实，就让它自己站立；如果裙摆处镶嵌有镜片，就把它悬挂起来；甚至把裙子放在真空塑胶片里挂在透光的玻璃窗上，或是放在浴室或箱子里。

可以说，这次展览将普拉达裙装细节上的奢华体现得淋漓尽致。例如，一件鱼鳞与孔雀尾搭配而成的裙子的对面竖立着多面放大镜，参观者可以通过放大镜发现裙子奇特的色彩与纹理，在享受视觉愉悦的同时，还能感受到品牌自身的骄傲：我的作品，即使是每一个细节，都是经得起推敲与考验的。此次展览的场景也颇具匠心，透过悬挂在木质窗户上半透明的裙装远望，背景就是美丽的外滩，服装与美景相映成趣，熠熠生辉。

——设计里的中国风

2008年，普拉达携旗下奢侈品大举进军中国的同时，还将大量中国元素直接搬上了意大利本土时装周的“T形台”。在2008年的各大时装周上，普拉达开始应用中式立领来加强服饰的廓形，而中式印花、抽象的水墨画、淡雅的花鸟鱼虫图案也成了时装中常见的点缀。

在2008年春夏女装的服装秀上，普拉达与美籍华人插画家James Jean密切合作，以惊悚为主题，将她为普拉达创作的插画——吞噬小女孩的巨花，大幅度地应用在整个服装系列中。此外，James Jean的画还在普拉达的梦幻衣衫、包款中得到最淋漓尽致的表现。普拉达的2008年新款精灵包（Fairy Bag）将

James Jean 的漫画图案印制在丝绸上制成，漫画创意的应用使这一款手袋更贴近春夏的色彩，能够吸引更多年轻女性的目光。一经推出，就成为时尚界以及娱乐界人士的必备单品。

——因地制宜，求同存异

中国奢侈品市场巨大的市场潜力，日新月异的消费环境，独特复杂的市场状况使得普拉达在市场开拓过程中坚持求同存异的战略，即在坚持全球统一标准的同时，根据中国市场的特殊性，因地制宜地推出一些营销策略。

普拉达在中国内地的门店中，消费者不仅可以享受普拉达一贯的卓越的品质、优良的服务体验，还可以享受普拉达提供给全球顾客的所有特别待遇，包括订制配饰、新品特别预览以及特别的设计品等。

不过，亚洲奢侈品市场消费者群体同欧洲市场存在较大的差异，有一部分消费群体是普通的白领阶层，这部分人并不具备有传统意义上的奢侈品的消费能力，但是她们愿意花费收入中的绝大部分消费奢侈品，她们的消费主张被称为“新奢侈主义”。针对这部分消费者，普拉达及时将二线品牌 miu miu 引入中国，以满足她们的需求。

普拉达通过种种契合中国文化背景的营销活动，在中国消费者面前展示了一个别样的品牌形象，其产品并不是仅仅作为一个西式符号被塞进中国，而是通过与本土化的风情结合，以一种生活态度和观念融入中国消费者的生活方式，这不仅消除了同中国消费者之间的隔阂，而且还大大提升了品牌知名度和品牌美誉度，在“乱花渐欲迷人眼”的众多奢侈品牌中独树一帜，取得竞争优势。

资料来源：王莹. 普拉达：天马行空的极致奢侈 [J]. 销售与市场，2008 (9).

索尼个性的迷失

由《商业周刊》和 Interbrand 公司联合推出的“2005 全球最佳品牌”榜上，最大的赢家来自 IT 业，eBay 的品牌价值是 57 亿美元，比 2004 年上升 21%，最大的输家也是来自 IT 业，就是索尼，其品牌价值为 107.5 亿美元，比 2004 年下降 16%。

仅靠一项调查就判定索尼品牌贬值似乎有点轻率，不妨问一个简单的问题：想到索尼首先想到的是什么？可口可乐代表可乐，微软代表 PC 操作系统，IBM 代表 IT 服务，英特尔代表芯片，诺基亚代表手机，迪斯尼代表动画，麦当劳代表汉堡。以前，想到索尼首先想到的是酷，现在这一想象已被三星占据。索尼的品牌形象已经变得模糊起来。

几年前，索尼 CEO 出井伸之发起的“再造索尼”行动中，新的索尼产品应该是娱乐、电子和情感的融合。在他的字典里，哥伦比亚电影公司、PlayStation 和网络连接卡是三大关键词。哥伦比亚电影公司负责内容，PS 系列是核心家电，而网络连接卡负责接入。

几年后，出井伸之寄予厚望的三大业务不仅缺乏良好的业绩表现，也并没有给索尼的品牌定位增色，反而是不利消息接踵而至，曾经凭借“特丽珑技术”席卷整个显像管电视市场的索尼，在数字时代来临后，却没有在等离子电视、液晶电视领域建立核心竞争力，甚至不得不购买对手的产品。在日本的超薄电视市场份额中，索尼落在后面。除了电视机，在数码相机、DVD 录像机等产品上，索尼丢掉了王者地位。

不管怎么样，一个事实是，曾经的金字生了锈，索尼的品牌个性正在变得模糊。这一点，索尼新任 CEO 霍华德·斯金格应该是感同身受。2005 年 9 月 14 日，索尼公司宣布任命安德鲁·豪斯为首席营销官。首席营销官是索尼新设立的一个职位。豪斯此前在索尼计算机娱乐美国公司担任执行副总裁，该部门主要负责软件开发以及游戏机的销售与营销。斯金格对此明确表示：“索尼品牌是公司最大的资产之一。豪斯将努力打造索尼的独特品牌个性，而该个性反映了我们业务的所有方面。”

索尼这一行动不免让人想起三星在几年前的一幕。为改变三星产品在消费者心目中是低档货的坏印象，作为三星电子 CEO 尹钟龙 1999 年改革的一部分，大量具备国际视野的海外人才被当做“新鲜血液”引入，金炳国担任了三星全球营销执行副总裁，为三星的形象翻牌立下了汗马功劳。

曾经的模拟时代的品牌霸主，却在数字时代遭遇到了品牌尴尬；针对索尼的品牌教训，我们不妨看看它可以为其他人带来什么借鉴之处：

（1）与众不同的品牌个性在极限竞争时代变得最为重要。被称为“定位之王”的营销大师杰克·特劳特已经多次发出警告：对于企业而言，制造“与众不同”的产品比历史上任何时候都更加具有挑战性，这才是一家企业赖以生存的关键。

（2）质量和顾客导向很难给品牌个性加分。索尼一直强调质量、服务和顾客导向，这些元素一度是索尼品牌个性中的坚强元素，但是，在数字时代，合理的质量和服务已经成为一种必然的期望，并不能形成差异性。

（3）高价格也不能给品牌个性加分。在模拟时代，索尼一直靠高价格区分市场，但在数字时代，这一策略并不灵验，最大的反击者三星就采取了另一种价格策略，“品质与设计与索尼相比各有千秋，却又没那么贵”。

（4）过广的产品线很难给品牌个性加分。在索尼的业务群里，排名前三的分别是电子类 62%、电影电视 10%、游戏 10%，广阔的产品线之间缺乏紧密的联系，也使消费者被索尼品牌的过多可选择性弄得不知所措。

（5）丧失领导地位会让品牌个性很失分。想一想 20 世纪 80~90 年代，索尼特丽珑横扫显像管电视机市场的状况。当时的索尼代表着“酷”这个词汇的一切，时尚、波西米亚、华丽等。再想想 Walkman 所制造的疯狂吧，成为第一的产品才能制造第一的品牌。当然，这些第一已经是明日黄花。

颇为讽刺的是，索尼没有的，却恰是三星有的。

资料来源：金错刀. 索尼的品牌教训［J]. 成功营销，2005（1）.

第四章 品牌推广策略

第一节 品牌推广人群

推广人群，即常说的推广受众或推广对象，品牌推广人群即是品牌活动的目标消费人群；精准地确定目标消费人群是谁，对于整个营销活动来说至关重要，一切营销行为都是针对目标消费人群的有的放矢。一旦目标消费人群出现错位，势必导致营销活动甚至整个经营活动的失败。

一、确定目标人群的关键环节

确定目标人群需要通过对市场调研、逐层的细分等若干步骤，主要有两个关键步骤：其一，按照需求的差异对待定人群进行逐层的细分。其二，以品牌个性为参照，逐个比较细分后的待定人群，以确定重点人群。

1. 对待定人群进行逐层的细分

细分是按照增加维度不断缩小受众面的过程，起点至少是两个维度。整理结果，然后再继续增加一个维度，继续缩小受众面，直至移去所有的共同需求为止。所谓逐层细分，意指其过程看起来就像一层一层拨开受众，最终找到足够的目标待定人群。

2. 确定重点人群

经过对待定人群进行逐层细分后，一个普通的受众面已经可以清晰地被细分成若干个待定人群簇，这些待定人群簇的属性有明显差异，任何两簇的属性都不能完全相同。若是受众面内消费者偏好的分布是正态分布或是平均分布，则此时的簇与簇之间将没有差异，也就没有了细分的可能。正因为簇与簇之间属性的差异使得簇内受众的偏好有所不同，这使得品牌个性成为影响一部分簇内受众的有效工具。

这一步骤将以品牌个性为参照，即用已确定的品牌个性为标准，逐个比较细分后的待定人群，将与之最接近的簇群挑选出来，组合成为新的市场，并结合各个细分市场的顾客特点，暂时安排一个名称。这样，就基本确定了重点的推广人群。之后还有评价、判断等步骤，反复进行若干次组合、实验和调整，最后才能将品牌推广人群确定下来。

二、评价待定推广人群的原则

通过大量的案例分析发现，在理论上进行的市场细分和目标人群的确定，和现实是有一定距离的，不考虑现实是危险的，因为有的细分市场或许根本就不存在顾客。为此，还必须考虑现实市场中选择人群定位必须遵循的其他四项原则：

1. 品牌推广的目标人群要足够大

这一原则需要在选择重点待定人群簇时，大致估计这些市场的现存受众的多少，及其潜在顾客的数量。因为，没有足够大的目标人群是很难成就一个品牌的。企业塑造品牌的过程也是盈利和发展的过程，没有足够的有效需求的支撑，品牌发展是难以为继的。

2. 避免与其他优势品牌的目标消费群发生冲突

有些市场或行业相对饱和，已经形成激烈竞争的局面，其中不乏优秀的品牌，消费者对现有品牌的概念根深蒂固，甚至对有的品牌已经达到品牌忠诚的地步，此时需要慎重地选择是否进入该市场。一旦确定进入，有可能激起现有品牌的强烈反应，形成难以预测的局面。

3. 避免将推广人群定位于最难以启动的人群

任何一个消费者都不是对所有产品和品牌都感兴趣的。有研究表明：对新品牌新产品敢于尝试的消费者往往只有目标人群的 13.5%，有的产品甚至根本就没有顾客，一旦将推广人群定在难以启动的人群身上，后果是不堪设想的。在本节之后的汉林清脂的案例，就是一个违反这一原则的典型案例。

4. 在媒体的选择偏好上有相对的集中一致

在评价待定目标人群的众多指标中，是否有较为集中的对媒体的偏好是最重要的标准之一，因为对媒体偏好是否能够一致将直接决定推广传播的难度和费用。如果想使一个对媒体的偏好不一致的所有推广目标人群内的消费者都得到等量的品牌信息，就要对传播媒体进行组合使用，这不但增加了传播的难度和不确定性，还将直接导致传播费用的提高，所以，这一点是在评价待定推广人群时的一个重要的考虑依据。

选择品牌推广人群，需要充分地对目标人群进行调研和统计分析，科学严谨地进行评估，在风险和机会共存的市场上，品牌推广策略主张首先要做好回避风险的工作。

汉林清脂

汉林清脂在产品品牌推广中的定位错误是比较典型的案例，太太药业在中国女性保健品市场创造了耳熟能详的太太品牌和静心品牌。作为中国女性保健品第一品牌，其产品热销的背后跟目标人群定位得当和传播技巧的到位是分不开的，然而，太太药业进军男性保健品市场却遭到了惨败。

同太太口服液、静心口服液一样，汉林清脂上市前也做了明确的目标群定位，诉求定位在职位高、收入高的中年男性，并不惜重金请出中国香港影星任达华作为形象大使来作推广，广告语是"天天清一清，血脂不再高"。作为配套手段，太太药业还在全国掀起了声势浩大的"汉林清脂·血脂健康万里行"活动。

短短几个月里，汉林清脂的推广投入了3000多万元的营销费用，在太太药业的营销史上还从未有过如此大规模的传播运动。据后来的不完全统计：一年时间内，汉林清脂在中央电视台和地方卫视的广告投入达到4000多万元现金，但汉林清脂并没有受到定位人群的认可。2002年全年的产出不到1000万元，2003年，太太药业已经彻底放弃汉林清脂，汉林清脂品牌也逐渐销声匿迹。

汉林清脂的主要问题就是出在品牌推广人群定位上，大量的研究表明：降血脂市场是个隐形市场，开发难度极大。在太太药业之前，健特生物知难而退。所谓"职位高、收入高"的中年男性一般不太注意自己的健康，且极度不相信保健品，他们不像女人和老人那样很容易被广告宣传说服，他们理性而又固执。太太药业却过于乐观地估计了形势，对汉林清脂的分析逻辑是这样的：高血脂是极端危险的人类杀手，血脂异常的人应该及时服用健康品来积极治疗，而我国血脂异常的人口至少在1000万人以上，所以，就有了这样一个顺理成章的推论，中国市场存在血脂保健需求的消费者数量至少在1000万人以上。但是高血脂症是慢性病，不到发病之时，消费者几乎没有任何感觉，带给患者的不良生理感受微乎其微。而当高血脂重症一旦发作，降脂保健品的作用已经微乎其微，绝大多数患者会选择去医院就医，而不再理会保健品。

太太药业曾经依靠其广告，成功地塑造了女性保健品品牌，但品牌的塑造不仅仅依靠广告。太太口服液、静心口服液的成功，是整体营销的成功，绝不能简单理解为广告的成功，消费者对相应症状的认知与重视，离不开太太药业综合的营销实力。在缺乏良好市场铺垫以及对目标消费人群的调研的情况下，汉林清脂片面地沿袭太太药业运作思路，采用电视主流媒体广告高举、高打、高投入，一年投放了上千万元的广告费用，但没有多少目标人群接收到汉林清脂的广告信息。降血脂市场的隐形特点，注定了广告提示效果不佳，理性的男性目标人群市场并没有轻易地被汉林清脂的广告攻势打动。在品牌推广后期经营者可能也意识到了这一点，变换了推广策略，但新的策略仍未能赢得目标人群的认可。由此可见，在品牌推广中的目标人群选择错误，是差之毫厘，谬以千里的。

资料来源：http：//www.qw168.com/news/show.php?itemid=8952。

第二节 品牌各个阶段的推广策略

一个健康发展的品牌是由品牌知名度、美誉度、认知度、联想度和忠诚度这五方面构成的，五个方面必须全面均衡发展，缺一不可，某一方面过度偏颇必然导致品牌畸形地发展。

按照品牌发展的阶段理论，品牌发展分成四个明显的阶段：新品牌导入期、品牌快速成长期、品牌成熟期、品牌衰退期（见图 4-1）。每一个阶段对品牌这五个度的要求都是不同的，下面就以四个发展阶段不同的重点为逻辑介绍品牌各个推广阶段的策略。

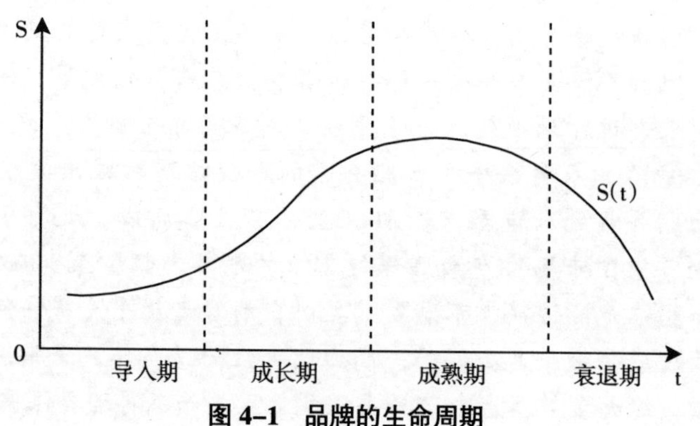

图 4-1 品牌的生命周期

一、新品牌导入期

品牌的第一个推广阶段是新品牌导入期，导入期就是品牌第一次面对顾客或第一次参与竞争的阶段。对于消费者来说，它是陌生的、全新的品牌，消费者对其个性和经营风格一无所知。此时的品牌，没有一点知名度。

导入期品牌推广人群对新品牌的态度一般比较谨慎，这是出于对新品牌缺乏认知而做出的谨慎的选择。目标人群中只有少数敢于尝鲜者，这些尝鲜者就是顾客群中的勇于接受新鲜事物者，也可能是最终的品牌忠诚者。此时，其他利益相关者也在密切注视新品牌的推广过程和结果，他们有时也会因导入期品牌的策略而调整自己的策略。

品牌在推广前一定要充分地论证其可行性，并且制定一套有连续性和针对性的推广步骤。值得注意的是，品牌在导入期的推广模式因行业不同和产品不同而不会一成不变，这就要求根据具体市场、具体产品、具体目标人群来选择适合自己的推广模式，简单地照搬成功案例很可能会弄巧成拙。比如，对于名人代言策略的适用性研究表明，处于导入期的品牌不适合直接使用这一策略，因为此时的品牌对于消费者而言，还没有任何认识基础，品名和徽标还没有成为熟悉的符号，此时安排名人代言极有可能出现品牌被名人覆盖的现象，消费者的注意力都落在名人身上，而忽略了他（她）所代言的品牌。所以，在导入期的品牌不能简单地模仿其他成熟品牌的名人代言策略。

概括和了解导入期的特点是为了企业制订适合的推广计划和媒体投放的策略，针对一个新品牌的推广，目标人群的反应无外乎漠不关心、关注、尝试和充当传播者四种。根据以往的市场推广经验分析，顾客这四种行为状态的比例依次是 64%、21%、13.5%、1.5%，四种表现基本涵盖了目标人群对新品牌的态度，而且就是这些显著的态度决定了品牌推广策略。

在新品牌导入期对待消费者，应该非常重视品牌传播者，准确地挖掘到他们会使得创建品牌变得事半功倍，他们是品牌形成自传播（口碑）的关键。但这并不是说 64%的漠不关心的消费者不重要，或是只需要关注 1.5%的品牌传播者。须知，持漠不关心态度的消费者其消费偏好不易改变，最容易形成品牌忠诚，而那 1.5%的传播者和 13.5%的尝鲜者的消费偏好却不太稳定，比较容易改变，不易形成品牌忠诚。

一个成功的品牌在导入期的运作往往从公共关系开始，一开始试图通过大规模的广告就塑造出品牌的策略是不明智的。其一，广告很难有针对性地对准这 1.5%的人群。我们所找到的目标人群只是理论上可行的细分市场，对于他们的性格、对媒体的偏好以及消费习惯都还一无所知。其二，即使对消费者了如指掌，也很难掌握住广告的度、创意的效果等等。大多数的奢侈品企业都是通过公关公司进入市场的，因为奢侈品品牌的创建要求“销售未动，公关先行”。公共关系通过媒体、活动展示品牌的文化与传统，“灌输”特定的消费观，是品牌创建最重要的组成部分。

二、品牌成长期

经过新品牌导入期阶段，品牌推广就进入一个新的阶段——品牌成长期。成长期是品牌推广的关键时期。适应性地调整产品定位、品牌定位和推广方式在这一阶段是必要的，提升美誉度和忠诚度是这一阶段工作的重点。

成长期的特点是：品牌在行业内已有一定的知名度，越来越多的顾客表现出了对品牌的赞誉，并开始使用该品牌的产品，并且，品牌在前期试用者中已有一定的忠诚度，品牌资产的无形价值已经初步形成。品牌的销售量和市场占有率进入快速上升期。

这一阶段也是问题的爆发期，品牌管理和控制能力问题、媒体的选择及投放的频率问题、品牌推广人员的观念和执行能力问题等，均会在这一时期显现出来；成长期里对于品牌推广的步骤、推广的协同力和推广的创新性要求很高。处在成长期的品牌已经具有较高的知名度，为了使品牌的美誉度和忠诚度得到同步提升，必须进行有效的品牌管理。

品牌成长期所采用的推广方式恰当与否关系到品牌竞争力和品牌影响力的提高，因而，还应评价现有的推广模式是否有利于发挥品牌的发展后劲。

三、品牌成熟期

品牌成熟期也可称为品牌全盛期或收获期。成熟期的特点是：品牌已有很高的知名度，目标人群相当明确且认知度很高。品牌已经具有了可以延伸的能力且已经拥有了相当数量的品牌忠诚者，销售量和市场占有率达到前所未有的高度，成为各媒体关注报道的对象，对社会公共事业有一定的影响力。品牌竞争力和品牌影响力已经在行业内达到数一数二的位置，品牌的无形价值也已经提高到新的高度。

处在成熟时期的品牌还是存在许多软弱的地方。如品牌的核心优势的丧失、目标人群偏好的转移、顾客的忠诚度的降低等方面。当品牌进入全盛时期时，应当及时地、全方位地检查自己存在的劣势，应深知，这些劣势可能会成为品牌被攻击的弱点。因此，放大优势，修补劣势，是此阶段品牌管理的重点工作。

值得强调的是，成熟期的品牌由于品牌本身已经具有的影响力，成为各个利益相关者关注的焦点，稍有不慎，尤其是产品或企业声誉方面稍有不如人意之处，再经过媒体的放大炒作，极有可能使品牌陷入万劫不复的境地。于是，规避风险是品牌成熟期的管理工作的重要原则。

四、品牌衰退期

所谓品牌的衰退期，是指品牌的美誉度和忠诚度表现出逐渐下降的趋势，品牌竞争力和品牌影响力正在逐步衰退的阶段。

衰退期的特点是，品牌的知名度仍然很高，但影响力远不如从前。目标人群的认知度仍在延续但力度逐渐下降，销售额和市场占有率数量明显萎缩，越来越多的经销商开始退出合作，品牌资产的无形价值正在以极快的速度降低。

品牌进入衰退期既是必然，又是偶然。当品牌定位和诉求不再适应，推广方式不当，抑或是竞争者加大投入、出现了先进的竞争产品、竞争者诉求和定位更加适应而使本品牌失去顾客，或是突发事件处理不当等，都会使品牌由盛转衰。

由此看来，品牌衰退期并不必然使品牌走向衰败和消亡，只要处理得当，仍然可以延续品牌的生命力。

第二部分

品牌管理实务

品牌是一个经济现象，广泛地存在于人类商业活动当中，对品牌管理的理论最终也要依靠经营活动的实践来检验、证明它的价值。为此，品牌管理实务的研究大多数是以案例研究的形式来进行，但案例如果不能提高到理论认识的层面，那么对以后的实践是没有任何指导意义的。所以，品牌案例学习一定要在分析过程中充分应用理论，升华案例中的经验，乃至创造出新的品牌理论。

品牌管理实务的研究对象是品牌操作实务的内容，解释现实世界的品牌现象。品牌管理实务由品牌文化观、品牌战略、品牌延伸以及品牌危机管理四个连续的部分组成。

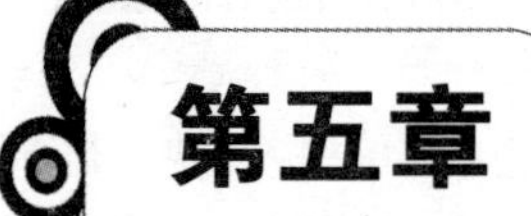

第五章 品牌哲学与品牌文化管理

第一节 品牌哲学

一、品牌与哲学

一个优秀的品牌，不仅是一个有意义的符号，或是确实存在的一组关系，它更应该包含一种特定的思想，表达创造者价值观的哲学，它应该是一个经营者毕生从事经营的信念的高度凝结，是人类进步的符号和自由的象征。大卫·奥格威站在广告的角度说：每一则广告都是为品牌资产的增加服务的。跳出营销和广告的界限看，每一个品牌的出现都是人类文化融合与自由进步的标志。

从品牌发展史看，人类最早出现的品牌意识和雏形都是生活必需品，在商品经济很不发达的初期，交易的产品非常简单，都是以使用价值相等为交换原则的，直至剩余的大量发生。剩余使得分工发生，同时也使得市场出现，有了更为复杂的交易，才有了交易风险的出现，从而萌生了一批在市场经济条件下规避风险的工具；人们当时虽然没有明确的品牌概念，但出现与经营相关的品牌意识却是非常自然的，借助积累并固化了交易行为影响的手段，塑造了商业信用，从而减少了交易风险。起初的产品都是和生活直接相关的，因而最早的品牌大部分和地名或人名有关系。进入近代商业社会后，原始品牌按照各自不同的发展逻辑继续发展，随着品牌学理论的发展，它们被现代市场理论分类，即地理标志和老字号。

地理标志和老字号都包含着深刻的内涵，尽管在它们形成的初期，创建者甚至都不是故意加上去的含义，尤其是与地名有关的地理标志，完全是自发形成的口碑。如随着参与者越来越深入的刻画，它们有了越来越多的内涵，也越来越多地向着品牌哲学发展。比如，地理标志很多包含着各种各样的养生哲学，而老字号却包含着许多做人的道理。这与早期人格和商业信用部分是一致的。

可以说，品牌哲学是人类早期世界观在商品经济社会中的一些反映。随着人们对世界的认识越来越多，人们对品牌富含的哲学思想也不断深化。这些早期萌生的品牌哲学思想非常朴素，却一点儿也不逊色于现代品牌哲学理论。

二、经营思想与品牌哲学

经营思想说到底，就是经营者对经营实践中形成的经验的理论升华，它的深刻程度可能会因经营者本身的素质受到制约，因而有人称其为经营理念，将其降低为一种非常具体的经营观念；从本质上看，经营观念就是初步的经营思想。

而品牌哲学不是简简单单的理念或是零散的思想，它是一种系统的价值观体系，完整而深刻地阐释着经营者的经营思想和价值判断标准，它是一个品牌的灵魂所在。

三、品牌哲学的形成路径及表达形式

1. 源自企业价值观和经营理念的品牌哲学

有相当一部分品牌哲学是来自企业长期经营中形成的企业价值观和经营理念。有些企业甚至通过聘请专业的团队为其整理公司的发展历史，从中提炼出可圈可点的经营经验和秉持的理念，并将其提炼成企业一贯遵从的价值观。这样的品牌哲学体系是开放的体系，并不算稳定，一般会随着企业的经营继续发展和丰富。有些公司会通过专门为其公司文化所著的书籍中或是CI当中表达品牌哲学，品牌哲学也会体现在公司处理危机时的态度和战略决策上。

2. 源自品牌历史的品牌哲学

有些品牌传承着一段历史或传奇，这是企业的宝贵资产，其中蕴藏着深刻的文化底蕴，企业在继承这些文化的同时，也需要继承它一贯主张的价值观和哲学思想。这样的品牌哲学形成后非常稳定，一般不再会有太明显的变化。这一来源的企业哲学体现在企业的发展战略中，以及媒介传播过程中的策略选择。此外，通过公共关系活动和员工培训也可以不断深化它的品牌哲学。

3. 源自营销诉求的品牌哲学

这是品牌哲学来源最广的一种，绝大多数企业哲学的形成都和营销有关。企业就是在营销中不断前行的，很多理念都来自营销实践。这类品牌哲学非常不稳定，可能会随消费者偏好的变化而变化，可能因为时尚而改变。这一来源的企业品牌哲学在营销策略上集中体现，同时在新产品开发与设计中有所体现，消费者很容易在广告表现和广告语设计中看到品牌哲学的影响。

品牌哲学体现在具体品牌的具体活动中，可以被直接表达的，一般是通过具体的品牌经营行为表达，不可以直接表达的，一般都通过企业文化来表达。因而，在企业文化的最顶端一般都被理解为品牌哲学。

品牌哲学：那是个遥不可及的海市蜃楼吗

每每提及品牌哲学，说者、听者都会感觉身处云里雾里不知所云、不着边际，也难怪，品牌本来就是令人费解的东西，何况那又是个形而上到高不可及的哲学，难道品牌哲学真是个遥不可及的海市蜃楼，让人看得到它的身影却似乎永不可及吗?

马克思说过，“哲学是各个时代精神的精华，是每一种文明的灵魂”。当代是人类达到的最为繁荣的商业时代，这个时代的一切思潮最后都被包裹在商业时尚中，通过种种营销方式置于每个人的面前，这一时代的精神也毫无例外地被浸透了商业气息。作为最能够代表一个时代精神的哲学，也或多或少在各个领域里被商业化了，品牌哲学就是这样一个时代的产物。

说到底，品牌哲学并没有到达真正意义上的哲学那样的高度，许多自诩为哲学的品牌思想不过是一些人的人生处世哲学或是经营理念罢了，倒是有些企业家善于思考，在实践摸索中不断总结得失，形成一些在经营中判断是非曲直的标准，这些善于思考的企业家被称为企业思想家，在经营中透出了对企业发展的睿智和对必须担负的社会责任的思考，也会对阻碍进步的因素提出一些反思，起到了一般哲学或思潮对当代社会进行批判和促进进步的作用，因而他们的经营理念经常被称为企业哲学，有条件的一些企业借助品牌传播将其经营思想或是经营哲学向受众广为传播，于是在公众眼里，品牌哲学就等同于企业哲学，其实大凡经营有道的企业对自己的经营之道都有自己的见解，稍加升华就会成为企业的经营风格，渐渐发展成为经营思想，直至有些企业家完全脱离了经营专职于对以往经营经验总结，使其具有了一定的普遍适用性，这时的企业思想或多或少地可以被称为企业哲学了，有品牌的企业会将这一可贵的哲学思想赋予在其品牌身上。这一做法的原因非常简单，大致有两点：①品牌具有相当强的稳定性，不会因企业易主或是其他经营者的原因发生中断，从而使得思想的发生发展一贯且连续进行。②品牌一旦被赋予思想会使品牌的拟人化更为生动，每个人都愿意与有思想的人在一起。思想者是最具魅力的人，无论他是男是女，无论他身处何处，我们随时随地都能感到他的存在，当一个品牌被拟为一个思想者的时候，对受众的影响力会大大提高，与此同时也会相应地提高其自身的商业价值。这也就是为什么企业经营思想经常被演绎成为品牌哲学的原因。

没有多少人去认真区别品牌哲学与一般意义上的哲学有多少差异，也不必追究品牌哲学与经营思想间的差距有多大，只要它存在对现实的指导和批判意义，它就具有可贵的反思价值，就有可能促进人们突破某种范式的约束。从这一点上看，品牌哲学大可不必被冠冕于遥不可及的哲学范畴；相反，它落脚在经营风格与经营思想的层次中更切合实际，这丝毫不会让它逊色，让它非常实在地在我们身边发生、发展，反而会使它更公众、更容易受到企业经营者思想的影响。

资料来源：周云. 品牌哲学是遥不可及的海市蜃楼吗 [N]. 中国商报，2013-03-12.

第二节 品牌文化概述

一、品牌文化的概念

（一）文化的概念

文化是一种社会现象，是一定社会的人群在共同的社会生活中长期创造形成的产物。文化同时又是一种历史现象，是社会历史的积淀物。确切地说，文化是指一个国家或民族的历史、地理、风土人情、传统习俗、生活方式、文学艺术、行为规范、思维方式、价值观念等。

根据文化的结构和范畴可以把文化分为广义的文化和狭义的文化两种概念。广义的文化指的是人类在社会历史发展过程中所创造的物质和精神财富的总和。它包括物质文化、制度文化和心理文化三个方面。物质文化是指人类创造的种种物质文明，包括交通工具、服饰、日常用品等，是一种可见的显性文化。制度文化指生活制度、家庭制度、社会制度；心理文化指思维方式、宗教信仰、审美情趣。它们同属于不可见的隐性文化，包括文学、哲学、政治等方面内容。狭义的文化是指人们普遍的社会习惯，如衣食住行、风俗习惯、生活方式、行为规范等。可以简单地认为，文化就是一种习惯的沉淀，是人们的各种习惯长期积累而成的、受价值观支配的统称。

（二）企业文化简述

企业文化是指企业在生产经营活动中，逐步形成的为全体员工所认同、遵守的，带有本企业特色的价值观念，是经营准则、经营作风、企业精神、道德规范、发展目标的总和，是一个企业或一个组织在自身发展过程中形成的以价值为核心的独特的文化管理模式。

企业文化是社会文化的组成部分，是社会文化与组织管理实践相融合的产物。20世纪80年代初，随着日本企业的崛起，人们注意到了文化差异对企业管理的影响，进而发现了影响企业发展的文化因素。企业文化理论最早产生于美国学者对日本企业的研究，1982年，美国学者迪尔和肯尼迪出版了《公司文化》专著。以后的美国、日本学者对企业文化进行了大量研究和著述。他们大都表达了同样的观点：企业文化是指在一定的历史条件下，企业在管理活动中所创造和形成的具有企业特色的精神财富及物质形态的总和，包含价值观、行为准则、制度、文化环境等。

（三）品牌文化的定义

品牌文化的定义有狭义和广义之分，品牌文化的狭义定义是为品牌赋予的文化内容。其中，文化内容通常仅指传统的或历史的文化内容。例如，红豆牌衬衫把古诗中“红豆生南国”的文学意境寄托在服装上，杏花村汾酒厂把古诗中“牧童遥指杏花村”的文学意境寄托在白酒上，等等。广义的品牌文化是指由企业构建的被目标消费者认可的一系列品牌理念文化、行为文化和物质文化，是结晶在品牌中的经营观、价值观、审美因素等观念形态及经营行为的总和。它能带给消费者心理满足，具有超越商品本身的使用价值的效用。

（四）品牌文化与企业文化的联系与区别

品牌文化与企业文化有着紧密的联系。品牌是企业文化的标志，其内涵包括了企业文化的全部内容。品牌文化的建立与运营离不开企业文化的支持和依托。品牌的物质基础是产品，品牌的精神力量是企业文化。企业文化是品牌的灵魂。

品牌文化与企业文化又有区别，最主要的是：品牌文化是指企业构建的被目标消费者认可的一系列品牌理念文化、行为文化和物质文化的总和。而企业文化是指现阶段为大多数员工认可的一系列的企业理念和行为方式，包含使命、愿景、价值观、制度等组成要素。可以说，企业文化主要是对内的，企业文化构建的主要目的是增强企业内部的凝聚力，形成企业员工的共同价值观，而品牌文化主要是对外的，目的在于形成消费者对品牌的附加价值的认可。

二、品牌文化结构

品牌文化结构的划分有多种方法，一般来说，品牌文化可以划分为三个层次或系统，即品牌价值观、品牌行为文化与品牌物质文化。

（一）品牌价值观

正如企业文化是建立在其自身经营理念的基础之上一样，品牌文化也是建立在该品牌的理念的基础之上的。企业的经营理念当然也反映在企业的品牌上，但是，作为品牌也应该有品牌自身的哲学或理念。从管理文化的角度看，品牌价值观就是企业的经营理念或思想，是指企业生产经营的指导思想和方法论。由于品牌不仅仅限于企业使用，为了不混淆于企业文化理念，因此有必要将品牌价值观界定为以品牌为主体的品牌运作行为的信念和准则。

品牌价值观在创建品牌阶段是品牌定位的内涵，到品牌管理阶段是品牌文化管理的核心部分，即对有关品牌管理的一切经营活动是否符合企业既定的判断标准，这些标准高度抽象后形成的原则即品牌价值观。一个经营性组织内部形成的比较统一的价值观体系主要发挥两种功能：一是把组织价值观转换为核心价值观以指导组织的工作；二是把核心价值观转换成各个目标顾客群体的使用价值或附加价值。品牌价值观为组织成员所普遍接受，是品牌文化构成的主要部分，它具有规范性的特征，它使企业全体成员知道什么是好的，什么是坏的；什么是积极的，什么是消极的；什么行为是正确的，什么行为是错误的；它决定了组织内全体人员共同的行为取向。一个品牌的核心价值观需要保持长期的一致性和连贯性，它将赋予员工一种神圣感和使命感，鼓励员工为理想去努力奋斗。

信誉无价

在世界贸易发展史上，有一个非常感人的故事说明价值观是如何影响商业发展的。1596~1598 年，荷兰的一个船长叫巴伦支，他试图找到从北面到达亚洲的路线。他在现位于俄罗斯北极圈内的岛屿——三文雅，被冰封的海面困住了。巴伦支船长和 17 名荷兰水手在这里度过了 8 个月的漫长冬季。他们拆掉了船上的甲板做燃料，以便在零下 40 摄氏度的严寒中保持体温，靠打猎来取得勉强维持生存的衣服和食物。在这样恶劣的险境中，8 个人死去了，但荷兰商人却做了一件令人难以想象的事情，他们丝毫未动别人委托给他们的货物，而这些货物中就有可以挽救他们生命的衣物和药品。冬去春来，幸存的商人终于把货物几乎完好无损地送到委托人手中。他们用生命做代价，守望信念，创造了传之后世的经商法则。在当时，这样的做法也给荷兰商人带来了显而易见的好处，那就是赢得了海运贸易的世界市场。这个案例说明了当时荷兰海运品牌的核心价值观就是诚实守信。

资料来源：孙川中. 信誉无价［EB/OL］. http：//www.sunchateau.com. 2008-05-11.

品牌价值观的基本类型：

1. 消费者型品牌价值观

从价值观主体及其功能的区别可以把品牌价值观分为管理者型品牌价值观和消费者型品牌价值观。站在消费者的角度来看，品牌文化也是一种消费文化，即品牌文化尽量满足消费者各种层次的心理和文化认同的需求。此时，品牌文化观也是目标消费者群体价值观的体现。最终目的是倡导与目标消费者相吻合的价值观，以期望能够有效地引导消费者的品牌行为。例如，迪斯尼倡导“快乐家庭”的亲情，完全符合大多数消费者的价值观，它在深层次的意识里影响着消费者，引导消费者的品牌行为。

消费者型品牌价值观能够有效地引导消费者的品牌行为，根本的原因在于企业通过品牌表达的价值主张能够大大提升品牌附加值。消费者总是购买他们认为更有价值的商品。从消费者的角度看，品牌价值观提升了品牌附加值，因此更能够获得消费者的认可和忠诚。

2. 管理者型品牌价值观

从企业的角度看问题，品牌文化也是企业文化。在企业的层面上，企业名称就是品牌名称，企业可能被等同于品牌，因此很多时候，品牌文化的内容也表现为企业文化。与企业文化的价值观一样，管理者型品牌价值观将体现出企业品牌行为的准则。例如，麦当劳的 QSCV（品质、服务、清洁、价值）作为企业的价值观，同时也作为品牌的管理价值观被广泛传播，并得到内部员工和外部消费者的认同。麦当劳的品牌定位、品牌战略制定、品牌危机处理等所有品牌行为，都是以 QSCV 为核心指导，任何违背这一品牌价值观的行为都不能被允许。

（二）品牌行为文化

企业正在发生和已经发生的品牌行为对消费者的影响极大，同时消费者对即将发生的品牌行为的预期也不能忽视。品牌理念是代表思想的部分，相当于人类大脑思考的功能，它同时起到统领全局的作用。而品牌行为则代表了说和做，即表达和行动的内容。一个品牌有了思想主张，也必须将之付诸言说和指导行动，传达给目标消费者，这样才能取得效益。理念是抽象的，必须转化为具体的行为。所有的品牌行为都应始终坚持的原则是：品牌行为必须能够提升品牌价值。品牌行为可以从企业和消费者两个角度来分析：

第一，从企业品牌行为的角度看，品牌行为文化是在品牌职能定位基础上，在品牌理念指导下，围绕品牌战略目标而形成的各级目标，如理念贯彻、生产管理、市场推广、公共关系等各环节目标所展开的、符合该品牌需要与个性特征的一切实践活动。它可以分为内部行为文化和外部行为文化。品牌行为主要起到沟通管理、强化品牌特征、品牌推广等作用。企业品牌行为的目的是塑造、管理、维护品牌，使之保值增值。从具体的角度看，企业品牌行为包括品牌管理行为、品牌策划行为、品牌危机处理行为等。

第二，从消费者品牌行为的角度来分析品牌行为。消费者品牌行为指的是消费者接触品牌时发生的一切行为活动。主要包括消费者品牌选择、偏好、使用、心理感受等。品牌偏好与消费者价值体系是紧密相连的。消费者的品牌行为是个复杂的过程，并非每个人都有品牌意识，也并非每个具有品牌意识的人都能够被品牌驱动。一般说来，个人价值观极大地影响消费者的品牌偏好；同时，品牌价值观也会反过来影响消费者的品牌行为。

（三）品牌物质文化

品牌物质文化是品牌文化的外层，指表现品牌的一切物质文化要素，包括品牌产品、设计、包装、色彩、品牌名称、吉祥物、商标、品牌宣传标语等内容。它们是品牌文化的有形载体。品牌产品的设计、文字、图形和颜色的选择以及包装等工作最终将体现出品牌外在形象的吸引力。尤其重要的是，它将影响到目标消费者对品牌的第一印象。但是，品牌的一切有形表达，都必须围绕阐释品牌理念这一主题展开。

三、品牌文化的作用

企业在市场营销活动中的竞争通常表现为产品的竞争和品牌的竞争。产品的竞争主要体现为功能所带给消费者的满足程度，而品牌的竞争在于满足消费者情感和心理的诉求。品牌文化的作用就在于增强品牌的文化竞争力。

1. 品牌文化有利于提高品牌认知度与强化品牌知觉质量

品牌认知度就是目标消费者对品牌名称及其所属产品类别的知晓程度，也就是品牌的知名度。强势品牌的首要因素就是拥有很高的知名度。在对品牌喜好程度相同的情况下，知名度高的品牌总是拥有较大的市场份额。较之于相对陌生的品牌，比较熟悉的品牌更易带给消费者相对的信任感。因而，品牌的认知度往往与其市场占有率成正比关系。广泛地利用大众媒体进行广告宣传、针对目标消费者展开能凸显品牌特性的各种活动是提升品牌认知度的重要手段。在提升品牌认知度的过程中，只有具备独特文化内涵的品牌宣传才能富有创意，在众多的品牌宣传中脱颖而出，产生亲和力，留给消费者深刻的印象。

2. 品牌文化有利于培养消费者的品牌忠诚

品牌忠诚是消费者对品牌的喜爱、信奉，它是品牌资产增值的核心。按消费者的品牌忠诚形式，一个市场可分为坚定型、不坚定型、转移型和多变型。培养和壮大品牌忠诚群体是品牌价值的来源。在消费行为的表现上，品牌忠诚者即使面对竞争品牌的价格等方面的诱惑，也愿意为其忠诚的品牌付出高价，长期反复购买该品牌，从而为企业带来利润。一般来说，占全部购买者 20%左右的品牌忠诚者即能创造销售总额 80%的购买量。市场调查表明，每减少 5%的顾客流失率，就能提高 25%~85%的利润。因此，培养和壮大品牌忠诚顾客群至关重要，在竞争激烈的今天，不同品牌同类产品之间的差异缩小，产品同质化现象十分严重，要有效地培养消费者的品牌忠诚，就要实行品牌的文化差异战略，使品牌具有独特的文化，让文化缩短品牌和消费者之间的距离，使文化成为连接品牌和消费者之间的桥梁。文化上的认同具有相对的稳定性，一旦被接受就不会轻易改变。品牌忠诚顾客群体的形成，可以有效地阻止竞争品牌争夺市场份额，实现企业的永续经营。

3. 品牌文化有助于形成消费者正面而丰富的品牌联想，建立品牌的心理优势

品牌联想是消费者对品牌的记忆联想内容。品牌定位就是为品牌在众多同类品牌产品中选择一个有利于自身生存与发展的空间，或者说是品牌传达给消费者的独特点，它若能准确击中消费者的内心需求和情感，就会形成准确有力的品牌定位而使品牌为消费者所接受。要让一个品牌实现与消费者的情感沟通，还要赋予产品一定的个性和形象，使品牌具有一定的精神和灵魂。鲜明的品牌个性能够强化消费者对品牌的记忆和认知，在消费者心中打下深深的烙印，赋予消费者更多的品牌联想。正面、丰富的品牌联想并非与生俱来，而是通过赋予产品的品牌文化内涵，通过营销与传播，与消费者产生共鸣、震荡而形成的。不具有独特、丰富文化底蕴的品牌，无论如何运作，也难以给消费者带来正面而丰富的品牌联想。

4. 品牌文化能有效地承载企业的价值观，深刻体现企业文化

品牌文化是企业文化的重要体现。品牌文化的表层要素主要是产品、品名、品标、图案、包装及色彩等，内层要素是利益认知、情感属性、文化传统和个性形象。正是由品牌文化的表层要素和内层要素共同形成了品牌的核心价值，并且通过消费者的选择体现出来。品牌的文化内涵表现为品牌具有的独特的性格特征，即品牌所表现的是目标消费群乐于接受的某种精神价值，而这种价值就是企业创造的、赋予品牌的，体现企业核心价值与企业文化的一部分。品牌的塑造与确立过程，实质上就是企业以这种价值观与消费者对话的互动过程，一旦这个对话过程形成了企业、品牌、消费者之间的认知与相互沟通，那么品牌文化就能够体现出企业文化的精髓。

【案例】

五粮神的超越文化

一、五粮神的品质奠定了超越文化的基础

生产新品五粮神的五粮液集团，地处“万里长江第一城”宜宾。宜宾古为戎州、叙州，酿酒历史悠久，早在汉代就已盛行酿酒和饮酒的风俗。此风历经千年传延至今，遂成就一代佳酿五粮液。五粮液酒厂有一套丰富而独到的制酒经验，其酿造原料为四川省红土特产优质高粱、糯米、大米、小麦和玉米。

五粮液美则美矣，然而作为超高端白酒新品五粮神，这些还不够。比如，新品五粮神基酒来源于五粮液集团的第三号、第八号和第九号窖池，窖池至今历史沉淀600余年，其价值可与国家文物相媲美。再比如，新品五粮神的生产班组是由生产五粮液的班组里抽调的精兵强将组成，五粮液调动了生产系统、产品研发系统、506车间、宣传系统和物资采购系统等各大系统协作，几乎是举“全身之力”来酿制。

更有甚者，五粮液酒发酵周期是浓香型酒中最长的，需要70~90天，并且要“掐头去尾”后才能成为五粮液酒的基酒，而新品五粮神基酒酒体更取之于五粮液基酒的中间段，也就是“掐头去尾”后再“掐头去尾”，足可见其珍贵！

五粮液集团的酿酒人经过种种呕心沥血，殚精竭虑，终于酿成绝世佳酿新品五粮神，其酒体中酯香和口感具有恰到好处的和谐之美，因此具有最为复杂和最为独特的香味，开瓶5秒内便可感受到芳香四溢、沁人心脾！在浓香型酒中绝无仅有。

“当代酒王”王国春先生为新品五粮神挥毫泼墨：“鬼斧神工的杰作，奇思妙想的结晶”，这是对其超然品质的最佳评价！

二、五粮神的超越文化

白酒历史悠久，源远流长，在中国的传统文化与中国人的心理传承中，白酒都有着特殊的地位。一部厚重的中华文明史，可以说无一页不飘着浓郁的酒香。

随着白酒市场的发展，“历史文化”、“名人文化”、“地域文化”以及各种各样的“雅俗文化”迅速成为白酒的第二商标进入各大小酒厂的产品生产线。白酒文化已经开始呈现一派泛滥景象。

白酒不能没有文化，但文化不是皇帝的新衣，不能杜撰胡吹；更不是历史故纸堆里的只言片语，随抛随用。

五粮神的“五粮”乃高粱、大米、小麦、玉米和糯米五种粮食，代表中国拥有五千年历史的农耕文化，而这五千年的农耕文化正是中华民族文化的根与灵魂，它不断推动着中国从农业文明走向工业文明，从历史文明走向现代文明，并不断演绎出与时俱进的中华民族精神，也正是这种精神推动中国从封闭走向开放，从计划走向市场，从贫穷走向富强，并在国际舞台上担当重要角色，使人类文明发展得更加美好。

品酒和艺术鉴赏的结合乃是成功人士生活的至高境界，我们不能阻挡消费者一定要去想什么，但是他起码会想，而且会从中“悟道”，“悟道”之后有一种油然而生的精神，这种精神将会在消费者潜意识里激发出一种从成功走向更加成功的激情。新品五粮神以一览众山小的气势，提出了“超越的文化”这一全新理念。超越的文化有三层韵味。

第一层，物质的超越。构成新品五粮神的五种基本原料，是平凡得不能再平凡的五谷杂粮，然而，通过传统和现代相结合的工艺，天地精华已被提炼出来，平凡之物成就“新、奇、特”不同凡响的绝世佳酿。

第二层，精神的超越。品味新品五粮神，傲然不凡的定位、鬼斧神工的包装、馥郁和谐的内在，酒在这里已不单是琼浆玉液，更成为精神的盛宴、身份的象征。永不停步的自我超越终于迎来卓然于众的成功，物质的丰盈导向精神的完善，饮酒者的精神在神秘的佳酿中超越了时空，超越了万物，超越了一切感性和理性。

第三层，灵魂的超越。至尊者至纯。在精神升越中，灵魂开始歌唱。没有了疲惫，没有了执著，不以物喜，不以己悲，返璞归真，天人合一。有人说，酒是灵魂的水，灵魂因酒的浇灌而苏醒，在酒的沐浴中舞蹈。饮过新品五粮神后，始知此言不虚！

三、五粮神 219、218、216 产品系列的个性文化定位

根据消费者的分化与差异性，使目标客户得到极大的满足，在市场形成强大优势。五粮神的消费群体的特征：内敛而非沉重，时尚而非浮躁；继承而非固守，超越而非超脱。

219 产品系列：超越权贵。219 产品系列的终端价位在 1980 元，主攻国际性大卖场，走高层礼品渠道。其品牌定位：超越权贵，功能：打造形象。消费群体为：顶尖的社会名流、政要。他们主要是社会取向型：知名人士居多。个性：追求智能，聪明，有学问，高学历，不喜欢别人帮他作决定，不喜欢被说服。对他们的诉求：一切动机是对国家、社会有贡献，服务人群，有国家民族之使命感。

218 产品系列：超越神韵。218 产品系列的终端价位在 990 元，主攻酒店旗舰店、商超 A 类店、团购中高层，走高端终端渠道。品牌定位为：超越神韵。消费群体为：政府高官、军队要员、企业家和其他非富即贵人群。他们是年龄在35岁以上的男性居多，多半有成就或事业。个性：有自信，有独特的眼光，喜欢与众不同、被肯定的感觉，不喜欢别人模仿。对他们的诉求：购买五粮神可以让你有不一样、卓越的感觉；成功的人士凡事靠自己的决定，因为他的品位高人一等，忠于自己的感觉。重点宣传传承五粮文化，重点提升并弘扬“神”文化，以此构筑五粮液集团与时俱进全新推出并打造的五粮神文化。五粮神文化的根是“五粮”文化，枝和叶则是“神”文化。提升五粮神“神”文化应抛弃传统的“神性”、“轻灵飘逸”、“神仙”等常见的对神的诠释，而将之凝化为一种内核，是人之思想，是成功人士或准成功人士的一种追求。

216产品系列：超越成功。216产品系列的终端价位在380元，主攻终端酒店A类、B类店及商超批发、零售店。走中高端终端渠道。消费群体为：私营业主、白领、企业中高层主管、其他高消费人群以及追求成功人士。216产品系列品牌文化：超越成功，功能打销量。与“五粮液”、“水井坊”、“国窖1573”、“金剑南”抢市场。

资料来源：舒国华. 五粮神的超越文化［EB/OL］. http：//www.cnbm.net.cn.

第三节　品牌文化的构建

按照品牌文化的结构分析，品牌文化的构建需要从品牌理念文化的构建、品牌行为文化的构建、品牌物质文化的构建三个层次进行。

一、品牌理念文化的构建

品牌理念文化是品牌文化的核心，只有核心层文化明确了，才有可能构建品牌行为文化和品牌物质文化。

1. 确定品牌愿景

品牌愿景是指企业和消费者共同认可的品牌未来发展方向。企业通过品牌愿景能够向顾客清晰地传递“这个品牌存在的原因”，“品牌代表了什么”，“品牌的未来是什么”。并且，品牌愿景本身还要包括那些不会随着时间变化而变化的核心理念。品牌愿景能够经受住产品或市场生命周期、技术、管理因素和个人领导等的变化，能够给人一种激动人心的感召力和清晰的品牌聚焦。例如，三星的品牌愿景是“成为数字革命的领导者”；索尼的品牌愿景是“娱乐全人类——成为全球娱乐电子消费品的领导品牌”；海信的品牌愿景是“中国的索尼"等，这些品牌愿景都清晰地传递着品牌未来发展的方向和目标的信息。

美国品牌顾问戴维斯认为，品牌愿景必须要所有的企业员工清晰地回答下列问题：

（1）品牌参与竞争的市场、业务或产品线、渠道分别是什么？

（2）企业的战略和财务目标是什么？品牌在实现这些目标的过程中发挥什么样的作用？

（3）品牌今天代表的是什么？明天代表的又是什么？

（4）我们能够为品牌投入什么级别和水平的资源？

（5）我们要通过现在的品牌实现目标还是重新界定我们的业务？

按照戴维斯所提出的5个问题，确定品牌愿景主要分为四步。

第一步，分析企业的战略目标和产品在市场上的竞争态势。品牌愿景不是凭空产生的，而是要在竞争环境分析的基础上，从实现企业战略目标的目的出发，经过科学研究制定的。品牌愿景必须与企业的战略目标一致。

第二步，确定品牌愿景所传递的企业价值观。例如，海尔品牌"真诚到永远"的品牌愿景就表达了海尔企业为用户负责的核心价值观。

第三步，为品牌愿景赋予某种文化含义，使品牌愿景具有特定的文化内涵。例如，长虹品牌所提倡的"以产业报国，以民族昌盛为己任"的理念，体现了中国现时代民族复兴的国家理念。

第四步，围绕品牌愿景整合各种资源，使各种资源能够支撑品牌愿景的实现。

2. 明确品牌使命

品牌使命是品牌在企业发展过程中所担负的责任。品牌使命与企业使命原则上是一致的，但是它更具体、更直接地体现了企业使命。品牌使命包括三个层面的内容：第一层面是经济使命。企业作为一个经济实体，其基本的目的就是追求利润。没有一定的盈利，企业的一切都将是幻想。但是，在市场竞争日益激烈、产品同质化日益加重的情势下，品牌是企业保持和提高市场占有率的重要条件，没有强势品牌，企业的利润将难以实现。第二层面是社会使命。企业作为社会有机体的一分子，既要满足自身生存发展的需要，同时也要满足社会的需要。企业必须与内外环境相容而处，互利共生，才能取得长远发展。而品牌是社会认同企业的主要途径。第三层面是技术革命。企业的存在是为了促进人类的进步，而技术本身对社会发展的影响越来越巨大。对技术发展的贡献就意味着对社会进步的贡献。品牌的核心价值就包括技术进步所达到的用户满意度。

明确品牌使命主要包括三步：

第一步，明确企业的经济目标，充分认识品牌文化对于实现企业经济目标的作用，制定品牌所实现的盈利指标。

第二步，明确企业的社会贡献目标，确定品牌文化与社会认同的共同点。

第三步，明确品牌所包含的技术内涵和品牌所体现并倡导的技术进步潮流。

3. 提炼品牌核心价值

品牌核心价值是构建品牌愿景的基础。没有明确的核心价值，也不能形成品牌文化。一般地讲，品牌的价值构成主要包含两个层面：一是体现在产品身上的物质价值，这种价值以其优良的品质给予消费者真实的、客观的物质利益感受；二是体现在产品身上的精神价值，它通过在产品定位、传播、营销过程中所体现出来的功利、个性、时尚等因素，来满足人们潜意识中的精神需求。作为彰显产品差异的重要载体，品牌精神价值所凝聚的意义，以及消费者由此产生的心理感觉，是消费者选择产品的重要依托。这就是品牌的核心价值。

核心价值反映了品牌的精神，反映的是目标消费者更深层次的心理需求，是与目标消费者取得共鸣的精神，能够提供给目标消费者更多更深层次不可量化的满足。一个成功品牌的核心价值至少应具备下列特点：

（1）价值性。比如，用同样的产品带给消费者更多感受。

（2）不可模仿性。独占消费者在该行业的一部分心智空间。

（3）持久性。长期占领消费者在该行业的心智空间。

（4）可转移性。可以随着行业技术进步而延伸至新领域。

品牌核心价值的提炼主要分为以下四步：

第一步，充分调查消费者对品牌的关注点。了解消费者对品牌的要求是什么。例如，消费者在购买轿车时，最关注的是某一品牌产品的技术性能、安全性、经济性、保养维修的方便性、外观设计的美感等。

第二步，结合产品特点找到消费者情感的寄托点。例如，消费者对于轿车的一种“伙伴感”、“尊贵感”、“快乐感”等都可能成为轿车品牌设计的出发点。

第三步，研究主要竞争品牌的核心价值。研究竞争品牌的核心价值定位，可以决定是跟进竞争对手，还是与竞争对手相区别，提炼自己独有的核心价值。

第四步，整合资源，提炼出品牌的核心价值。一个企业品牌的核心价值要能够引起消费者的共鸣，并且具有鲜明的个性和持久性。

二、品牌行为文化的构建

品牌行为文化是品牌理念文化的具体体现。品牌的核心价值要通过企业品牌行为和消费者品牌行为表现出来。

（一）规范企业品牌行为

企业品牌行为与企业行为有着密切的联系，一般来说，企业行为所涉及的范围比较大，如投资行为、生产行为、营销行为、内部管理行为、对外交际行为、社会行为等。而品牌行为则指直接体现品牌理念文化的企业行为，如质量行为、服务行为、宣传行为、品牌维护行为等。规范企业品牌行为主要集中于以下两个方面。

1. 建立品牌行为标准，将品牌意识注入员工行动之中

建立品牌行为标准的目的在于将品牌意识注入所有员工的行动之中。品牌行为通过在品牌理念指导下的企业员工对内和对外的各种行为，以及企业的各种生产经营行为来传达和表现。构建企业品牌行为标准包括建立企业员工行为标准，对职业道德规范、员工行为准则、团队管理、沟通渠道建立、顾客满意工程、培训体系设计、激励机制设计、员工绩效考核等进行规范设计，统一企业各部门、各环节的品牌行为。例如，海尔的 OEC 管理法由三个基本框架，即目标系统、日清控制系统和有效激励机制组成，奠定了海尔"严、细、实、恒"的管理风格。海尔员工在无所不在、毫不容情的监督机制下工作，为海尔品牌文化奠定了基础。

2. 加强品牌保护，树立品牌的良好形象

品牌保护指用各种营销手段和法律手段来保护品牌形象及品牌自身利益。品牌保护主要包括品牌经营保护、法律保护与自身保护。品牌经营保护是指采取各种经营手段与措施，保护与提高品牌形象。例如，强化服务、提高服务质量、改进产品质量、提高技术水平、改善工艺和工艺配方、完善营销策略、改善企业文化等。品牌自我保护主要是指企业努力采取措施保护品牌秘密、保护自身利益、不损坏自身形象等。品牌法律保护主要指依据各种法律和采取法律措施来保护自身利益和消费者利益。如打击假冒伪劣、采取有力措施保护消费者利益，提供质量担保、质量承诺等一系列措施与手段。

（二）引导消费者品牌行为

消费者品牌行为主要体现为消费者的品牌偏好，而消费者对于品牌的认识和选择很大程度上要靠企业的引导。

1. 推进企业品牌沟通，向消费者传达品牌独特的文化

推进企业品牌沟通主要包括：①选择信息源体和信息受体的"共通区"，使企业品牌文化与消费者的需求共通。②在品牌广告中述说目标对象珍贵的、难以忘怀的生活经历和人生体验及感受，以唤起并激发其内心深处的回忆；同时，赋予品牌特定的内涵和象征意义，建立目标对象的移情联想。③注意对文化背景的分析，找出相通区域，在区域内发展创意。

2. 实施消费者体验，将消费者纳入品牌运营之中

消费者体验的主角是消费者本身，但主导这一过程的主体则是品牌所有

者。因为，消费者体验是否愉悦在很大程度上取决于品牌所有者提供的体验内容是否符合消费者的期望。成功的消费者体验将给消费者一种方向感，使得本企业的品牌在众多的品牌中能够脱颖而出。在消费者的体验过程中，消费者与品牌每一次接触都将产生一个或者多个的接触点。品牌所有者通过这些接触点向消费者传达品牌形象信息，这些信息使消费者能对品牌的具体形象进行感知和联想，如质量、价格、广告、设计、色彩、包装、接待风格、服务经验、促销活动、投诉处理等。通过消费者体验品牌的过程，品牌的形象才能在消费者心中真正地建立起来。为此，品牌所有者需要通过不懈的努力去维持品牌形象在消费者心中的持久一致性，使品牌识别成为消费者辨别具体品牌的有力标准。

三、品牌物质文化的构建

品牌物质文化是品牌文化的有形载体，是消费者可以直接感觉到的品牌文化。构建品牌物质文化要从品牌的视觉识别出发，主要有以下三个方面。

1. 建立有文化个性的品名

品牌命名只是品牌有形部分的第一步，是品牌能否被消费者以及其他受众认知、理解、接受、喜爱乃至忠诚的前提。“品牌命名”是定位过程的开始，是一个将价值、个性、主张、情感、形象等转化为营销力量的过程，是注意力经济中吸引“眼球”的焦点。

2. 设立企业品牌标志

品牌标志是指品牌中可以识别但是难以用语言加以表达的符号、图案或专门设计的颜色和字体，如麦当劳的“M”形金色大拱门、可口可乐的红白飘带、花花公子的兔小姐、米高梅的狮子等。与品牌名称一样，品牌标志是品牌与消费者的瞬间接触部分。独具匠心的品牌标志不仅能使品牌独浴荣光，而且能让竞争对手难以模仿。设立品牌标志应做到：标识易于鉴别，富有现代美学观念，重视视觉冲击力，容易引发品牌联想。

3. 选择品牌视觉载体

品牌的视觉载体主要包括：①事务用品：信封、信笺、名片、贺卡、文具用品、公文封、公文纸、笔记本、资料夹、挂历等。②办公设备：办公桌椅、计算机、传真机、电话、空调、自动电梯等。③室内陈设：办公格局、绿化装饰、橱窗设计、部门科室铭牌、指示牌、线路标志等。④服装服饰：工作服、领带、胸针、广告衫、公文包等。⑤企业产品：产品商标、包装纸、产品说明书等。⑥广告媒体：电视、报纸、杂志、户外广告、流动媒体、企业主页，等等。视觉识别系统通过鲜明的视觉冲击力和形象感染力，强化品牌的记忆点。

【案例】

百年哈雷：纹在消费者身上的时尚“图腾”

“哈雷·戴维森”之所以历经百年而不衰，就在于它从制造第一辆摩托车起，不是一味地埋头于摩托车的设计制造，而是潜心致力于创造一种独具特色的“摩托文化”。他们想方设法延续和演绎凸显美国老百姓人文观和价值取向的“牛仔精神”，巧借纯金属的坚硬质地、令人眩目的色彩和大排量大油门的轰鸣，尽情渲染富有、自由、平等、竞争的“哈雷·戴维森精神”。

单纯从技术层面来看，哈雷·戴维森摩托车的性能并不卓越超群，但整车的构架非常坚固、造型非常古典，看起来有点元件化而非浑然一体。但是，正是这种轮廓很原始而制作又很精良的独特造型，才营造出了哈雷·戴维森摩托车独有的传统而富有激情、实用共文化一色、霸气十足的无穷魅力。在轻松、自由、冷峻的“哈雷·戴维森文化”熏陶下，孕育出了高雅猪娃（高级白领）、逍遥骑士（叛逆抵触）、地狱天使（地痞无赖）最具代表性的三大“哈雷迷”群体。彰显了“哈雷·戴维森”的印象图腾色彩。

美国有一句谚语：年轻时有辆哈雷·戴维森，年老时有辆凯迪拉克，则此生无憾了。由此可见，“哈雷·戴维森”的魅力是多么难以抗拒。环顾世界，无论是热血男儿还是潇洒女郎，无论是平民百姓还是大腕名流，无论是工薪阶层还是富豪巨贾，无不为“哈雷”而魂牵梦萦。美国亿万富翁——福布斯，是一个地地道道的“哈雷·戴维森”迷，一人竟独自拥有上百辆哈雷摩托车；约旦已故国王侯赛因、伊朗前国王巴列维、猫王、神探亨特、施瓦辛格以及中国香港影星钟镇涛和叶童，都是“哈雷”的忠实信徒。

为什么哈雷·戴维森可以走过将近一个世纪之后还保持着品牌不朽的魅力？有些人把它归结为其产品卓越的品质和企业不断创新的精神，还有人分析是技术的领先与哈雷的企业文化使然。其实，追根溯源，从哈雷企业使命中可以发现，哈雷是通过细分市场产品和服务的品牌化，在帮助驾驶者实现梦想的过程中，延续了自己的品牌生命。用哈雷·戴维森集团公司现任主席兼首席执行官 Jeffrey L.Dleusitein 的话来讲，是哈雷世代继承下来对摩托车制造的激情和承诺造就了哈雷辉煌的过去。

百年哈雷的成长浓缩了美国一个世纪以来品牌的发展历史。不同于可口可乐、麦当劳、微软、IBM 等品牌，哈雷品牌创造了一个将机器和人性融合为一体的精神象征，并深刻地影响了其目标消费群的生活方式、价值观，甚至衣着打扮。从人类进入商业品牌化的社会以来，还没有一种商品的品牌能够从里到外地改变着消费对象，并形成一个特定的社会群体，品牌从识别和指导消费的功能上升到了精神的寄托和情感的归宿。从这个意义上讲，哈雷·戴维森除了是一个被物化了的品牌之外，更多的是被幻化为一种精神象征、一种品牌文化、一种生活方式、一个美国式的传奇。

不同于其他产品品牌的个性形成，哈雷品牌一方面是因为产品自身的属性和特定的目标市场决定了它品牌基因中的野性和阳刚之气；另一方面，它与美国经济和社会结伴而行的历史过程，自然地给这一品牌打上了国家和民族文化的烙印。所以，经历过美国20世纪30年代经济大萧条、第二次世界大战炮火硝烟与80年代美国高科技经济繁荣的哈雷·戴维森，其品牌个性不是主观形成的，而是由历史创造的。美国西部大开发英雄主义式的怀旧情结在哈雷·戴维森忠诚的品牌拥趸身上体现为黑皮衣、络腮胡子、黑墨镜、长头发、脚蹬牛仔靴……当然，在每位骑手身上都有一个必不可少的记号——哈雷·戴维森的品牌纹身标志。

当消费者心甘情愿地用血肉之躯证明他们对品牌的忠诚时，品牌已经超越了普通识别的象征意义，而被转化为一种精神的象征，被消费者赋予了任何竞争对手都不可超越的力量。迄今为止，还没有任何一个品牌在品牌忠诚方面可以和哈雷·戴维森相媲美，这在很大程度上取决于该品牌另外一个很显著的个性，就是哈雷宣扬了至高无上的爱国主义，无论是从它的诞生到今天的强大，还是从它的整体设计到每一颗螺丝的制造，哈雷身上流淌的是美利坚的血，因为，它不仅从一个侧面记录了美国整整一个世纪从工业到科技强盛于世界的历史，更重要的是，它用机车自身创造的驾驶经验生动地阐释了美国文化中的自由主义精神。

美国著名品牌战略研究专家大卫·艾格在他所著的《创建强势品牌》一书中曾评价哈雷品牌："某些人似乎觉得，骑哈雷摩托车比起遵守法律更能表达强烈的爱国情怀。"

一百多年来，哈雷摩托车的决策者们巧妙地利用高速公路上风驰电掣般的力量与浪漫的结合，独一无二地打造出哈雷摩托车的时尚与独立感。而且，更重要的是，一大批执著追求哈雷摩托车的顾客，在21世纪的产品上重新找回了美国青年在20世纪60年代时的叛逆精神。哈雷·戴维森摩托车制造公司的营销主旨就是：不仅仅销售摩托车，更是在传播"哈雷"精神和品牌形象。

资料来源：王新业. 百年哈雷：以创新精神纹在消费者身上的时尚"图腾"[EB/OL]. 2007-08-29. http：//www.globrand.com.

【案例】

巧克力品牌的文化营销

如果中国的巧克力消费人均达到1千克的话，那么中国就是世界上最大的巧克力市场。目前，中国巧克力市场正以10%~15%的速度快速增长，而且相对于欧美竞争激烈的巧克力市场来讲，中国巧克力市场行业竞争程度较低、竞争产品较少、发展潜力巨大。2001~2006年的短短5年时间里，世界排名前20位的重量级巧克力企业先后进入中国，在上海超市中可见的进口或合资巧克力品牌已达70多个，进口巧克力品牌的不断加入加速了中国巧克力市场向国际化竞争演变的进程。

但是，综观目前的巧克力市场，巧克力品牌的卖点还停留在口感、造型和外观上。如德芙的"丝般感受"、瑞士巧克力的"只溶在口，不溶在手"，英国皇家巧克力的"信手拈来，回味无穷"，日本明治巧克力的"味觉的先端，赞美青春的广播员"，都在强调口感和品质。

其实，我们知道巧克力是一种文化底蕴非常浓厚的产品，它的发展史充满了神秘文化、宫廷文化、爱情文化和健康文化，到今天又出现了礼品文化。在这么多的深厚文化下，却没有一个品牌真正地举起文化的旗帜，大家还是在价格、质量、款式、渠道的"红海"里拼得你死我活，就像德芙虽然占据了中国大部分市场，每年销售额16亿元，但是，在广告渠道的高投入换来的高销量，并不代表高收入，其利润也是非常微薄的。

很幸运的是，国内的金帝巧克力打出了"送给最爱的人"，上海的爱美思则是"心意的传递，尽在爱美思"，都在向文化靠拢，并且，金帝坐上了中国自有品牌在国内巧克力市场的第一把交椅，成为国内巧克力企业抗击国际品牌的"领头羊"，可是"最爱的人"这个范围实在是太广了，小孩、情侣、爱人、父母亲等，也许金帝是想一网把所有的消费者打尽，但是，市场营销的法则是一颗子弹打中一只鸟，而不是把所有的鸟都吓飞。如果说，金帝的定位已经和爱文化进行了对接的话，那么也只能说，与爱文化有了一定的联系，但是和巧克力本身的情侣文化还是相差甚远的，因为依据"送给最爱的人"的主张，恋人、情侣只是"最爱的人"中的一部分。每年的2月14日，在情人节这一天，巧克力出现销售高峰，其实就是巧克力情侣文化对市场作用的直接结果，庞大的情侣人群也是巧克力最大的消费人群。但是，在一次对巧克力消费者进行街头拦截式调查时，被问及"想起巧克力，你能联想到什么"时，被调查者90%的回答是"情人节、情人礼品"，但问到情人礼品你最先想到什么时，100个人里面竟然只有十几个人说到巧克力，再往下问什么牌巧克力，十几个人说出了8个品牌。由此可见，巧克力品牌在情侣文化宣传上的弱势，和脑白金在打出礼品的概念之前的状况相类似。那时，谁也不知道礼品是哪个品牌，只知道送礼的时候可以送高档的烟酒、保健品，但具体买什么样的保健品作为礼品，没有人知道，直到脑白金举起了礼品的旗帜，人们在选择礼品时，才能立刻想到脑白金，并且进行消费。直白地说，礼品文化帮助脑白金成为了行业的赢家。

在巧克力的情侣文化营销中，企业可以利用的市场法则是第一法则和抢先法则。在巧克力的文化中，最主要的还是情侣文化，但是，目前很多巧克力品牌还在强调品质、口感和款式，其实，只要是巧克力品牌，它从诞生起就被烙上了"情侣"文化的印。就像在汽车行业里，每一个汽车品牌本身就具有了安全的因素，但是沃尔沃站起来，大声地喊"我是最安全的车"，把汽车品牌共有的"安全"文化囊括进了沃尔沃品牌，并且，沃尔沃也是第一个站出来喊的汽车品牌。从此，人们买车的时候，一想到最安全的，就想到"沃尔沃"。在第一法则里，就像中国人能知道姚明，却不一定能知道科比、詹姆斯，因为姚明是第一个在NBA里取得非凡成绩的中国球星，其实，在NBA中，科比、詹姆斯都比姚明的知名度要高。因此，利用第一法则和抢先法则，企业首先应占据巧克力品牌共有的"情侣"文化因素，这样一来，当情人间互相赠送礼物时，首先想到的就是该企业品牌的巧克力，在选择时就具有了定性。

在巧克力品牌的文化营销中，企业在确定了相应的文化后，还得不断地去深化和推广这个品牌主张，即进行品牌文化定位。当年脑白金靠强大的电视广告、平面广告、独创的软文广告、宣传手册等，将礼品的文化概念融入了消费者的脑海里，虽然，其广告的方式和频次让消费者厌烦，但效果是非常不错的，每年的销量就是最好的见证，当然，其推广费用之高也是一般企业可望而不可即的。作为主推情侣文化的巧克力品牌，高空的电视广告也是必不可少的，但是依靠与情侣文化有关的活动将会更有效，如情书、情歌背后的爱情故事征集和讲述，婚庆活动的赞助，经典爱情电视剧的贴片广告，甚至是以品牌故事拍摄的电视剧、出版的书籍。

资料来源：戴高诺. 巧克力品牌的文化营销 [J]. 糖烟酒周刊，2006（33）.

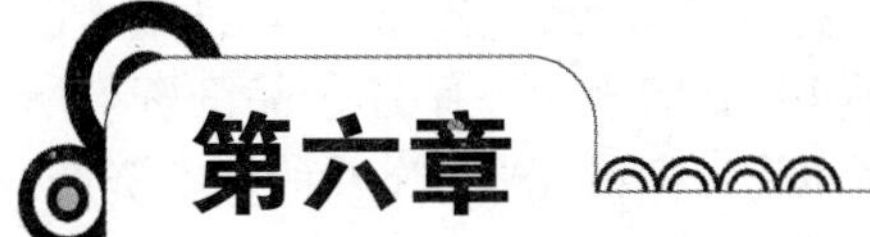

第六章 品牌战略管理

第一节 品牌战略概述

一、品牌战略的概念

战略、企业战略、品牌战略是一连串相关的概念。要理解品牌战略，首先要搞清什么是战略和企业战略。

战略是一个军事学术语，指对战争全局和未来的谋划；企业战略是把战略的概念移植到企业管理领域里，它是指关于企业全局和未来发展的谋划。企业战略管理的实践和理论，首先产生于发达国家的企业中，形成于 20 世纪 60 年代，在美国一批管理学家的研究和推广下，逐渐成为系统的管理理论。其代表性的人物和理论主要有：彼得·德鲁克在其所著的《管理实践》一书中提出了战略问题。他指出，"战略的核心是明确企业的远期目标和中期目标，以目标来指导经营，度量企业绩效"。钱德勒撰写的《战略与结构》一书，为企业战略下了这样的定义，"企业战略就是决定企业的长期目的和目标，并通过经营活动和分配资源来实现战略目的"。安德鲁斯认为，战略是目标、意图或目的，以及为达到这些目的而制定的主要方针和计划的一种模式。这种模式界定着企业正在从事的或者应该从事的经营业务，以及界定着企业所属的或应该属于的经营类型。麦克尔·波特在 1980~1990 年先后出版的《竞争战略》、《竞争优势》和《国家竞争优势》被誉为"战略管理三部曲"。他认为，"战略是公司为之奋斗的一些终点与公司为达到它们而寻求的途径的结合物"。安索夫在其出版的《企业战略》一书中提出，"企业战略就是决定企业将从事什么事业，以及是否要从事这一事业"。

企业品牌战略是进入 21 世纪后，逐渐明确的独立概念。大卫·艾格认为，一个企业的品牌是其竞争优势的主要源泉和富有价值的战略财富。在他编著的《管理品牌资产》一书中，通过深入细致地研究品牌现象，阐述了品牌资产所包括的品牌认知度、品牌忠诚度、品牌知名度、品牌联想度等五种基本资产，引用了诸多公司的案例，表明如何通过依次创建、培育和利用这五种品牌资产，来从战略上管理品牌。大卫·艾格的《管理品牌资产》、《品牌组合战略》与《创建强势品牌》被称为“品牌战略管理的三部曲”。

简而言之，品牌战略就是运用战略管理的方法对品牌进行规划和实施，其目的是在内外部环境不断变化的情况下明确一个企业的根本品牌方向和基本活动范围，进而通过对资源的战略性配置来获取持续性的品牌优势。

二、品牌战略在企业战略中的地位

毫无疑问，品牌战略是企业战略的组成部分。在企业战略体系中，品牌战略属于职能战略，与企业的总体战略相区别。其关系见图6–1。

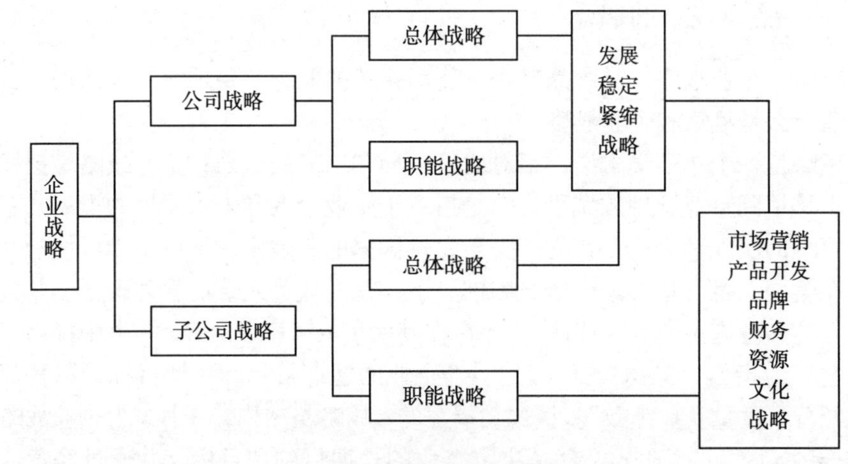

图6–1　企业战略体系结构

从图6–1中可以看出，在企业战略体系中，品牌战略是一种职能战略，它要服从企业总体战略所确立的目标和总体战略规划。从系统论的角度来看，品牌战略管理是企业战略管理的子系统，它要服从企业总体战略，同时要与其他职能战略相协调。在近年来的研究中，也有人认为，品牌战略是企业战略中的核心战略。这种看法并不改变品牌战略在企业战略中的地位，但是突出了品牌战略对于整个企业战略的决定性作用。

三、品牌战略在企业经营管理中的作用

20 世纪 80 年代以后，世界经济在新技术革命的推动下，迅速向全球一体化的方向发展，面对全球企业的竞争，各企业经营环境变得更加复杂，未来的不确定性和经营风险使企业把战略研究和战略管理置于管理的首要任务。随着企业战略管理研究的深入，品牌战略日益被人们所重视，品牌战略管理逐渐成为企业经营管理中的重要研究课题。

1. 品牌战略在企业经营系统中处于核心地位

企业经营可以被看成复杂的系统，其形式也是随着经营重心的变化而变化的，从最初的以产品经营为中心的企业产品经营系统，到以营销为中心的企业营销经营系统，一直发展到今天的以品牌资产管理为中心的企业品牌经营系统。品牌管理贯穿企业经营的全部过程，人们把品牌定位作为企业管理、市场营销等企业经营活动的基础理念，以品牌资产是否增值作为判断经营决策是否正确的标准。

2. 品牌战略是企业实行差异化竞争战略的主要手段

人类社会逐步进入商品社会，形成现代市场经济；同时，竞争也越来越激烈，绝对的质次价高和价廉物美都很少见，市场经济中更多见到质高价高、质次价低的竞争，为了获得相对竞争优势，品牌被作为实现企业差异化战略的工具，已经发展为具有相对独立的经营对象而存在了，并成为现代市场营销的主要工具之一。美国营销学家菲利普·科特勒认为：品牌是一种赋予公司或产品独有的、可视的、情感的、理智的和文化的形象，其目的是要使自己的产品或服务有别于其他竞争者。

品牌差异化定位是品牌战略的组成部分，通过企业有意识地建立品牌功能性或情感性差异，把自己的品牌与竞争产品的品牌相区别，并且，把这种区别变成品牌的竞争优势。

3. 品牌战略是企业争取长期稳定用户的主要工具

在商品生产和销售活动中，由于从事同类产品或服务的企业很多，而各企业的技术水平不同，因而对用户的服务方法也不尽相同；有的企业因重信用、质量好而赢得良好的声誉，有的企业眼光短浅，质次价高，渐渐失去顾客。前者的品牌随着时间的推移被人们肯定而不断重购，甚至形成口碑，赢得声誉，这个品牌就有了知名度、信誉度和顾客的忠诚度。消费者或用户通过对品牌产品的使用形成满意，就会围绕品牌形成消费经验，存储在记忆中，为将来的消费决策形成依据。企业通过品牌战略的实施就会获得长期稳定的用户。

4. 品牌战略可以扩充企业无形资产的价值

企业的无形资产除了技术类资产以外，很重要的就是品牌。世界上一些著名企业的品牌价值甚至超过企业有形资产的价值。例如，1994 年世界品牌排名第一的是美国的可口可乐，其品牌价值为 359.5 亿美元，相当于其销售额的 4 倍。到 1995 年，可口可乐的品牌价值上升到 390.50 亿美元，1996 年又上升为 434.27 亿美元。据 1998 年的评估，我国“海尔”的品牌价值为 245 亿元人民币。

企业实施品牌战略可以通过创立名牌而不断扩充其无形资产的价值。这种无形资产可以为企业带来巨大的利润。其原因在于两点：其一是知名品牌对于企业经营商品的促销效果；其二是通过品牌资产的有偿使用而增加的利益。前者如可口可乐公司 1999 年的销售总额为 90 亿美元，其利润的大部分均由品牌带来。后者如麦当劳已经在全世界 119 个国家和地区拥有 3 万多家连锁店，在这些连锁店中，75%以上是特许经营。

5. 品牌战略可以提高企业整体的经营管理水平

很多事例证明，一个成功品牌形象的塑造绝不是单纯地对品牌进行宣传就够了，实际上涉及企业经营管理的所有重大战略决策，只不过这些重大战略决策都要自觉地围绕品牌来进行。可以说，品牌是企业经营管理水平的综合反映。例如，中国著名家电企业青岛海尔的管理体系中，始终是以品牌战略为核心来构建其他的经营战略。海尔集团从一个亏损 147 万元的小厂，经过十几年的奋斗成为一个国际知名的大型企业集团，年销售额从 1984 年的 384 万元增长到 2001 年的 600 亿元，业绩增长了 1 万多倍，并保持每年 80%的平均增长速度。海尔的成功，最重要的因素是有一套成功的管理模式，该企业始终把品牌的创立与质量管理、技术创新、服务到位紧密联系在一起，通过品牌战略不断提高企业整体的经营管理水平，而高水平的管理又不断增强品牌的信誉。

四、品牌战略管理的特点

品牌战略管理有如下七个特点：

1. 长期性

品牌战略着眼于发现和解决长期的品牌发展问题，是一项长期且复杂的经营活动。

2. 全局性

品牌战略管理过程涉及公司资源、竞争能力、内部管理等方面，并直接影响到企业管理的各项经营决策。

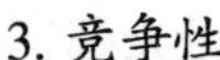

3. 竞争性

品牌战略管理的目的是试图使一个企业获得某种重要、独特和持续的品牌优势，并使其利益性和竞争性的目的明确。

4. 稳定性

品牌战略在一段时间内应保持相当的稳定性，应避免过多较大幅度的变化。

5. 现实性

品牌战略应与所处的外部环境相适应，与所支配的内部资源相匹配。

6. 风险性

企业需面临非常复杂且具有高度不确定性的经营环境，品牌战略也不可避免地面对极高的风险。

7. 创新性

品牌战略的核心就是品牌内涵发展的创新，应建立或扩展企业的资源和能力来创造机会或利用它们创造新的价值。

第二节 品牌战略的类型

一、产品品牌战略

产品品牌战略，也叫“个别品牌名称决策”。它的做法是给每一个产品一个独有的名字，并给予它们各自的定位，占领特定的细分市场。也就是说，即使同属于一个产品种类，但由于定位不同，产品有各自的品牌，如在洗发水中，宝洁的品牌有“海飞丝”（定位于去头皮屑）、“飘柔”（定位于使头发柔顺）、“潘婷”（定位于使头发健康）、“沙宣”（定位于保湿、超乎寻常的呵护）。在世界名表中，“欧米茄”、“雷达”、“朗琴”、“斯沃琪”、“天梭”等品牌系出自同一制表集团 SMH 的姊妹产品。

产品品牌战略适用于以下情况：

（1）当厂商对一个特定的市场具有战略上的需要时。宝洁的洗发水有四个重要品牌，这样就保证它在洗发水市场上获得极高的份额。

（2）当这些细分市场间的区别不是很大，而产品外表看上去相同时。每个产品选择不同的品牌名称，保证消费者看到的是不同的产品。消费者很难看出洗发水有何不同（尽管它们在成分、功能上有所不同），而特别的名称强调了产品间物理性质的差异。

(3) 产品品牌战略能凸显产品个性，锁定目标消费者。如“欧米茄”代表着成功人士或名人的尊贵豪华的选择，“雷达”是高科技的象征，而“斯沃琪”则是前卫和时髦，是潮流人士的首选。

(4) 当公司对创新具有强烈的欲望时。产品品牌战略能够为公司抢先获得有利的定位。名称使得创新变成自己的专利，有效地抵御同行的仿制。

(5) 产品品牌战略允许公司在新市场上冒险。如果一个细分市场的前景不明朗，那么采用产品品牌战略，即使失败也不会影响到原有成功产品的品牌形象。

产品品牌战略，在商业费用上投入很大，但承担的风险相对较小，取得成功的机会也就相对比较大。

二、产品线品牌战略

所谓产品线，是指企业生产或经销的产品组合，又分为不同类别产品组合与同一类别不同品种的产品组合。前者称为产品线的宽度组合，后者称为产品线的深度组合。

1. 产品线宽度组合品牌战略

产品线宽度组合品牌战略是指对产品使用不同类别的家族品牌名称，即对每一个具有相同能力的产品群在同一品牌之下赋予一个单独的名称。它被广泛地用于家用电器、食品部门、化妆品、服饰、厨房用具、零配件和工业品上。这种战略也可理解为“不同类别的家族品牌名称决策”。例如，松下公司将它的音像制品的名称定义为 Panasonic，将它的家用电器的名称定义为 National，将它的立体音响的名称定义为 Technics。国际羊毛局于 1998 年在中国市场首次推出纯新羊毛、纯美丽诺羊毛、美丽诺超细羊毛、可机洗羊毛和羊毛加莱卡五大分类品牌。

产品线宽度组合品牌战略的优点在于两点。首先，由于集中在一个单独的品牌下，避免了传播的随机分散，建立起来的品牌知名度能为所有产品所共享。更进一步地说，这种战略能通过广告传达它的独特承诺。其次，推出新产品的成本不需要花费很大。这种战略常见的问题是，首先，由于在一个品牌下集中了太多的产品，难免会出现与品牌基础不同的产品，导致对品牌个性产生负面影响。其次，具体产品的传播信息难免与整个品牌的承诺产生不一致。

2. 产品线深度组合品牌战略

产品线深度组合品牌战略是指对于每一大类产品中的不同品种给予相同的品牌名称。该大类中的各产品密切相关，它们以类似的方式起作用，定位于相同的质量和价格水平，满足同类型顾客的需要，出售给相同的顾客群，通过同类型的销售网点分销，或在一定的幅度内作价格变动。例如，雀巢公司用雀巢品牌推出的奶粉、咖啡、糖果巧克力、麦片、调味品、果汁等，金利来集团公司用金利来品牌推出的皮带、皮包、领带、皮鞋等。

产品线深度组合品牌战略有以下三项好处：首先，它提高了品牌的销售力，有利于创造鲜明持久的品牌形象；其次，它便于更进一步的产品线延伸；最后，它减少了推广的费用。这一战略的不利之处在于，产品线的扩展总是有限的，只能生产与现有产品密切相关的新产品，如果企业生产与原来产品差别很大的新产品，则会使原有品牌的定位发生改变。

三、双重品牌战略

双重品牌战略是指企业所有的产品品牌都来源于一个母品牌，但是每一种产品又都各自有一个子品牌，母子品牌合成一个特有的品牌。在双重品牌概念下，子品牌有它们自己的信仰，但它们仍牢牢地受到家族精神的支配。双重品牌战略的益处在于，它有能力把一种差别化感觉强加于子品牌身上。同时，通过子品牌名称的修饰和丰富，母品牌可以加强自己的价值和识别。因此，我们可以发现，子品牌和母品牌相互影响、相互促进，最终吸引一个特定的细分市场，雀巢公司在全球采用的就是这种战略。

双重品牌战略有很多优点，但它的缺点也很明显，双重品牌战略面对的首要危险是超越母品牌核心识别的限制。这意味着要保持对子品牌的严格界限。只有经过鉴别的、可靠的名称才可以在母品牌的活动范围内使用。在双重品牌战略中，子品牌被当做一种改变或支持母品牌形象的工具。例如，在轿车生产领域，双重品牌被广泛采用，如福特汽车公司在中国市场上推出的福克斯、嘉年华、蒙迪欧、翼虎、全顺等品牌。

四、品牌延伸战略

品牌延伸是指企业利用现有的品牌延伸到新产品之上的经营行为。新产品泛指企业过去没有经营过的产品，不仅包括了全新的产品，还包括了经过改进的产品和市场上已有的产品。例如，“康师傅”方便面在中国方便食品市场上独领风骚已多年，到 1997 年，“康师傅”在方便面市场上的占有率高达 58.37%。在“康师傅”成为名牌的同时，为了充分利用这一品牌的巨大资产辐射功能，顶新公司在原有的“康师傅”碗面的基础上推出了“康师傅面霸”，与原有产品相比，后者容量发生了变化，这就是典型的改进产品的品牌延伸战略。而几乎与此同时，“康师傅”纯净水也于 1998 年进入市场，显然，“康师傅”纯净水相对于顶新公司来说是全新的产品。

五、品牌资产扩张战略

品牌资产是企业的无形资产，它是通过企业在长期的经营活动过程中，投入大量的人力、物力培育起来的一种商誉，是企业利用品牌获取竞争优势的源泉。品牌资产扩张战略是指利用品牌资产进行企业兼并，或者通过特许经营来扩大企业的经营规模，获得更多的市场份额，从而增加企业的利润。一项调查称，美国企业品牌资产平均占企业市值的37%，而著名品牌资产可达公司市值的70%左右。2006年，在中国对外开放的27个行业中，销售额占前5位的都是外国品牌。在汽车行业，外国公司通常用30%的资本加上品牌，占50%的股份，获取70%的利润；在进口散件组装的经营模式下，外方最终可获得的利润超过90%。

企业品牌资产扩张战略的第一种常见形式就是利用知名品牌进行企业兼并，来扩大企业的生产经营规模。例如，青岛啤酒近年来先后收购兼并了平度、日照、上海、扬州、珠海、芜湖等啤酒厂，使公司的生产规模迅速扩大，并且与日本朝日啤酒公司联合组建了深圳青岛啤酒朝日有限公司，总投资5773万美元，成为中国最大的纯生啤酒生产企业。无锡小天鹅与武汉洗衣机厂、营口洗衣机厂以“达标加工”的形式合作生产“小天鹅”品牌洗衣机，在增加了该品牌产品产量和品种的同时，也大大提高了小天鹅洗衣机的市场占有率，企业也取得了理想的品牌扩张效益，“小天鹅”品牌价值自然也随其市场份额的扩大而增加。

企业品牌资产扩张战略的第二种常见形式是特许经营。特许经营是一种以契约方式构筑的特许人与受许人共同借助同一品牌在同一管理制度的约束下实现品牌扩张、市场扩张进而实现双赢或多赢的营销方式。例如，遍及世界各个角落的“肯德基”和“麦当劳”，以其优质的服务、整洁明快的用餐环境、可口的快餐口味享有盛誉。它们的成功有许多相似之处，其中最重要的一点在于它们都是特许专卖权所有者，都成功地应用了特许经营方式。可以说，没有特许经营，麦当劳和肯德基就不可能如此迅速地在全世界繁衍，也难以成为全球性强势品牌。“肯德基”和“麦当劳”也通过特许经营赚取了大量的利润。

应当指出的是，品牌战略在具体实施过程中并不绝对按上述类型划分，企业往往同时采用不同类型的品牌战略，灵活地加以运用。如四川长虹就把它的不同类别的产品统一冠以长虹品牌，就是在产品线宽度组合战略中同时采用品牌延伸战略。

第三节　品牌战略规划

企业品牌战略的规划如同其他职能战略规划一样，也要通过战略环境与企业资源条件的分析，按照企业总体战略目标的要求，通过权衡利弊，优化选择，最后确定企业的品牌战略方案。

一、品牌战略环境分析

企业的品牌战略必须建立在客观环境要求的基础之上，而不能凭主观想象。因此，准确地把握环境要求是成功地进行品牌战略策划的前提。

1. 市场需求分析

市场需求分析是指对消费者需求的分析。消费者对品牌的需求表现为以下两种：一是功能性需求，即对品牌具有作为识别标志，帮助消费者或用户识别特定企业的特定产品的功能的要求。二是情感性需求，即品牌能够寄托消费者或用户的某种情感，如愉悦、信任、夸耀、联想、自豪、舒适等复杂的心理需求。

分析市场需求一般从市场调查开始。大多数企业的市场调查仅限于对产品的调查，如了解消费者或用户喜欢什么样的产品、能够接受何种价位、通过什么渠道购买等，很少有对品牌的调查研究。其实，消费者对品牌也是有自己的看法的。例如，要求品牌名称好读易记，朗朗上口；品牌商标特征明显，易于与同类商品相区别；对于品牌的文字、图案、颜色有文化认同等。

2. 竞争者品牌战略分析

品牌是企业竞争的工具。因此，竞争者品牌战略的分析对于企业有针对性地确定自己的品牌战略很重要。第一是分析竞争者品牌的定位，即竞争者品牌是针对哪一类消费者的，要给消费者留下什么样的印象。第二是分析竞争者品牌设计的合理性，即能否充分满足消费者的功能性需求和情感需求。第三是分析竞争者品牌的基础，即商品的质量、技术水平和服务能力。第四是分析竞争者品牌的延伸空间，即能否将该品牌应用到竞争者的其他商品。

通过对竞争者品牌战略的分析，就可以帮助企业找到竞争者在品牌方面的弱点，从而确定企业更有竞争力的品牌战略。例如，目前在中国乳品市场上，各大品牌展开了激烈的竞争，在权威品牌研究机构“世界品牌实验室”发布的“2006 年中国 500 最具价值品牌”中，伊利以高达 152.36 亿元的品牌价值蝉联行业首位。伊利之所以能够取得这样的品牌价值，主要原因是其对竞争者品牌战略的研究，有针对性地确定自己的品牌战略。特别是抓住 2008 年北京奥运会的历史机遇，在成功成为 2008 年北京奥运会唯一指定乳制品后，伊利集团先后签约刘翔、郭晶晶等奥运会冠军，搭建起“奥运+冠军”的品牌体系，先后推出金典纯牛奶、LGG 酸牛奶等高品质产品，以及将“健康中国”计划付诸系列实践，把乳品与运动、健康等理念连接起来，超越了竞争对手的品牌策略。

3. 品牌政策环境分析

品牌政策环境是指国家对企业品牌的法律保护和对知名品牌的产业支持政策。品牌政策对企业品牌战略的制定和实施有重要的引导作用。例如，在中国“十一五”规划中，就明确提出要形成一批拥有自主知识产权和知名品牌、国际竞争力较强的优势企业。品牌法律保护主要指依据各种法律并采取法律措施来保护企业利益和消费者利益，如打击假冒伪劣，采取有力措施保护消费者利益，提供质量担保、质量承诺等一系列措施与手段。

品牌政策环境分析就是对企业制定品牌战略的宏观环境进行分析，充分利用政府制定的优惠产业政策，发展自主品牌。同时，利用法律手段保护好自己的品牌。

二、企业品牌资源条件分析

企业品牌资源条件是指企业所具有的可用于进行品牌战略的规划、实施和控制的各种资源。

1. 企业现有的品牌资源分析

大多数企业在其生产经营活动中已经形成和积累了一些品牌，但是，很少有企业从战略的高度认识这些品牌资源，更未能充分开发利用已有的品牌资源。因此，对现有的品牌资源进行品牌定位分析，从企业整体发展战略目标的角度去劣取优，对有发展前景的品牌进行保护和拓展，是既节约人力、物力、财力，又可以在较短时间内见到效果的品牌战略。对企业现有品牌资源分析可以使用表 6–1 进行比较。

表 6–1 品牌资源评价表

评价项目 / 品牌资源	企业战略目标	消费者需求	与竞争者比较	品牌政策	综合评价
品牌 A	一致	、满足	有优势	支持	使用
品牌 B	不一致	不满足	没有优势	支持	不使用

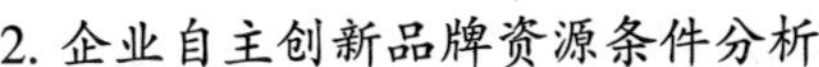

2. 企业自主创新品牌资源条件分析

企业创新品牌是一个需要较多的资源投入的事业，自主创新品牌不是仅仅注册一个商标那么简单。从品牌战略的角度来看，企业需要长期的努力才能使品牌获得消费者的认同，也才能发挥品牌竞争的优势。实际上，自主创建新品牌的成本及风险很大，即使投入巨额资金，也无法确保新品牌一定会在市场上取得成功。

企业自主创新品牌的资源条件主要包括：

（1）自主创新品牌的财力资源。一个创新品牌要给予消费者持续不断的影响和刺激，才能产生印象。这就需要广告费用和营业推广费用长期持续的投入。一般情况下，投入的资金越多，持续时间越长，其影响效果越好。所以，企业要根据自己可能投入的资金量来决定是否采用创新品牌。

（2）自主创新品牌的人力资源。创新品牌最终是要靠人员去实现的。构建以品牌为核心的企业价值体系，要使企业全部生产经营活动围绕品牌展开，企业必须拥有相当丰富的人力资源才能够实现，尤其是创新性的工作，必须依靠一大批创新性人才来完成。

（3）自主创新品牌的技术资源。创新品牌的技术水平是消费者关注的焦点。如果没有新技术的注入，单纯靠宣传则很难获得消费者认同。企业必须拥有相当强的技术开发能力和质量保障体系，使得产品的技术性能保持领先，才能创新品牌的内涵。例如，日本索尼公司的“SONY”品牌给消费者的印象就是新产品和新技术。索尼的发展过程可以说是不惜投入的创新过程，多年来，盛田昭夫领导下的索尼公司每年保持 6%的开支用于研究发展新产品，在有些年多达 10%。比如，1991 年该公司用于研究开发的预算达 15 亿美元。盛田昭夫说：“我们的计划是用产品领导潮流，而不是问需要哪一种产品。”索尼公司就是要生产某些市场上从未销售过的产品，实际上是未制造出的产品。据统计，索尼公司平均每日推出 4 种新产品，每年推出 1000 种，其中 800 种是平均每日推出 4 种新产品的改进型，其余完全是新创的。索尼公司推出新产品的效率是全世界最高的。除了不惜投入外，索尼还拥有庞大的实力雄厚的科技队伍，索尼公司推出的新产品常常是独占市场一年或一年多以后，其他公司才会相信该种产品会成功，于是其他品牌的同类产品也随之上市了，这期间索尼公司已获取了很多利润，并且又有了新的创意、新的产品问世，又会以新产品重新占领市场。

三、品牌战略规划的制订步骤

在品牌战略环境和企业品牌资源条件分析的基础上，可以具体地制订品牌战略规划。一般来说，品牌战略规划包括以下四个步骤：

（一）确定品牌战略目标

品牌战略目标也称为企业品牌的愿景。企业的品牌战略目标应与企业总体战略目标一致。例如，当企业把争取国内市场最大份额作为发展目标时，品牌战略也相应地把争取国内市场顾客的忠诚作为目标；而当企业把扩大国外市场销售额作为发展目标时，品牌战略也相应地把争取国际市场的知名度、美誉度、认知度作为目标。

品牌战略目标一般包括：

（1）品牌的竞争能力。主要通过品牌的知名度、美誉度、认知度和顾客的忠诚度来表现。

（2）品牌的延伸能力。主要通过品牌的联想度和延伸空间来表现。

（3）品牌资产的增值能力。主要通过品牌所推进的企业销售收入和利润来表现。

（二）品牌战略类型的选择

企业要根据上述对于战略环境和资源条件的分析，确定选择何种类型的品牌战略。品牌战略类型的选择既要实事求是，又要高瞻远瞩，为品牌的延伸和品牌资产扩张留下足够的空间。

品牌战略类型的选择实质上是决定品牌的结构问题。是选择单一的产品品牌战略还是多元化的产品线品牌战略，是选择双重品牌战略还是延伸品牌战略，这需要综合企业内外多种因素来考虑。品牌战略类型虽无好与坏之分，但却有一定的行业适用性与时效性。如日本丰田汽车在进入美国的高档轿车市场时，没有继续使用“TOYOTA”，而是另立一个完全崭新的独立品牌“LEXUS”（雷克萨斯），这样做的目的是避免“TOYOTA”会给“LEXUS”带来低档次印象，妨碍“LEXUS”成为可以与“宝马”、“奔驰”相媲美的高档轿车品牌。

一般来说，企业对于品牌战略类型的选择要考虑下述四个问题：

（1）现有品牌是否有助于新事业的发展，这取决于现有品牌是否使产品更吸引顾客，现有品牌的积极联想物是否转移到新的产品环境里等。如果有帮助，可以考虑单品牌架构；反之，宜考虑多品牌架构。

（2）现有品牌能否得到加强，如果新产品能够加强现有品牌，可以考虑单品牌架构；反之，宜考虑多品牌架构。

（3）使用新品牌对于原有品牌的影响，如果对原有品牌产生负面影响，则要放弃使用新品牌。

（4）市场对于新品牌是否有支持的持续性，如果业务太少或持续时间短，无法支持必要的品牌创建，那么不管其他理由如何，引进新品牌，即采取多品

牌架构就是不可行的。

（三）设计品牌战略的空间结构与安排时间结构

品牌战略的空间结构是指对于实施品牌战略的各职能部门的分解，这种分解可以将品牌战略转化成具体的战略任务，便于落实到每一职能部门和每位职工。

品牌战略的时间结构是指对于品牌战略的实施划分不同的阶段，并把各阶段有机地联系起来，形成一种分阶段实施的时间结构。

表 6–2 表示了品牌战略空间组织与时间组织的结合。

表 6–2　品牌战略空间组织与时间组织的结合

任务 阶段	品牌战略规划	品牌战略实施	品牌战略控制
第一阶段	战略选择和分解	BIS 计划	控制标准
第二阶段	制订品牌战略方针	BIS 组织实施	问题诊断
第三阶段	战略调整	BIS 强化	控制评价

（四）制定企业品牌战略方针

企业品牌战略方针是企业实施品牌战略时所要遵守的基本原则。这些原则是不能违反的，违反了就会影响品牌战略的实施，阻碍品牌战略目标的实现。品牌战略方针可以通过制定相应的规章制度加以贯彻。

企业品牌战略方针主要有以下三条：

（1）围绕品牌战略任务整合资源。企业要在明确品牌战略任务的基础上把有限的人力、财力、物力资源进行有效整合，企业的全部经营管理活动要聚焦到品牌战略目标上，切不可把有限的资源分散使用。

（2）长期坚持品牌的核心价值。对于品牌的核心价值要长期坚持，不断强化核心价值在消费者心目中的印象，不能随便转移。很多知名品牌的价值是长期积累的结果。例如，舒肤佳香皂从 1992 年进入中国以来就开始诉求“杀菌”，直到现在从来没有改变过，虽然广告换了无数个，但是品牌核心依然是“杀菌”。但是，有些品牌如“娃哈哈”作为儿童饮品的核心价值，近年来由于品牌延伸的原因，原品牌逐渐被淡化和转移。

（3）用品牌价值的增减变化衡量企业绩效。企业各部门经营活动的绩效要用对品牌的贡献来衡量。凡是有利于品牌价值增加的行为应给予表彰和鼓励，凡是使品牌价值下降的行为要及时给予批评和纠正。

第四节 品牌战略管理的内容与步骤

一、品牌战略管理的内容

品牌战略管理由集团品牌战略管理和SBU品牌战略管理两个层次组成，集团品牌战略管理与SBU品牌战略管理的对比与详细内容见表6-3和图6-2。

表6-3 集团品牌战略管理与SBU品牌战略管理内容对比

	集团品牌战略管理	SBU品牌战略管理
1. 特点	是企业最高管理层指导和控制企业的一切行为的最高行动纲领	在集团品牌战略的指导下，各个战略事业单位制定的次级战略
2. 主要任务	在总的品牌使命的影响下制定品牌的活动范围和成长方向，以及如何在品牌之间寻求协同效应和为不同品牌分配资源，也包括组织结构、管理流程和业绩管理方面的配套，同时统一、改进、评价各SBU经理建议的SBU品牌战略管理	SBU品牌战略管理考虑的是特定品牌如何在特定的市场上取得持续的优势和不断地积累品牌资产 SBU品牌战略管理着眼于解决如何从无到有、从小到大地建设和管理好一个强势品牌
3. 主体	多品牌的企业集团	具体的品牌业务单元

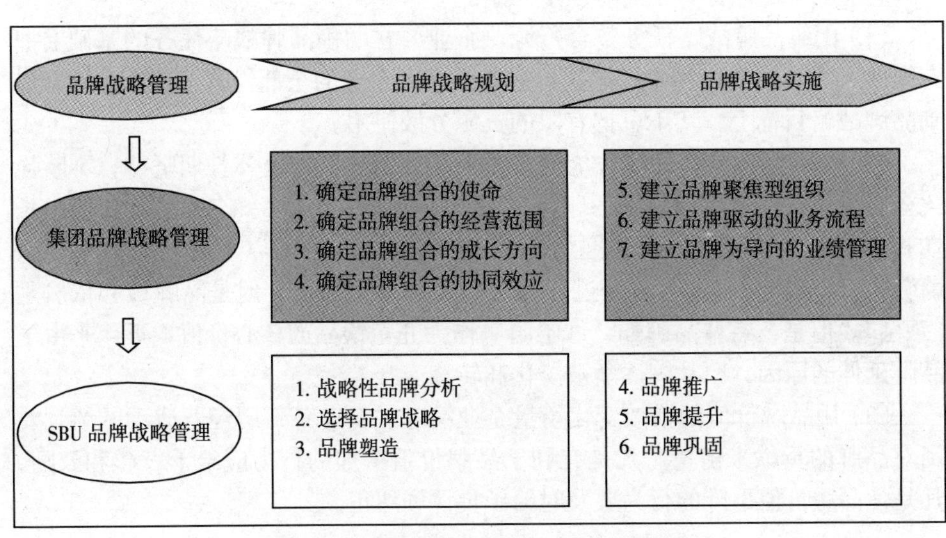

图6-2 品牌战略管理的内容框架及说明

	内容	说明
集团品牌战略管理	1. 确定品牌组合的使命	解释品牌为什么存在以及品牌未来将发展成怎样
	2. 确定品牌组合的经营范围	建立与管理好一个高绩效的品牌组合模式
	3. 确定品牌组合的成长方向	明确了这种范围扩展的方向
	4. 确定品牌组合的协同效应	发挥相关品牌之间的协同作用并转化为竞争优势
	5. 建立品牌组合聚焦型组织	解决传统组织结构不适于品牌战略管理的问题
	6. 建立品牌组合驱动的业务流程	使得品牌战略管理能够更为顺畅地运行
	7. 建立品牌组合为导向的业绩管理	将品牌战略管理贯彻到每个人每天的工作中去
SBU 品牌战略管理	1. 战略性品牌分析	对外界品牌环境发生的变化做出反应
	2. 选择品牌战略	揭示品牌的发展方向及未来之路
	3. 品牌塑造	建立清晰的品牌识别
	4. 品牌推广	将已塑品牌顺利地推广开来
	5. 品牌提升	发挥和挖掘已有品牌的综合效应
	6. 品牌巩固	使已有品牌历久弥新、长盛不衰

图 6–2 品牌战略管理的内容框架及说明（续）

集团品牌战略管理是企业最高管理层指导和控制企业一切行为的概念性纲领。它受到企业总体战略的制约，必须与企业总体战略保持一致。

SBU 品牌战略管理是在集团品牌战略的指导下，各个相对独立的经营单位制定的次级战略，SBU 品牌战略管理受到集团品牌战略管理的影响和控制，核心任务是如何在市场上持续不断地积累品牌资产。

二、品牌战略的实施

品牌战略实施的第一步是建立品牌聚焦型组织，以解决传统组织结构不适于品牌战略管理的问题；第二步是通过对业务流程的改进使得品牌战略管理能够更为顺畅地运行；最后一步是通过导入业绩管理体系，将品牌战略管理贯彻到每个人每天的工作中去。具体实施有如下七个步骤，覆盖了从规划到实施的所有领域。

第一步，确定品牌组合的使命。这是品牌战略管理的源头，它为品牌战略管理指出了基本的方向和评判标准。使命的雷区在于它的处境尴尬，如果定得太“实”，容易犯“近视症”，对未来的发展是不利的；如果定得太“虚”，又模棱两可缺乏实际指导意义（见表 6–4）。

表 6–4 品牌组合使命的确定要素

1. 我们是谁	顾客	• 谁是主要顾客
	产品或服务	• 主要产品或服务是什么
	市场	• 主要在哪一个地区或行业展开竞争
	技术	• 主导技术是什么
2. 我们如何看待自己	目标的态度	• 对生存、发展和盈利的关注
	哲学	• 基本信仰、价值观念和愿望是什么
3. 我们如何对待别人	对顾客的价值定位	• 利益清楚、独特、显而易见 • 在竞争者的价值方案影响下仍然可行 • 是顾客几个可能的价值方案中最好的 • 清晰、简单
	对竞争者的优势	• 顾客能感到我们与竞争者的产品在重要产品或传递特征上有明显的不同 • 这种不同直接来自我们与竞争者的“能力差别” • 竞争者不能或不愿采取行动弥补这种差别
	利益协调的有效性	是否有效地反映了顾客、股东、公司职工、社区、供应商和销售的厂商等各利益相关团体的利益
	激励程度	对激励企业员工的重视程度
4. 何时我们应该变化	改变的时机	• 决定何时进入或退出一个市场 • 决定何时施行不会改变行业竞争基础，但会带给公司在现行行业竞争基础上的暂时优势的投资或运作选择 • 决定在什么情况下可以施行改变竞争基础或创造性的举措

第二步，确定品牌组合的结构优化。对于一个集团企业而言，它们往往拥有多个业务单元品牌，由于这些 SBU 品牌目前在品牌组合中的地位和未来的发展前景都各不相同，因而，必须根据 SBU 品牌的特征采取有针对性和差异性的政策，这就是品牌组合的结构优化，品牌组合的结构优化将明确回答建立、扩大、维持、收缩和淘汰哪些业务单元品牌。

第三步，确定品牌组合的成长路线。当我们将优化后的品牌组合中的每个业务单元的运营目标汇总之后，可能依然会发现这与品牌组合的总体战略目标难以吻合，在汇总目标和总体目标之间仍然存在着战略缺口（Strategic Gap）；这意味着现有的品牌组合不能满足集团品牌战略管理的要求，要弥补这一缺口必须规划新的品牌组合，只有这样，集团品牌战略管理才能在现有的战略基础水平上向更高一级的目标发展，才能驶入“快车道”（见表 6–5）。

表 6–5 品牌组合成长路线确定的步骤及内容

阶 段	主要任务	成 果
1. 成长途径评估	核心竞争力评估 战略事实评估 远景目标评估 能力差距评估 集团公司优势评估	决定“进入哪项业务”
2. 设计成长蓝图	将实现成长的途径排序，制订竞争性规划	决定“如何进入这项业务”
3. 成长管理	业绩、业务与人才管理	决定“如何管好这项业务”

第四步，确定品牌组合的协同效应。对集团各下属业务单元品牌之间的相互关系进行管理是集团品牌战略管理的核心内容。一个缺乏对下属品牌间相互关系进行认真管理的能力的集团公司在战略执行层面会产生很多问题，而且，在品牌成长路线里规划的新业务品牌很难在没有协同的情况下生存发展。

第五步，建立品牌聚焦型组织。品牌战略实施实际上是一系列配置资源的过程，然而，资源的配置是在组织的构架内进行的，组织的特征将极大地影响到战略实施的成败。建立品牌聚焦型组织，不仅意味着要在组织内部建立强有力的品牌管理部门，而且要求其他的部门都能够建立品牌导向，也就是实行“公司品牌化”（见表 6–6）。

表 6–6 品牌聚焦型组织的建立内容

集团品牌管理部门	1. 品牌组合管理	1.1 确定品牌组合的使命 1.2 确定品牌组合的范围 1.3 确定品牌组合的成长方向 1.4 确定品牌组合的协同效应 1.5 建立品牌管理的组织架构 1.6 建立品牌驱动的业务流程 1.7 建立品牌为导向的业绩管理
	2. 公司品牌管理	2.1 公司形象系统（CIS）的管理 2.2 确定公司品牌与下属品牌之间的关系 2.3 对公司品牌进行战略性分析 2.4 创建公司品牌的识别体系 2.5 公司品牌的推广、提升和巩固
	3. SBU 品牌的管控	3.1 管控 SBU 品牌的核心识别 3.2 管控 SBU 品牌的战略性传播 3.3 对 SBU 品牌的资产评估
SBU 品牌管理部门	1. 品牌领袖制	这种体制认为品牌管理与保护必须基于高层管理者的高度重视，所以最高管理者（首席执行官或总裁）应该是品牌的主要倡导者

续表

SBU 品牌管理部门	2. 跨部门品牌管理小组制	这种体制认为品牌来自所有部门的集体努力，所以由不同的利益相关群体派出代表成立一个品牌管理小组，以免品牌管理的行为受到阻挠
	3. 品牌经理制	这种体制认为品牌必须有人对其独立负责，所以必须任命一名品牌经理负责从研发到顾客服务的所有环节的协调

第六步，建立品牌驱动的业务流程。对于顾客而言，他们购买的绝不是作为一个产品的品牌，他们购买的是从研发、原料选择到服务的整个过程，也就是业务流程。所以，尽管很难感觉得到，但成功的品牌事实上包括整个业务流程。

第七步，建立品牌为导向的业绩管理。业绩管理是战略实施的工具，它将公司总体的、长远的目标与战略层层分解落实到每个部门和每个人，从而将部门和个人每天的工作和公司的发展方向牢牢地结合在一起，形成对战略强大的执行和监控力量（见表 6–7）。

表 6–7　业绩管理内容及成果

流程	工作内容	输出成果
1. 业绩体系诊断	• 理解当前的业绩管理体系 • 确定差距	• 宏观差距分析 • 确定主要问题
2. 建立品牌为导向的业绩指标	• 平衡计分法 • 建立设计原则 • 起草颁布并逐级落实衡量标准	• 关键业绩指标（KPI） • 能力指标
3. 设立业绩目标	• 明确远大抱负 • 评估差距和可行性 • 设定目标并签署业绩合同 • 对工作计划取得共识	• 挑战性目标 • 可行性分析 • 业绩合同 • 工作计划
4. 业绩考核	• 准备业绩报告 • 每季度审核业绩，讨论差距解决办法 • 制订修改工作计划	• 业绩报告 • 工作计划
5. 业绩激励	• 进行透明的评估与评级 • 将激励与业绩相挂钩 • 确定激励或薪酬水平 • 召开反馈会议	• 评估最终报告 • 薪酬结构 • 薪酬水平

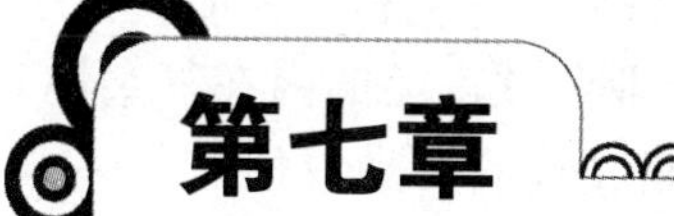

第七章

品牌危机管理

第一节 品牌危机的特征及原因

一、品牌危机的概念

危机原意表示严重困难的关头，引申为由意外事件引起的危险和紧急的状态。史蒂文·芬克在《危机管理》一书中写道："中国人早在几百年前就领会了这一思想。在汉语中，组成危机的两个字分别表示危险和机会。"在英文中，也将危机理解为"有可能变好或变坏的转折点或关键时刻"。由此可见，危机的发生对组织、社会的存在和发展具有重大的影响，如果处理不当，则危在旦夕；处理得法，则会成为未来良性发展的坚实基础。因此，危机是特定组织、社会命运恶化和转机的分水岭。国外有的学者认为，危机是一种严重威胁社会系统的基本结构或者基本价值规范的形势，在这种形势中，决策集团必须在很短的时间内，在极不确定的情况下作出关键性决策。还有学者认为，危机是一个会引起负面影响的、具有不确定性的大事件，这种事件及其后果可能对组织及其人员、产品、服务、资产和声誉造成巨大损害。对于危机状态，要求在有限信息、有限资源、有限时间的条件下寻求满意的处理方案。尽管对危机的定义措辞不同，但概括各类危机事件之共同点，不难发现其具有这样的特性，即突发性和紧急性、高度的不确定性、严重的威胁性、非程序化决策等。

由上述危机的定义，可以将品牌危机理解为由于企业外部环境的变化或企业品牌运营管理过程中的失误，而对企业品牌形象造成的不良影响，并在很短的时间内波及社会公众，进而大幅度降低企业品牌资产价值，甚至危及企业生存的窘困状态。因为企业的周围环境在任何时期都是错综复杂、变幻莫测的，所以，品牌随着所提供产品或服务的不断增加，潜在风险也将越来越大。今天的商界，在欣喜于科技进步和信息爆炸所带来的种种便利和商机的同时，也不得不面临更多的挑战。一方面，科技进步增加了企业各项产品的内在复杂性，从而使得企业更难以把握自身产品内在瑕疵所可能导致的产品责任。另一方面，信息的充分披露和在全球的迅速传播，又使得企业一点点小的失误都会酿成轩然大波。如果企业未能及时、准确、全面地捕捉到市场环境的变化趋势及程度，企业的品牌管理不能很好地适应环境变化，或企业的品牌管理、市场营销活动出现了任何漏洞，都有可能引发品牌危机；危机的爆发，会立刻使产品销售下降甚至滞销，使品牌形象、企业信誉大为减损，甚至彻底摧毁企业多年苦心经营的品牌。

二、品牌危机的特征

品牌危机最显著的特征就是品牌资产的快速下降，但品牌资产的评估需要较长的时间，所以在品牌管理实务中，不以其为判别发生品牌危机的依据。判断企业发生品牌危机还是其他类型的危机最重要的一条就是该危机是否引发了品牌关系的断裂，是否直接引发消费者对品牌的质疑而丧失其忠诚。品牌危机的特征具体表现为如下五点：

（一）突发性

品牌危机的发生都是突然的，是难以预测的。品牌危机发生之前，虽然有时可以预见其发生的可能性，但通常无法确定是否一定会发生，更无法确定发生的具体时间、形式、强度和规模等。这种危机一旦爆发，便会造成巨大影响，令人瞩目。它往往成为社会和舆论关注的焦点和热点，成为新闻媒体争相报道的重点内容，成为竞争对手发现破绽的线索，成为主管部门检查批评的对象等。总之，企业品牌危机一旦发生，就像一根牵动社会的“神经”，迅速引起社会各界的不同反应，令社会各界密切关注。

（二）低可预见性

企业品牌价值受一系列复杂因素的作用，且各因素间存在交叉性和系统性的相互影响。品牌管理过程中任何一个薄弱环节都可能因某种偶然性因素而导致失衡和崩溃，最终形成危机。同时，在品牌危机发生后，危机事件往往成为舆论关注的焦点，大量噪声随之产生。这些方面均意味着品牌危机具有低可预见性，特别是对牵涉其中的人们来说更是如此。品牌危机的低可预见性，一方面容易导致企业产品的顾客、社会公众等对危机事件本身怀有过度的恐惧感，引起品牌危机效应的扩散；另一方面也意味着企业管理者往往必须在缺乏充分、准确信息的情况下作出决策。此时，能在复杂的信息中作出选择，并据此作出果断、正确的决策是对品牌危机管理人员的基本能力要求之一。

（三）严重危害性

品牌危机可能导致企业的产品系列遭受全面抵制，销量急剧下降；企业陷入法律纠纷，面临巨额索赔，企业形象受损并引发品牌价值降低而带来的多方面的损失，使组织陷入困难窘迫的境地，再难进行正常的商务活动等。

（四）破坏性

这是品牌危机性质的规定性。品牌危机的触发事件在本质上或事实上会产生一定程度的破坏作用，损害到顾客、社会公众的利益，使公众陷入精神恐慌之中，也可能给社会环境造成极大的破坏，并最终导致社会财富的损失。假如某一事件没有危害性，我们很难称为危机，也就无须对其加以积极的管理了。此时，从企业管理者的角度来看，品牌危机的危害性可能直观地表现为企业账面市场价值的大幅下降（如 1994 年 Intel 公司就对其 CPU 中的一个运算程序错误及事后的不良品牌危机管理行为付出了 3.6 亿美元的代价）或表现为企业品牌信誉乃至企业整体形象受损。

（五）舆论关注性

品牌危机爆发时，品牌原来的知名度必将引起广泛的舆论关注，媒体大张旗鼓的报道，常常成为危机处理中最棘手的问题，舆论的偏向直接影响到品牌的存亡。

三、品牌危机的原因

从表面上看，品牌危机起源于某件突发事件。实质上，品牌危机的发生绝不是偶然的，如企业的诚信问题、管理问题和自律问题都会引发品牌危机。品牌危机产生的具体原因是多种多样的，主要有以下四种：

（一）品牌战略制定失误

从广义上讲，品牌战略失误应包括品牌战略展望提出的失误、目标体系建立的失误和品牌战略制定的失误。品牌战略展望提出的失误，主要指企业的高层管理者未能清楚地认识到品牌长期发展的趋势和方向，品牌战略展望不能准确地传递企业目标和充分地规划企业未来，品牌的核心价值理念不能为员工及社会公众所认同，企业不能建立一种健康、积极的品牌文化。目标体系建立的失误，包括各类目标是否一致、各层目标是否一致等。前者是指长期目标与短期目标的协调，品牌目标与财务目标的协调及其他目标的一致程度；后者指品牌管理的各级目标是否一致。战略制定的失误，包括对企业外部环境分析是否有误和对企业内部资源的分析是否有误等。

（二）品牌策略失误

品牌策略失误主要包括品牌延伸策略失误、品牌扩张策略失误、品牌定位策略失误、品牌传播策略失误、品牌生命周期策略失误五个方面。

1. 品牌延伸策略失误

品牌延伸使用得当，不仅能使新产品迅速进入市场，取得事半功倍的效果，而且可以利用品牌优势扩大产品线，壮大品牌支持体系。但是，企业一定要注意品牌延伸安全，否则，就会进入品牌延伸误区，出现品牌危机。这主要有四种情况：一是品牌本身还未被广泛认知就急躁冒进地推出该品牌新产品，结果可能是新老产品一起死亡。二是品牌延伸后出现的新产品的品牌形象与原产品的品牌形象定位互相矛盾，使消费者产生心理冲突和障碍，从而导致品牌危机。比如，由于"希望"火腿肠与"希望"饲料品牌形象发生冲突，希望集团不得不放弃耗资巨大的"希望"火腿肠，而改名为"美好"火腿肠。又如，"三九"冰啤与消费者熟知的"三九"胃泰的品牌产品定位的冲突。三是品牌延伸速度太快，延伸链太长。有的企业一年就推出几个甚至十几个延伸产品，延伸得太快、太多，超过了品牌的支持力。四是不顾现有技术、资金、管理力量等的局限而进行跨行业的无关联品牌延伸，从而造成巨大的损失。

2. 品牌扩张策略失误

品牌扩张策略主要有两种：一是收购品牌进行扩张的策略；二是自创品牌进行扩张的策略。两种方式实质上都是通过收购、兼并、控股等资产重组的方式，实现品牌的规模扩张。此外，品牌扩张还可以通过授权经营、品牌共享、联盟等方式扩大品牌的控制规模。品牌扩张的风险有很多方面，如品牌扩张策略本身的失误、消费者需求重心的转移，或者国家及地方政策的影响等。因此，要保证品牌扩张策略的安全，就应该在策略制定的过程中充分考虑企业的自身实力、市场需求状况及政策方面的影响等。

3. 品牌定位策略失误

品牌定位是指建立或重塑一个与目标市场有关的品牌形象的过程与结果。定位的关键是选择品牌的竞争优势和差别化的利益。定位失误包括三个方面：①定位不够或定位模糊。一些公司发现买主对品牌只有一个模糊的概念，买主并不真正知道品牌有何特殊之处，或者买主可能会对品牌有一个混乱的印象，这一混乱可能是由于太多对品牌的说明或时常改变品牌定位的缘故。②定位过分。这引起买主对品牌具有一个非常狭窄的印象。③定位疑惑。从产品特征、价格或制造商的角度，可能很难让消费者相信该品牌的定位。对于品牌定位，可以通过品牌偏好指数等指标予以评判。

4. 品牌传播策略失误

品牌传播策略失误包括营销要素（产品、价格、销售渠道）组合不当，传播工具选择失误，传播时间、传播对象选择失误，品牌传播策略选择失误（如

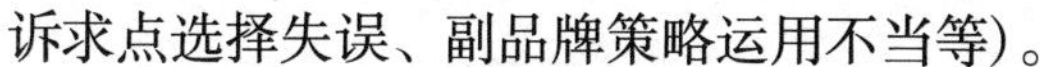

诉求点选择失误、副品牌策略运用不当等)。

5. 品牌生命周期策略失误

品牌是有生命周期的：如何维护品牌使之长盛不衰是品牌管理的终极目标。总的说来，企业应当在一个品牌发展到成熟期时及时推出该品牌产品的换代产品或全新产品，把品牌效应及时移植到新产品上，让源源不断的新产品来支撑品牌的长期发展。品牌好比是一棵大树，产品是树叶，叶子可以不断地枯萎更新，大树却要长期不倒。

（三）品牌的素质缺陷

品牌的素质缺陷包括两个方面：一是品牌的硬素质缺陷，即品牌产品本身的缺陷，以及品牌符号结构的设计缺陷，如品牌名称、标志、象征物等；二是品牌的软素质缺陷，主要指品牌内涵的设计缺陷，如品牌理念、品牌文化、品牌个性方面的问题等。具体内容如下所述：

1. 品牌产品质量存在缺陷

产品质量出现问题，是导致品牌危机的主要原因之一。1999 年 6 月 10 日比利时爆发了涉及全欧洲的可口可乐污染事件，比利时 150 名儿童饮用可口可乐之后出现了种种不适症状，致使可口可乐在比利时遭到全面抵制。不久，荷兰、卢森堡、法国政府纷纷宣布停止销售可口可乐。消息传到纽约后，可口可乐股票每股下跌 1 美元。尽管这场品牌危机最终在可口可乐公司总裁的亲自组织解决下平息了，但却再一次说明了无论怎样强势的品牌，如果品质出现问题，同样会因遭到市场的拒绝而陷入危机。

2. 品牌产品单一、老化，不适应市场变化

品牌产品单一、老化最典型的例子莫过于福特的 T 型车危机了。1908 年福特研制出的 T 型车，以其物美价廉的优势在市场上驰骋近 10 年，这种巨大的成功使亨利·福特陷入了自我陶醉，并因此忽视了汽车市场需求变化的信号，继续醉心于较为粗陋的 T 型车的流水线生产。然而，随着消费者需求的变化及竞争对手的新产品的研究，T 型车渐渐失去了昔日价廉的优势，市场占有率迅速下降，陷入了前所未有的危机。

3. 品牌符号结构设计失误

品牌符号是区别产品或服务的基本手段，包括名称、标志、基本色、标识语、象征物、包装等，它们形成一个有机的整体。品牌符号是公司的重要资产，在帮助公司营销和大众接受产品和服务的过程中扮演了一个重要的角色，可能直接影响到一个新产品的成败。这方面的例子有很多，例如，我国南方某厂将产品命名为“舢板”，并以英文对应词 junk 为出口外销商标试图打入国际市场。殊不知，junk 一词多义，在英文中还有垃圾的意思，结果可想而知，后

来改译成 junc，才转危为安。

4. 品牌内涵设计失误

品牌内涵包括三个方面的内容：①品牌理念。品牌理念是企业在创建品牌时赋予的核心价值观念，它既是企业经营思想的集中反应，又是企业战略思维的高度概括，对企业的经营发展起着导向作用。如消费者可以从“海尔，真诚到永远!”广告词中知道“真诚到永远”是“海尔”的品牌理念，即追求永远对消费者真诚服务的品牌理念。这种品牌理念具有巨大的亲和力，消费者容易在心理上产生认同感和亲切感，因此“海尔”的品牌理念是安全的。②品牌文化。文化特征是决定品牌外在形式的基本原则，是品牌的核心。其中，文化差异是品牌的基础，国家也是品牌的文化根源。如可口可乐、IBM、耐克代表美国文化。三菱、丰田、索尼体现日本文化。③品牌个性。品牌个性即品牌特征。品牌要脱颖而出，必然要有差异，有一个或几个明显的特征以示区别，但品牌个性又要与企业形象相吻合，不能有冲突现象，具备了这些条件，品牌个性才算安全。但是，国内许多企业恰恰忽视了品牌个性的塑造。如 DVD 广告全讲“数字技术、超强纠错、全面兼容、国际认证”；国产的洗衣粉、奶粉、洗发水，除个别品牌外根本没有品牌个性意识。这些品牌竞争不过国外品牌，问题不是出在质量而是出在品牌本身，尤其是品牌个性上。因为，没有个性或个性模糊的品牌就不能区别于其他品牌，使得消费者无从选择。

（四）品牌环境的变化

品牌环境包括品牌的内、外部环境，品牌内部环境是指品牌持有公司的内部状况，品牌的外部环境主要包括消费者、竞争对手、分销商、市场秩序、舆论、宏观环境等诸多要素。因此，品牌环境恶化也包括内、外两个方面的情况。

1. 品牌内部环境恶化

公司内部的状况是对品牌未来发展具有重要影响的一个因素，如果没有一个良好的组织环境，品牌就不可能健康地成长和发展。品牌内部环境恶化的原因有很多方面，下面列举几个主要原因。

(1) 企业内部管理失控。品牌危机是企业市场经营活动中“综合症”的集中爆发。企业内部管理失控会导致企业生产经营不能很好地适应市场环境，进而诱发危机的发生。例如，1996 年，段永平因与出资方意见不合，离开中山“小霸王”到东莞创建“步步高”，其得力旧部也先后易帜，导致“小霸王”风光不再；1999 年 3 月，因胡志标与其他股东的纷争引发的“爱多”信任危机，也是“爱多”陷入瘫痪的重要原因。

(2) 公司内部协调不力。对于业务量很大的公司来说，如果缺乏有效协调能力将致使公司不能充分利用其品牌资源，当不同部门的职员之间不经常进行沟通时，这种协调能力的缺乏也可能对品牌产生负面影响。

（3）内部价值观产生冲突。一般说来，公司内部有两种价值观：职员的价值观和公司的价值观。当职员的价值观与公司的价值观紧密相连并能协调统一时，品牌就很有可能获得成功。但是也存在这样的例子，即公司拥有一个品牌系列的组合，这些品牌既支持公司的核心价值观又有其独特的价值观，这时不仅需要为某个特定系列品牌服务的职员的价值观与公司整体价值观相联系，也要与其服务的品牌价值观相联系。也就是说，如果品牌的价值观、职员的价值观及组织的价值观三者不能协调统一，甚至发生冲突时，品牌就很难获得成功。

（4）职员对公司和品牌的认同度低。如果公司和品牌无法获得职员的认同，那么它就很难从职员当中获得期望的行为和态度。而当这些职员与客户经常接触时，这就成了一个大问题，很有可能影响到品牌声誉的建立。如果职员的利益与公司和品牌紧密联系，他们就会努力使品牌获得成功。品牌管理者通过评价员工对公司的认同感就可能发现什么地方存在内部问题。

2. 品牌外部环境变动

品牌外部环境突变包括消费者的消费心理、习惯、模式的改变，竞争对手品牌战略与策略的调整、分销商经营策略与模式的调整、自有品牌对企业品牌的挑战、市场秩序混乱（如恶性竞争、假冒、仿冒现象的出现，等等）、社会舆论的不利报道、宏观环境（包括政治、经济、社会、技术、自然环境）的波动以及其他突发性事件等。品牌外部环境的变动，特别是不利的变动，对于品牌的影响是巨大的，因此，企业应该密切注意外部环境的变化，一旦发现情况紧急就应该立即采取行动，以规避或降低环境波动带来的不利影响。

由于品牌外部环境突变而引发的品牌危机主要有以下四种：①由于法律变更、宏观经济政策变化、社会结构变化、科技变化及其他社会文化因素的变化而导致的品牌危机。这类危机源于企业外部且很难依靠企业的主观努力加以改变，因而对于此种危机只能预防。②市场紊乱型危机。主要指因品牌产品市场秩序紊乱，导致市场网络破坏而产生的品牌产品市场危机。这类危机对于名牌的稳定性影响很大，严重时会导致品牌丧失。③对抗竞争危机。主要指因品牌之间的恶性竞争而引发的品牌危机。较为常见的恶性竞争主要有对抗性价格竞争与恶性营销网络争夺。④媒体舆论危机。由于企业或媒体原因所引发的不良公众舆论，这些舆论传播广、影响大，容易引起群众广泛关注、疑虑甚至反感，从而产生品牌危机。

第二节 品牌危机管理的步骤及主要措施

一、危机管理的阶段及步骤

对于危机管理的阶段及步骤，当前学术界主要有三种认识：一是“MPRR”模式。这种模式认为危机管理包括四个阶段的工作，即缓和（Mitigation）、预防（Prevention）、反应（Response）和恢复（Recovery），简称为“MPRR”。二是时间序列模式。薛澜等学者从时间序列角度将危机管理过程及对策划分为五个阶段：危机预警及准备、识别危机、隔离危机、管理危机、危机后处理。三是“5P”模式。鲍勇剑和陈百助用“5P”来表达危机管理最基本的步骤，这“5P”分别是五个关键词汇的首字母：Perception（端正态度）、Prevention（防范发生）、Preparation（时刻准备）、Participation（积极参与）、Progression（危中找机）。

品牌危机管理的步骤应包括三个主要阶段：第一阶段是品牌预警监测管理，即对品牌危机的防范（Prevention）、准备（Preparation）；第二阶段是对危机的反应（Response）；第三阶段是品牌危机事后管理，包括品牌的恢复（Recovery）、重振（Renewal）等管理行为。因此，危机管理的阶段及步骤也可简称为“PP+R+RR”模式。

二、品牌危机的预警监测管理

（一）品牌预警管理系统构建的原则与目标

品牌预警管理，是根据企业品牌经营管理的实践活动过程与结果是否满足企业目标或管理目标的预期要求，来确定品牌处于“安全”或“非安全”状态，并由此做出对策的管理活动。品牌危机管理的重中之重不在于如何处理已出现的危机，而在于如何辨别企业品牌运营过程中哪些因素里潜伏着危机，以及如何“未雨绸缪”，做到“有备无患”。

企业品牌预警管理的实现，将使企业品牌资产的不安全状态、品牌管理过程中的不安全行为和不安全管理过程及品牌环境的变动情况处于预警的监控之下。企业品牌预警管理的实现，为保证品牌资产安全及防止、制止、纠正不安全管理行为和不安全管理过程，规避环境变动的不利影响进而避免品牌危机的发生提供一种崭新的管理模式和行动方式，从而保证品牌资产的安全及品牌管理活动的秩序和效率。

品牌预警管理系统的建立与运行，应以下述四个目标的实现为其构建原则。

（1）对品牌资产的变动情况进行监测与评价，以明确品牌的安全状态及变动趋势，并以此为基础，对相关的品牌管理活动进行分析与诊断。

（2）对企业内部的品牌管理活动进行监测与评价，以此明确并预控品牌管理系统的运行状态。监测对象主要是品牌管理周期活动、品牌管理职能体系的运行状态和组织沟通质量，即品牌管理系统的功能可靠性和运行秩序可控性。通过对品牌管理系统安全的监测，提供管理周期的优化运行模式。

（3）对品牌的内外环境进行监测，以此明确品牌所处环境会对品牌今后发展所产生的正面或负面的影响，从而采取相应的应对措施。监测对象包括公司内部的组织状况、消费者需求、竞争者动向、分销商动向、舆论导向、法律安全状况、宏观环境，等等。

（4）建立品牌预警管理活动的评价指标体系。上述三个目标任务的实施，必须依靠特别的预警评价指标才能进行；否则，品牌预警系统的工作将变成经验性的、随机性的、不系统的过程。为此，品牌预警系统要建立对品牌资产不良程度的评价指标、对品牌管理失误行为的经济与心理和组织的评价指标、对品牌内外环境不良程度的评价指标。这三个评价指标体系构成品牌预警管理活动的主体性的评价指标体系。

（二）预警监测管理的主要内容

1. 品牌形象监测

品牌形象监测主要包括品牌知名度、品牌美誉度、品牌毁誉度、品牌联想等指标。通过考察品牌形象监测指标的变动情况，可以探知品牌形象在公众心目中的变化；同时，也可以发现企业在品牌形象的设计与推广方面存在的不足。根据几个主要指标的监测结果可以对品牌形象的总体安全状态做出一个评估，并赋予一定的分值。

2. 品牌忠诚监测

为了明确地掌握品牌忠诚度的高低状况，对其评估的内容大致从三个方面入手：消费者购买行为评估、消费者心理满足程度评估和消费者转移费用评估。

3. 品牌市场影响监测

市场影响调查通常为企业所重视，并视这些数据为日常工作的重要部分。品牌形象及品牌资产方面的监测指标的获得都需要进行消费者调查，相对来说昂贵、费时且不易执行与“消化”，往往容易被企业忽视，而这些指标对于品牌预警而言却是必须的且更为重要的。对于市场影响方面的内容，很多企业都会作定期的调查，相对来说比较完备，调查内容主要有以下几个方面：品牌的市场地位、市场占有率、渠道覆盖率、终端铺货比率，等等。

4. 法律权益监测

法律权益安全监测主要是监测品牌的法律权益安全状况。品牌法律权益安全包括三个方面的内容：品牌名称安全、品牌标志安全、品牌商标安全。

(1) 品牌名称安全是指企业设计的品牌名称是否具有独占性（是否可以登记注册成为注册商标），企业是否对该品牌名称享有所有权。企业必须通过各种渠道搜集其他企业的信息，一方面是为了防止他人侵犯自己品牌名称的专用权；另一方面是为了避免自己不小心侵犯他人品牌名称的专用权，以给企业造成不必要的麻烦和损失。

(2) 品牌标志安全是指品牌的图案、符号、色彩或字体等品牌视觉认知部分的构思和设计是否违背了法律有关品牌标志设计的禁止性规定（如品牌标志不能与国旗、国徽等图案相似），以及是否与其他企业的品牌标志相同或相似。如果企业设计的品牌标志违背了法律的禁止性规定或与其他企业设计的品牌标志相同或相似，那么企业设计出来的品牌标志，不是不被准予注册，就是因侵犯他人品牌标志所有权而被强制取缔。完整的品牌概念由品牌名称和品牌标志共同构成。品牌名称的使用权有领域限制，它只在注册的领域具有独占权，别的企业也可在其他领域注册与之相同的品牌名称，即相同的品牌名称可由不同的企业注册于不同的领域并合法享有和使用。而品牌标志则没有领域限制，它一经注册就在所有领域具有独占性，即只要企业在一个领域注册了该品牌标志，则在其他任何一个领域内，别的企业都不能注册与之相同的品牌标志。因此，从品牌形象角度讲，不仅要有品牌名称，而且要有品牌标志；从品牌法律安全角度讲，不仅要注册品牌名称，更要注册品牌标志。

(3) 品牌商标安全。品牌商标指经过登记注册、受到法律保护的整个品牌或品牌的某一部分，只要注册了品牌名称、品牌标志（图案、符号、字体等）或是一起注册了品牌名称和品牌标志，它们就成为受法律保护的品牌商标。

品牌商标安全有三个含义：第一，品牌商标注册的范围和领域是否安全；第二，品牌商标安全还指企业的品牌商标不会被别人非法使用并能有效防止其他企业假冒、盗用本企业商标；第三，商标分享安全。

5. 品牌素质监测

品牌素质监测的对象主要包括产品的质量、产品的更新换代速度、品牌符号结构及品牌内涵的合理性等。产品质量问题是导致品牌危机的重要原因之一，长期不能解决的质量问题是由于创新与技术改造不足所致，而短期的质量问题主要是由质量事故造成。质量危机对品牌危害很大，必须引起包括最高层领导在内的所有人员的高度重视。由于品牌预警的需要，因而，对于质量的监测主要可以通过下面两个指标进行：消费者投诉率和退货比率。产品单一、老化，不适应市场变化，难免会使品牌陷入危机状态。因此，企业应密切注视自身和竞争对手的产品更新或换代速度。

三、品牌危机应对管理

美国的《危机管理》一书作者曾对《财富》杂志排名前500名的大公司的董事长和总经理进行过一项关于企业危机的调查。调查结果显示，危机困扰的时间平均持续两周半，而没有应变计划的公司要比有应变计划的公司持续时间长2.5倍，危机后遗症的波及时间平均为8周；同样，没有应变计划的公司要比有应变计划的公司持续时间长2.5倍。

"智者千虑，必有一失。"尽管预警防范在先，但是再周详的防范也可能会出现遗漏，或因企业不可控的外部因素而出现恶性事件，因此，品牌危机还是有可能爆发，一旦爆发，便会迅速破坏品牌形象，并且使企业出现人心涣散的危险局面。因而，企业必须及时、果断地作出科学而有效的决策，引导舆论，稳定人心，迅速查清品牌危机原因，抑制危机事件蔓延，缓解紧急情况，避免急迫过程中的盲目性和随意性，防止危机处理过程中出现重复和空位现象，以最终圆满地解决危机，使企业及其品牌尽快从危机中恢复过来，重塑品牌及企业的良好形象。

（一）品牌危机处理的基本原则

1. 主动性原则

品牌危机发生后，品牌危机管理人员要正视危机，积极主动地采取措施，不断监测情况的发展与变化，并根据其变化情况迅速调整品牌危机管理计划，调配人员、物力及设备，尽可能在极短的时间内控制局势的发展。不应回避或被动性应付品牌危机，更不应在营销危机发生后，先急于追究责任，或者向公众辩解自身行为。这样只会导致企业内部人心涣散，公众尤其是受害者对企业行为更为不齿，使得品牌危机一发不可收拾。例如，2001年6月，日本雪印公司在因牛奶质量问题而导致顾客中毒的事件发生后，不仅不采取有效措施收回被污染产品，查明事件原因，对受害者进行精神和物质上的赔偿，而且还试图强调公司没有任何问题，试图掩饰错误与责任。雪印公司的这种行为，不仅于事无补，反而激化了企业与消费者之间的矛盾，而最终使公司遭受重大损失，声誉扫地。

2. 及时性原则

品牌危机处理与善后管理的目的在于，尽最大努力控制事态的恶化和蔓延，把因品牌危机造成的有形损失和无形损失减小到最低程度，并在最短的时间内重塑或挽回企业的良好形象和声誉，重新恢复公众对企业的信任。因而，品牌危机一旦发生，企业就应迅速作出反应，立即启用品牌危机处理计划，调动包括品牌危机管理人员在内的所有员工投入到紧张的营销危机处理与善后工作中。在品牌危机的处理与善后过程中，赢得时间就等于赢得了企业的生命、赢得了企业的形象和公众的信任。加拿大化学公司的唐纳德·斯蒂芬森曾说："危机发生的第一个 24 小时至关重要，如果你未能很快地行动起来并已准备好把事态告知公众，你就可能被认为有罪，直到你能证明自己是清白的为止。"

3. 诚意性原则

在企业的经营管理活动中，公众利益是其最高利益所在。企业在品牌危机管理过程中，应坚持诚意性原则，始终将公众利益置于首位。品牌危机发生后，企业应首先从公众的角度来考虑问题，及时并真诚地向受害者表示歉意，必要时通过有影响力的媒体向公众道歉，以缓和企业与公众的矛盾，获取公众和舆论的广泛理解与同情，并在一定程度上变品牌危机为企业重新获取公众信任，恢复和提升品牌知名度与美誉度的机遇。

4. 真实性原则

品牌危机爆发后，企业应主动向公众说明事实真相，尤其在与媒体沟通时，不仅应及时传递品牌危机发展与品牌危机处理的有关信息，还应注意信息的客观性与准确性，不刻意忽略或隐瞒有关事实，以免误导公众，使公众与媒体的疑惑和恐惧增加，对企业产生不信任感，延长品牌危机的影响时间。例如，2000 年，东芝笔记本电脑因其自身设计问题给用户带来了工作上的不便与失误，而东芝公司却向中国用户刻意隐瞒了这一问题。事情被揭露后，东芝笔记本电脑在中国不仅销量大减，而且也引发了一系列的后续危机。

5. 全面性原则

品牌危机对企业的影响是全面的、全方位的。首先，品牌危机不仅涉及企业的员工，同时也影响了外部公众和外部营销环境。其次，品牌危机给企业造成了有形的价值损失和无形的形象损失。最后，品牌危机不仅阻碍了企业目标的实现，也影响了企业的可持续发展。因而，在处理品牌危机和善后时，企业应把握全面性原则，注意处理方式与善后措施的全面性，兼顾各方利益，在处理品牌危机的同时，尽力维持企业的生产和经营，以使企业短期目标与长期目标均不受到较大影响。

6. 协同性原则

从品牌危机管理关系到企业价值链的各环节、各部门。只有各方行动统一指挥、有序进行、分工负责、协同合作，才能使企业对外解释与宣传统一，处理与善后行动步骤一致。任何无序的行为只会造成更大的混乱，使品牌危机局势恶化。例如，退货危机不仅涉及企业的售后服务环节，也涉及新产品开发、产品设计与生产、中间商等环节和部门。

（二）品牌危机处理的基本程序及对策

1. 确认品牌危机，采取紧急行动，控制危机的蔓延

在企业面对品牌危机时，恐惧和回避都无济于事，隐瞒和掩盖更是行不通。企业应正视摆在企业面前的危机开端，开诚布公地对消费者和社会公众的关注作出合理的回应，欺骗或拒绝回应的做法只会错上加错。正如美国一位企业危机咨询业务的专家考林·夏恩所指出的："如果工作中出现过失，你只是面临一个问题，但如果你再试图遮盖它，那所面临的问题就是两个了，而且，一旦事实真相被披露，谎言可能会比原先的错误更令你困扰。"奥古斯丁则给出了正确的策略，"说真话，马上说"。当危机苗头出现时，与其忽视甚至漠视品牌危机的出现，还不如在品牌危机全面爆发之前将其控制住并迅速平息。从品牌危机管理角度看，品牌危机事态的严重性往往意味着危机应对资源的缺乏性。因此，应对资源的缺乏性要求品牌管理经理在积聚一切可能获得的资源的同时，能够根据事态的轻重缓急，准确地评估各个行动的优先次序，并据此分配资源，以求得资源利用效率的最大发挥。

2. 成立品牌危机指挥中心

一旦企业确认品牌危机已经无可挽回地爆发后，就应该做好下面两个方面的工作：一方面，企业应选定一群职员，如事先选定的危机管理小组人员作为品牌危机紧急状态下的指挥中心，专职从事危机的处理工作。品牌危机处理小组一般由企业的高层管理人员（如首席执行官）、公关人员以及有关部门负责人参加，致力于尽快弄清品牌危机的真相，准确地确认品牌危机的性质、范围及其原因，提出解决方案，并领导、协调企业完成两个危机管理任务：①调动企业内外资源，以处理危机。②负责内外沟通。另一方面，企业应让其他人继续公司的正常运营工作，也就是说，在企业危机管理小组与企业运营管理小组之间，应当建立一道"防火墙"，以尽量减少各小组间的相互干扰。

3. 进行积极、真诚的内、外部沟通

完美的沟通是指经过传递之后，接收者感知到的信息与发送者发出的信息完全一致，它在成功的品牌危机管理中是至关重要的。其中包括两个方面的内容：对内沟通和对外沟通。

（1）对内沟通。在所有的公众里，员工一般是最复杂和最敏感的。在品牌危机中，员工既可能成为企业最可信的同盟军，也有可能成为极具破坏性的敌对者。因为，在品牌危机中，企业要比任何时候都更需要员工的支持。如果他们支持企业，那么他们就更可能保持一种积极的态度，这有助于说服顾客、供

应商等，并让其产生同感。

（2）对外沟通。一般而言，品牌危机中需要进行沟通的程度同危机本身的复杂程度和受其影响的社会公众直接相关。对外沟通，顾名思义就是指企业在危机中针对企业品牌危机的外部受众所进行的沟通，主要包括与顾客、新闻媒体、其他受众及社会大众的沟通。通常，没有企业不知道顾客对本企业发展的重要性，他们也不会否认新闻媒体对企业危机的报道可能会加大或减小危机处理的阻力和难度的事实，然而，他们往往会忽视企业其他重要的受众，而这会使其遭受极大的形象损失。

值得注意的是，媒体在报道企业事件时，一是没有义务按照你的想法和意愿去确定报道角度或重点。二是有可能因不准确的语言描述而背离了企业所表达的真实内容。企业对于曝光有误或报道失实，积极的处理方式是：①对媒体表示理解，与媒体协商挽回影响。②在出示证据的基础上，提出更正要求。③刊发后续报道。④如有需要，可以向政府部门或新闻出版部门求援，以表明在原因没有查清之前，不要以讹传讹的愿望。⑤事实胜于雄辩，应开展一些能向公众展示真相的活动。

1999 年 3 月，某媒体对红太阳牦牛骨髓壮骨粉是否真含有牦牛骨髓表示质疑。在某报记者进行采访时，红太阳不仅不承认，还对记者拳脚相向。红太阳公司的某部门负责人因此被哈尔滨警方拘留。一经见报，红太阳的销路顿受挫折。起初，红太阳公司非要和媒体大动干戈不可，但是，在冷静下来后，打出广告“红太阳请您青海看牦牛”，让消费者亲身体验一下青海，最后真相大白，结果销售量不减反增。

四、品牌危机事后管理

企业在平息品牌危机事件后，品牌危机即进入事后管理阶段，企业管理者就需要着手于企业的恢复与重振工作。一方面，尽力消除品牌危机的负面影响，将企业的财产、设备、工作流程和人员恢复到正常运营状态；另一方面，则需对企业品牌形象与企业自身形象进行重塑与强化，化“危”为“机”，进而求得“危机”中的“机会”。

（一）测评企业品牌形象，总结品牌危机管理经验

在品牌危机处理告一段落后，也是企业退一步反省思考，进行品牌形象测评和总结品牌危机防范与危机处理中的经验、教训的时候，这是企业想要从品牌危机中“获利”的重要举措。一方面，良好的品牌形象和企业信誉是企业的无形财产，也是企业品牌具有市场竞争力的重要标志。了解品牌危机对其形象、信誉、知名度和美誉度有多大影响等是企业非常关心的内容，也是危机平

息后使企业品牌重新得到顾客认可的重要的基础性工作，是重振品牌声誉的重要决策依据。另一方面，要注意从社会效应、经济效应、心理效应和形象效应诸方面评估此次企业消除品牌危机的有关措施的合理性和有效性，并实事求是地撰写出详尽的危机处理报告，为以后处理类似的品牌危机提供依据。同时，认真分析危机事件发生的深刻原因，切实改进工作，从根本上杜绝危机事件的再次发生。

在进行品牌测评的过程中，既要调研品牌危机管理效果，又要调研企业品牌运营各环节的协调状况。通过对危机管理反馈效果的调研，可以了解消费者和公众对企业在品牌危机中开展的一系列公关活动的意见（如消费者与公众对危机管理人员的表现的评价等），及时发现企业在品牌危机管理过程中的不合理行为，为进一步强化品牌及企业形象提供决策依据。在调研中，消费者、社会公众、各有关媒体及危机管理人员等都应被列为调查对象，而通过对企业品牌运营管理过程中各环节协调情况的调研结果进行分析也有助于企业改善自身品牌管理的技能。如果企业各职能部门能为实现企业目标而协调一致，那么，品牌及企业的整体形象就会在正确的品牌运营下得到提升。相反，若企业内部的各职能部门职责不明、相互推诿，应对危机迟缓、杂乱无章，即使企业此次侥幸脱离危机，也不利于日后品牌重振；同时，也难免会为危机的再度发生留下隐患。

（二）恢复正常运营、重振品牌形象

品牌危机导致消费者对企业品牌忠诚度的下降，企业产品的销售量迅速减少，进而使得危机发生后，企业物流、现金流及信息流情况与危机发生前正常运营时的情况大相径庭。此时，在品牌危机平息后，企业管理者的一项重要任务就是制订恢复计划，并采取一系列策略性措施，努力将企业的生产经营情况恢复正常，维持生产经营的持续性。

品牌危机平息后的品牌声誉重建是危机管理中十分重要的一环。它主要包括内、外两个方面的工作内容：

1. 面对企业内部的管理策略

（1）在企业内部，要以诚实和坦率的态度安排各种交流活动，以形成企业与其员工之间的上情下达、下情上达、横向连通的双向交流，保证信息畅通无阻，增强企业管理的透明度和员工对企业组织的信任感。

（2）要以积极主动的态度，动员企业组织全体员工参与决策，做出组织在新的环境中的生存与发展计划。

（3）要进一步深化全员危机意识，完善企业管理的各项制度和措施，有效地规范组织行为，并为下一次可能发生的品牌危机做好准备。

2. 对企业外部应采取的对策

在企业外部，企业品牌危机重振的整体要求是，企业制订一个有效的形象管理计划，并通过实事求是地兑现承诺和外部沟通来改进企业品牌的新形象。首先，企业应通过对诚信原则的恪守，来反映企业对完美品牌形象和企业信誉的一贯追求。承诺意味着信心和决心，企业通过品牌诉诸承诺，将企业的信心和决心展现给顾客及社会公众，表示企业将以更大的努力和诚意换取顾客及社会公众对品牌和企业的信任，是企业坚决维护品牌形象和信誉的表示。承诺同时也意味着责任，企业通过品牌诉诸承诺，使人们对品牌的未来有了更大更高的期待，人们接受了“以后将得到更多”的愿望而信任品牌及企业。其次，企业要吸纳外部利益相关者参与到重振的企业管理中来，让他们感到他们在企业危机重振中是受重视的。最后，要加大对外宣传、沟通力度。在品牌危机平息后，为了重塑品牌形象，企业理应积极主动地加大宣传力度，让顾客及社会公众感知品牌新形象、体会企业的真诚与可信。只有宣传，消费者与社会公众才能感知到品牌又回来了，它还是一如既往，而且更加值得信赖了。可以说，品牌危机平息后的大力宣传是品牌重获新生并有所提升的不可或缺的条件。

三株口服液危机事件

1994 年 8 月，吴炳新、吴思伟父子在山东济南创立三株公司（以下简称“三株”），至 1996 年的短短两年间，三株销售额从 1 亿多元跃至 80 亿元，从 1993 年底 30 万元的注册资金增加到 1997 年底 48 亿元的公司净资产。三株在全国所有大城市、省会城市和绝大部分地级市注册了 600 个子公司，在县、乡、镇有 2000 个办事处，吸纳了 15 万名销售人员。迅速崛起的三株不仅达到了自身发展的顶峰时期，更创造了中国保健品行业史上的纪录，其年销售额 80 亿元的业绩至今在业内仍然无人可及。

正如其迅速崛起一样，三株的失败，来得是那样突然。时至今日，人们仍然为之欷歔不已。正如之前我们提到，危机伴随着任何一个组织的发展和个人的成长，从企业成立之日起它便形影不离。危机管理水平的差异，便导致了不同组织和个人结局的不同。三株的决策失误和管理失控，播下了日后衰落的种子。而在危机事件管理中一味强调自身利益、忽略公众感情和消费者权益的态度和行为，更直接引发了“三株帝国”的迅速崩溃。

1995 年 10 月 17 日，吴炳新在新华社的一次年会上宣读了《争做中国第一纳税人》的报告。设想到 20 世纪末，完成 900 亿~1000 亿元销售额的目标，成为中国第一纳税人，其勃勃雄心溢于言表。为了实现这一理想，三株开始实施全面多元化发展战略，向医疗电子、精细化工、生物工程、材料工程、物理电子及化妆品这6个行业渗透。与此同时，三株在全国范围内收购、并购几十家亏损医药企业，令企业担负极其严重的债务压力。这种过分乐观的态度和盲目扩张的战略，无疑助长了从管理层到普通员工的骄傲自满情绪，也成为三株危机意识淡薄和忽略公众利益的诱因。

四年间，三株及其下属机构的管理层扩大了100倍，到1997年三株共有300多个子公司，2000多个县级办事处和13000多个乡镇工作站。三株所崇尚的高度集权的管理体制造成了种种类似"国企病"的症状，各个部门之间画地为牢，形成壁垒，程序复杂，官僚主义盛行，令企业对市场信号反应严重迟钝。为了统一协调全国市场，总部设计了十多种报表，以便及时掌握各个环节的动态。但具体到一个基层办事处，哪来那么多变化需要填，上面要报，下面就造假。与此同时，机构臃肿和管理失控致使工作效率低下，浪费了1/3的广告投放，基层宣传品投放到位率不足20%。

在三株的高速发展阶段，产品宣传开始出现大量冒用专家名义、夸大功效、诋毁同行的言语。种种夸大功效、无中生有、诋毁对手的事件频频发生，总部到最后已疲于奔命而无可奈何。单在1997年上半年，三株就因虚假广告等原因而遭到起诉10余起。三株也因此被部分地方卫生部门吊销药品批准文号，1995年5月，三株因虚假广告宣传而被广东省卫生厅专门发出了《关于吊销三株口服液药品广告批准文号的通知》。

1996年6月，湖南常德汉寿县退休老人陈伯顺在喝完三株口服液后去世，其家属随后向三株提出索赔，财大气粗的三株则拒绝给予任何赔偿，坚决声称是消费者自身问题。遭到拒绝后陈伯顺家属一张状纸将三株告上法院。1998年3月，法院一审宣判三株败诉后，20多家媒体炮轰三株，引发了三株口服液的销售地震，4月（审判后的第二个月）的三株口服液销售额就从1997年的月销售额2亿元下降至几百万元，15万人的营销大军，被迫削减为不足2万人，生产经营陷入空前灾难之中，总裁吴炳新也被重重击倒。据三株介绍，官司给三株造成的直接经济损失达40多亿元，国家税收损失了6亿元。

1999年3月，法院终审判决三株获胜，但此时"三株帝国"已经陷入全面瘫痪状态。三株的200多个子公司停止运营，绝大多数工作站和办事处关闭，全国销售基本停止。创造中国保健品奇迹的三株公司，在危机应对中的表现却极其不成熟：就事论事，陷于局部谁是谁非，与消费者争论不休且忽视危机公关。最终三株为其忽视公众利益、不愿主动承担责任而付出巨大代价。

资料来源：余则成. 三株口服液危机事件［EB/OL］. 潜伏商务网，2011-01-31.

【案例】

中美史克从容应对康泰克“PPA事件”

2000年11月15日，国家药监局下发通知：禁止PPA！康泰克被醒目地绑上媒体的审判台。在很多媒体上都可以看到PPA等于康泰克或者将两者相提并论的现象。人们相互转告，忍痛割爱，将康泰克纷纷扔进了垃圾箱。危机降临了！

11月16日，中美史克接到天津市卫生局的暂停通知后，立即组织了以下危机管理小组：①危机管理领导小组。制定应对危机的立场基调，统一口径，并协调各小组工作。②沟通小组。负责信息发布和内、外部的信息沟通，是所在信息的发布者。③市场小组。负责加快新产品的研发。④生产小组。负责组织调整生产并处理正在生产线上的产品。由10位公司经理和主要部门主管组成危机管理小组，10余名工作人员负责协调、跟进。

16日上午，危机管理小组发布了危机公关纲领：执行政府暂停令，向政府部门表态，坚决执行政府法令，暂停生产和销售；通知经销商和客户立即停止康泰克的销售，取消相关合同；停止广告宣传和市场推广活动。

17日中午，召开全体员工大会。总经理向员工通报了事情的来龙去脉，表示了公司不会裁员的决心，赢得了员工空前一致的团结精神。同日，全国各地的50多位销售经理被迅速召回天津总部，危机管理小组深入其中做思想工作，以保障企业危机应对措施的有效进行。18日，他们带着中美史克《给医院的信》、《给客户的信》回归本部，应急行动纲领在全国各地按部就班地展开。公司专门培训了数十名专职接线员，负责接听来自客户、消费者的问讯电话，做出准确专业的回答，以打消其疑虑。21日，15条消费者热线全面开通。

20日，中美史克在北京召开了新闻媒介恳谈会，做出不停投资和“无论怎样，维护广大群众的健康是中美史克自始至终坚持的原则，将在国家药品监督部门得出关于PPA的研究论证结果后为广大消费者提供一个满意的解决办法”的立场和决心。面对新闻媒体不公正宣传，中美史克并没有做过多追究，只是尽力争取媒体的正面宣传以维系企业形象，其总经理频频接受国内知名媒体的专访以争取为中美史克公司说话的机会。

对待暂停令后同行的大肆炒作和攻击行为，中美史克保持了应有的冷静，既未反驳也没有说竞争对手的坏话，表现了一个正确对待竞争对手的最起码的态度与风度。

一番努力终于取得了不凡的效果，用《天津日报》记者的话说“面对危机，管理正常，生产正常，销售正常，一切都正常”。

2001年9月底，新的康泰克上市前夕，中美史克在多家媒体发布了消息。下面是《北京晚报》的新闻报道：

新康泰克不含“PPA”了

本报讯（记者张雪梅）改良后的康泰克即将上市，药名就叫“新康泰克”。原来其中的PPA成分将被伪麻黄碱代替。这是记者今天上午从天津中美史克制药有限公司了解到的。

因含PPA，“康泰克”2000年11月15日被国家药监局宣布暂停使用。而即将上市的是不含PPA的新康泰克，已经获得国家药监局的正式批准。该公司负责人说他们不是在“PPA事件”出现后才着手去研究新配方的。因此，现在能推出改良后的新康泰克，在时间上完全是一种巧合。对于不含PPA的新康泰克，中美史克投资了1.45亿元，其疗效与旧康泰克一样。

作为感冒药的重要配方，PPA已经使用了50多年，安全性相对很高。在国外，有患者为了减肥等某种目的，长期大量地服用“康泰克”，而大部分的副作用与此有关。当时每个国家根据自己不同的情况做出决定，如美国、中国、加拿大等决定将含PPA的感冒药撤出市场，日本等国则决定继续使用，而在其他国家则将PPA改为处方药。由于康泰克的知名度较高，不少人已经把PPA与“康泰克”画上等号。其实不仅是“康泰克”含有PPA，已被暂停使用的含有PPA的药品，涉及13个厂家的58个品种。

资料来源：夏暎. 市场营销案例 [M]. 机械工业出版社，2004.

企业品牌危机的防范

对企业而言，危机每时每刻都有发生的可能，而且作为一种公共事件，任何组织在危机中采取的行动，都会受到公众的审视。企业不能存有侥幸心理，认为危机不会降临到企业自身的头上。与其抱着侥幸心理去消极面对，还不如制定切实的危机管理制度，由被动变为主动防范品牌危机。为此，建立一套规范、全面的品牌危机管理预警系统是必要的。

1. 组建品牌危机管理小组

品牌危机是影响企业声誉的重要因素之一，因此，需组建品牌危机管理小组来制定或审核危机处理方案及其方针和工作程序。品牌危机管理小组的作用：全面、清晰地对各种危机情况进行预测；为处理危机制定有关的策略和步骤；监督有关方针和步骤的正确实施；在危机实际发生时，对全面工作做咨询和指导。品牌危机管理小组的关键作用在于尽可能确保危机不发生。危机管理小组强调企业内每个关键环节都有人参与，就是要在危机爆发初期比较容易地找出问题所在，避免拖沓、扯皮现象，以便及时采取措施对症下药而掌握主动权。

在品牌危机管理小组中要指定品牌危机公关的新闻发言人。在危机来临时刻，企业内部很容易陷入混乱的信息交杂状态，不利于形成有效的危机公关传播，因而，形成一个统一的对外传播声音是形势要求的必然结果。新闻发言人专门负责与外界沟通，尤其是新闻媒体，要及时、准确、口径一致地按照企业的对外宣传的需要把公关信息发布出去，形成有效的对外沟通渠道。

2. 建立高度灵敏、准确的信息检测系统及品牌自我诊断制度

及时收集相关信息并加以分析、研究和处理，全面、清晰地预测各种危机情况，捕捉危机征兆，为处理各项潜在危机指定对策方案，尽可能地确保危机不发生。从不同层面、不同角度进行检查、剖析和评价，找出薄弱环节，及时采取必要措施予以纠正，从根本上减少乃至消除发生危机的诱因。

3. 强化品牌危机意识

在企业内部，给员工灌输品牌危机的意识，让每个员工都自发地在工作岗位上减少甚至杜绝导致品牌危机发生原因。

4. 制订品牌危机管理计划方案，进行危机管理的模拟训练

企业的品牌危机管理小组应该设想一下品牌可能会发生什么样的危机，并在其中做好预防的准备。有了这个计划，企业才能在面对突如其来的危机时，有条不紊地拿出自己的应对之策。在企业中要有阶段性地将品牌危机管理计划进行全员或者管理小组的模拟训练，增强员工及品牌危机管理小组的实际操作能力。在真正的危机到来的时候，可以从容不迫地去应对。

5. 促进媒体沟通交流，并建立战略性的合作关系

企业应在平时与媒体，尤其是相关主流媒体建立战略性的合作关系，监控好舆论导向，并及时公布信息，有效引导舆论方向。当危机降临时，不仅使危机的负面影响降至最低，还可扭转乾坤，借势扩大企业的美誉度。

资料来源：http：//blog.sina.com.cn/s/blog_59b18aaa0100mdgm.html.

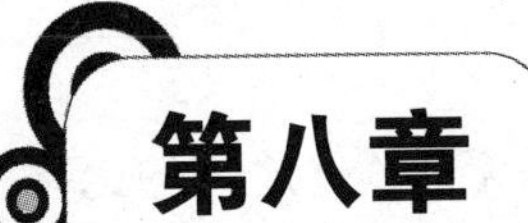

第八章

品牌延伸管理

第一节 品牌延伸的基本问题

品牌最主要的功能是通过品牌的延伸实现的。众所周知，创建一个新品牌的成本及风险越来越大，在发达国家创立一个新品牌的费用在5000万~1亿美元，如果要创建一个具有国际影响力的品牌，则至少需要10亿美元的投入，即便如此，也无法确保新品牌一定能在市场上获得成功。多数情况下，新品牌在市场上的存活时间在3年以上的达不到30%，因此，品牌延伸能力就成为决定品牌价值实现与否的最为重要的组成部分；同时，品牌延伸在品牌实践中的应用也最为常见，以美国为例，在过去10年新上市的消费品中，有95%是属于品牌延伸的，采用新品牌推出新产品的比例只有5%。因此，品牌延伸问题一直是品牌研究者们不懈努力的探究对象。

一、品牌延伸的定义

品牌延伸至今还没有统一的定义，品牌研究的学者们从各自不同的研究领域都有各自的理解。其中，营销学方面的定义比较有代表性，一般认为，品牌延伸是介于新产品线增加和新品牌增加战略之间的一种发展战略的选择，认为品牌延伸是指一个著名品牌或某一具有市场影响力的成功品牌使用在与成名品牌或原产品完全不同的产品上。还有比较直接的表达为：品牌延伸是指在已经确立品牌地位的基础上，将核心品牌运用到新的产品或服务中，期望以此减少新产品进入市场的风险，以更少的营销成本获得更大的市场回报。或者表达为：品牌延伸是指在已有相当知名度与市场影响力的品牌的基础上，将原品牌运用到新产品或服务上以期望减少新产品进入市场的风险的一种营销策略。

二、品牌延伸的主要原因

至于品牌延伸发生的原因，有的学者从有形资产和无形资产之间的比率平衡角度来解释，也有人将其归于应该充分、合理地利用企业的资源这一角度，认为延伸是发挥品牌资源最大经济效益的主要手段。少数人在研究品牌资源合理利用的时候，将品牌延伸划分在品牌的扩张部分，认为品牌扩张指运用品牌及其包含的资本进行发展、推广的活动，意指品牌资本的运作、品牌的市场扩张等内容，具体也指品牌的转让、授权等活动。

综上所述，品牌延伸产生的根本原因可以被认为有两个方面：一是品牌所有者利益最大化的要求；二是品牌对消费者影响泛化的结果。品牌作为一项重要的竞争工具，为相关者带来利益，相关者具有与所有的竞争主体一样的性质，即追求利润的最大化，获得并保持品牌盈利能力的最大化是品牌所有者的基本要求，而品牌延伸正是完成这一目标的最佳途径，因此，成熟品牌的延伸是品牌利益最大化的要求。另外，品牌的文化特质有着强大的生命力，扩散是品牌运动的基本途径，其中有序有方向的扩散表现为品牌的延伸，因此，品牌的延伸是品牌自身运动的轨迹和要求，表现为品牌经营对经营风险的规避。

三、品牌延伸的基本形式

品牌的延伸可以分成横向延伸和纵向延伸两种基本形式，横向延伸一般指跨行业的延伸，纵向延伸指一个行业内的产品线延伸。也有横纵向同时进行的品牌延伸，例如，海尔的品牌延伸就是比较典型的品牌横纵向同时延伸的形式。海尔品牌的原代表产品是电冰箱，在创建品牌成功之后于家电行业进行了产品线延伸，开始生产洗衣机、电视等产品，这是典型的行业内产品线延伸，属于纵向延伸的形式。在纵向延伸成功之后，海尔开始把目光瞄向另一个行业，开发了整体厨房等与品牌原产品分属两个行业的产品，这是跨行业的品牌横向延伸。在一个品牌上连续使用横纵向延伸策略一般称为混合延伸。

也有的学者将品牌延伸的形式描述为广义延伸和狭义延伸，或者是向上延伸和向下延伸，无论进行怎样的形式划分，只是对延伸形式的理解角度不同而已，实质都是一样的，都是为了进一步研究的需要所进行的研究对象细分。

四、品牌延伸的策略

品牌延伸的策略研究被划分于品牌管理实务的研究当中，依据其品牌组合的结构不同，分为单一品牌延伸、主副品牌延伸、众品牌组合延伸三种基本形式。

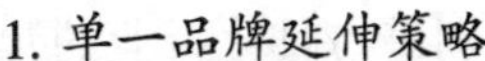

1. 单一品牌延伸策略

单一品牌延伸是指企业采用唯一品牌，沿着产品线进行的向上、向下的产品延伸。因为只是产品与品牌概念的简单叠加，这种延伸策略最为常见，但是，由于这一延伸策略会使原有的品牌定位发生变更和动摇，所以失败的风险也较高。

沿产品线向上延伸策略要求消费者对原品牌具有相当的品牌忠诚度，将原有的中低档产品支撑的品牌，通过更换或升级产品使品牌随之进入高档的细分市场。早期的联想、蒙牛都是采用这一策略使其品牌同产品一起升级到了中高档次。

沿产品线向下延伸策略要求原品牌具有较高的美誉度，消费者对其延伸产品能够作出较大的反应并加以认可，一般是以高档次品牌为依托，发展中低档次产品的营销策略，因为它会干扰原品牌的品质定位，自然会对原品牌产生损坏作用。派克钢笔的向下延伸就被定义为不当延伸的经典案例，险些葬送了派克金笔的金字招牌。当然，也有成功者，雅戈尔西服的高档品牌、中档产品、低端营销的定位使得雅戈尔无论是品牌资产的增值，还是销售都经营得非常成功。

2. 主副品牌延伸策略

主副品牌延伸策略是指在一段经营期内的企业采用统一的标志性品牌，兼与独立的标识性品牌的组合方法来统一形象定位与功能定位的品牌策略。采用这种策略的原因有两个：其一，因为形象定位是抽象的标志性品牌，难以表达具体的标识性功能信息，因此，很多企业选择以标志品牌为主，标识性的功能品牌为辅的策略来解决这一矛盾。其二，单一品牌策略经常会由于一项产品的失败导致整个品牌的损毁。为了防止此类风险，有些企业按照产品的不同特点，采用补充说明的形式另行表达，这也是采用主副品牌延伸策略的主要原因。

主副品牌有两种形式：一是主品牌名+产品信息（规格型号）。例如，诺基亚 7800 就是典型的主品牌名称+某款的规格型号，表达了品牌品质的统一和产品间的差异。二是原品牌+补充信息（辅助品牌）。例如，海尔—小小神童、康佳—七彩小画仙等，由原品牌和辅助品牌共同构成的品牌信息传播既可以保持品牌定位的统一，又能够进一步表达产品信息，还能在一定程度上防范延伸风险。因此，主副品牌延伸成为现代品牌经营的重要形式，占到了各类延伸形式的一半以上。

3. 众品牌组合延伸策略

众品牌组合是指一个企业采用众多品牌分别针对特定的细分市场，进行组合竞争的策略。宝洁公司在日化行业上的品牌组合就是典型的众品牌组合延伸策略。宝洁公司以飘柔、潘婷、海飞丝等众多品牌分别进占日化行业的几大细分市场，这些品牌之间时而侧重一个、时而齐头并进，不断变化它们之间的传播量与定位信息，但这些品牌之间并不存在主副关系。

第二节 品牌延伸的一般步骤及风险规避

一、品牌延伸的一般步骤

品牌的延伸有一套科学而严谨的步骤来防范其不当延伸的风险，主要有如下五个步骤：

1. 确定原品牌与目标市场的线路

所谓原品牌与目标市场之间的线路，是指原品牌向目标市场延伸的技术路线，也有的学者称为品牌线，是由一个已存在的品牌向一个与之不相关的市场运动的途径，是原品牌核心价值的演变轨迹，可能存在的线路当然不止一条，且每条线路都有其优势与劣势，品牌的延伸方向选择并不是目标的确定，更多的是对实现延伸目标路径的选择。

尽可能多地设计出可能实现预期延伸目标的路径，并测算其存在的风险与收益。这是进行品牌延伸的基础步骤。

2. 关键线路的选择与分析

采用类似于项目管理中的关键线路法，对上一步骤找出的可能线路结合企业实力进行综合评估。按照品牌资产最大化与企业经营目标统一的原则，依据各条线路的综合评估结果，将其排序并优选，再依次对其进行分析、调整，选择出品牌延伸的关键线路。

3. 延伸对品牌内涵的影响测试

按照上一步骤的排序结果，按照品牌系统论的要求，逐一测试各条延伸路径对品牌内涵的影响，再次进行线路筛选。这次筛选的结果能够得到几个可行的备选方案。

这些备选方案要通过下一步骤的调整之后，依然要使用此步骤的方法再次进行测试，往复循环，直至最优方案在下一步得到确认为止。

4. 延伸线路的确定与方向的调整

将确定的延伸线路按照既定的延伸目标分成各个阶段，再对各个延伸阶段进行调整，除一定要保持与总目标一致的要求之外，其他过程都要求符合最优原则。

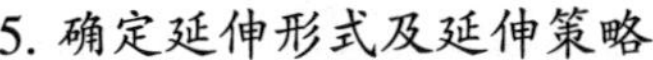

5. 确定延伸形式及延伸策略

品牌延伸必须能够延续原品牌的优势，迅速展开与消费者之间的新品牌关系，依据上述步骤的结论，确定合适的延伸品牌名称、延伸形式及延伸策略。

二、品牌延伸的风险

品牌延伸是一把“双刃剑”，它确实为企业带来了诸多好处，成就了众多企业的扩张成功，但同时也损毁了许多原本很优秀的品牌。仅仅理解延伸的好处是不够的，对延伸的认识应当从正反两个方面入手，因此，还有必要对它的风险有足够的认识。

品牌延伸面对的风险主要有三个方面：

1. 对原品牌的淡化或损毁风险

品牌延伸最多发生的问题就是贪大图全。在少许成功案例的影响下，企业扩大生产领域，导致产品线过长，品牌覆盖的品类过多，直接影响品牌消费者对原品牌的理解与忠诚，造成原品牌概念的淡化，以及品牌影响力的丧失。主要表现为贪大图全、产品品类杂乱等问题。这是最为常见的一种延伸风险。

2. 定位的错位风险

在延伸的过程中还会发生一类错误，即新的延伸品牌会淡化原品牌的定位，使得整个品牌经营系统失去统一的品牌核心价值观，无法相互兼容的两种定位会深刻地影响消费者对它的正确理解，导致消费者对原品牌的放弃。这一类风险隐蔽性强，发生的原因不容易判断，是最难辨认的一类风险。主要表现为不相关扩张、定位错位、多重定位、形象错位等问题。

3. 延伸过快的风险

延伸过快是相对于其他配套延伸而言的。品牌延伸不是简单的品牌形象延伸，它要求管理水平、传播技术、文化内容相应地提高。品牌延伸速度过快，企业相应的资源未能及时跟上，很可能会导致延伸的失败，这类风险只是影响延伸的产品，对原品牌不会产生不良的影响。但只要清楚品牌延伸与产品延伸、营销传播、资本延伸及文化管理等各项经营要素的关系，就能对品牌延伸质量有一定的保证。

第三部分

品牌传播推广

第九章 品牌传播理论

第一节 一般传播理论

一、传播的定义

1947年，施拉姆在美国伊利诺伊大学成立了第一个传播研究所，标志着人类对于传播科学研究的开始，并给出了最初的传播含义，他认为，传播就是对一组告知性符号采取同一意向，这个定义强调了传播的信息共享性，通过传播共同享有一则信息、一种思想或态度，目的在于建立彼此之间认知的共同性。后来传播理论受到了心理学发展的影响，其定义也发生了变化。美国实验心理学家霍夫兰认为，传播是某个人（传播者）传递刺激（通常是语言的）以影响另一些人（接受者）行为的过程，强调了传播是有意图地施加影响，尤其确指甲方传递信息给乙方时，希望或要求乙方相信、接受并采取同一态度，而乙方原先并没有这种意向。最后，由美国传播学者贝雷尔森等完成了传播学的理论体系，并给出了一个较新的定义："运用符号——词语、画片、数字、图表等，来传递信息、思想、感情、技术及其他内容，这种传递的行为或过程通常称作传播。"

二、有关传播过程的理论和传播模式

1. 基本概念

（1）反馈。意指传播过程中的受者对收到的信息所作出的反应。

（2）传播单位。每一个传播的参加者，无论个人还是团体，都可看做传播单位，都兼有传者、受者这两种身份。

（3）编码和译码（或解码）。

编码：认知—表述过程，就是把看到、听到、想到的意思化做符号。

译码：表述—理解过程，就是把符号还原成意思。

(4) 基本群体。基本群体也叫初级群众、首属群体，指家庭、邻里、亲密伙伴等。

(5) 参照群体。个人未必置身于其中，但以其为参照系而建立或改变自己的信念、态度和行为的群体。

2. 传播过程的基本模式

传播过程即传播现象的结构、要素和各个要素之间的关系。美国学者戴维·伯洛透彻地分析了传播的全过程，得出了三个主要结论：①传播是一个动态的过程，无始无终，没有界限；②传播过程是一组复杂的结构，应将其中的多元关系作为研究的基本单位；③传播过程的本质是变动，即各种关系的相互影响和变化。

此外，他还提出“S–M–C–R”（信息来源—信息—渠道—受者）的传播过程模式，并强调了过程研究的重要性和科学性，这是对传播过程最为经典的解释。

(1) 线性传播模式。传播是一种直线、单向型的过程。从传播者开始，经信息、媒介、受传者到传播效果结束，没有受传者的反馈，也看不到其他各要素之间的关系。拉斯韦尔在传播学史上第一次分解传播过程，即传者、受者、信息、媒介、结果（简称“五 W”），第一次为传播学理论建立了理论构架，被称为传播学鼻祖。布雷多克在 5W 的基础上，加上情境与动机，形成 7W。

(2) 控制论传播模式。以控制论为指导思想的传播过程模式。“双向循环性”引入反馈机制，更准确地反映了现实传播过程。主要贡献为，变单向直线传播为双向循环传播，增加了反馈，更客观、准确地反映了现实中的传播现象。其缺陷是易产生误解，似乎各传播单位之间传播、接受的地位、机会完全平等；其循环性的表述也易让相关者产生误解。

(3) 社会系统传播模式。解决传播条件（外部结构）的问题，把传播过程明确地描述为社会过程之一，并把它放在社会过程中考察。其主要贡献是它不同于线性模式和控制论模式着眼于解决传播的要素（内部结构），而是着眼于解决传播的条件（外部结构）。赖利夫妇最早把传播过程明确地描述为社会过程之一，并把它们置于总的社会过程中加以考察。在传播过程中更要重视个人外部环境（包括群体）的影响。

归纳起来，传播模式研究分为三大类，也是三个阶段：线性模式、控制论模式和社会系统模式。

三、传播学的研究对象

第一，按信息传播的范围大小，传播学可分为五个研究层次，即自我传播、人际传播、群体传播、组织传播和大众传播。

第二，按传播学自身的结构可分为三个研究层次：理论、模式、研究方法(定量、定性)。

第三，按不同领域可划分为纵向或横向的研究层次和研究重点。纵向研究主要有：古代传播思想的整理与分析，近现代传播事业的演变等。横向研究有：研究与信息处理有关的理论和技术性问题等。

第四，传播学研究可分为宏观研究和微观研究两个层次。

一般的传播理论研究都是按照第一种分法，即依据信息传播的范围大小来划分传播的研究对象，其中，自我传播是指每一个人本身的自我信息沟通。人际传播，狭义指个人与个人之间面对面的信息交流，广义包括群体传播和组织传播。群体传播，即团体传播，指人们在群体范围内进行的信息交流活动。组织传播是指一种有组织、有领导、有计划、有一定规模的信息交流活动。大众传播是指传播组织通过现代化的传播媒介，即报纸、广播、电视、杂志等，对极其广泛的受众所进行的信息传播活动。大众是指分布广泛、互不相识的广大受众。

其中，大众传播的特点和一般人际传播相比有很多不同，主要表现在如下五个方面：

第一，它需要借助特定的传播媒介传递信息，这些媒介的特性不相同，统称为大众传播工具。

第二，大众传播所传递的信息是公开的、面向社会的；受众则是大量的、匿名的、各不相干的。

第三，大众传播基本上是信息的单向流动，受众是不知其名的，来自受众的注意和反馈也是有限的、滞后的。

第四，现代科学技术特别是电子技术的飞速发展，使大众传播的信息传递更为快捷与广泛。

第五，大众传播的内容多半是由组织（传播机构）和职业传播者发布，而不是由个人发出。

此外，大众传播还具有强烈的选择性等其他特征，也是品牌传播中经常出现的现象。品牌传播有大众传播和自传播两种类型，因而在品牌传播研究当中，多以这两种传播类型的视角来审度品牌传播现象。

第二节　品牌传播原理

与一般传播理论的发展相比而言，品牌传播的理论显得比较简单，但却也符合一般传播理论发展的规律。品牌的研究者们在一般传播理论的基础上，结合营销概念的发展，创立了多种品牌传播的理论，尽管这些理论的研究背景和研究角度不同，但其传播的原理，即品牌传播作用的发生机理却是相同的。本节即在一般传播理论的基础上分析品牌传播的理论。

一、消费者接受信息的基本规律

消费者在接受品牌信息时，其规律可以概括为三个方面。

规律一：仅仅接受与接受者原有知识相一致的品牌信息。人的大脑在接受信息方面是有选择的，它往往只接受那些与它原有观念相一致的知识。一个人不可能是一个完全理性的人，他在决策时并不总是信赖客观事实，更多的是依据他原有的知识做出判断。品牌塑造本身也是消费者接受品牌信息的过程，不符合消费者原有知识的品牌信息很难对消费者行为造成影响。消费者一旦被某个品牌占领之后，其他品牌想要再去替代那个位置就非常困难。因为消费者仅仅接受相关的信息，想让其接受与之无关的信息是非常艰难的。

规律二：每个人一生可记忆的符号是有限的，可以被当做符号来记忆的品牌更是少之又少。有研究表明消费者对同类产品的品牌最多只能记住七个，这七个品牌会排序组成一个记忆阶梯对消费者的行为造成影响。品牌之间互相竞争，由前三个品牌占据绝大多数的市场份额。这个规律说明品牌要成功必须进入前七名，要想做大做强则必须进入前三名；否则，等待企业的将是失败。

规律三：品牌信息应尽可能地减少记忆量。消费者倾向于把复杂信息简化处理。每个消费者每天要接受上千条的广告信息，一个包含大量信息的品牌可能会因为消费者的接受时间不足而传播失败。消费者最容易记住的东西是最简单的，也只有简单且能引发消费者联想的品牌才能获得成功。

二、品牌传播的理论

品牌传播理论的发展过程，基本上经历了三个阶段。每个阶段都以一种占领导地位的营销传播理论为基础，即 USP 理论、品牌形象理论和品牌定位理论。这三个品牌传播理论都符合当时的时代背景，且在理论基础上相互补充，

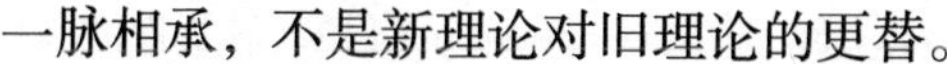

一脉相承，不是新理论对旧理论的更替。

1. USP 理论

早期的产品和生产经营时期并不需要品牌这样复杂的竞争工具，那时的产品大多数是全新的或者独特的。但是，随着世界经济的飞速发展，生产力的迅速提高，出现了产品激增的局面，同类产品间的竞争变得十分激烈，同质化的激增使得营销者必须努力使自己的产品具有差异化才能在市场上获得一席之地。

正是在这样的背景下，罗塞尔·瑞夫斯提出了 USP 理论，其中文意思为"独特的销售主张"。该理论共包括三个层次。首先，每个广告都必须向消费者陈述一个主张，是一个实在的利益点或者诉求点。其次，该主张必须是竞争者不能、不会或不曾提出的，它一定是独特的，是品牌的专有特点或是在特定的广告领域中未被提出过的说辞。最后，这一独特的销售主张能够影响消费者的消费行为，能够引发品牌忠诚或消费习惯。

突出产品的独特性是 USP 理论的核心所在，是差异化营销的理论要求。这一理论在当时也确实影响了一批企业的营销理念，创造了很多叹为观止的营销奇迹，造就了一大批优秀的品牌和企业。

USP 理论从本质上而言，符合一般传播理论的线性传播模式，是一种单向线性的传达方式，它将消费者置于被动接受的地位。无非是关注了一些受传者的特点和媒介的传播效率而已。对于品牌传播的发展并没有起到决定性的作用。到了 20 世纪 50 年代末、60 年代初，随着科技的进步，各种替代品和仿制品不断涌现，寻找所谓的独特主张变得越来越困难。USP 能够起到的差异化作用也越来越弱。

2. 品牌形象理论

到 20 世纪 60 年代，许多企业在营销实践中发现，企业的声誉或形象比任何一个具体的产品特色都更加重要。大卫·奥格威总结其在广告业实践的经验后，提出了品牌形象论，他认为，在产品功能利益点差异越来越小的情况下，消费者的购买行为更多地受到心理的影响，看重的是在使用这个产品的过程中可以获得的情感上的满足，而形象化的品牌就是带来品牌的心理利益。在营销领域解释心理价值的概念是让渡价值，让渡价值是消费者感知价值和成本的差，是消费者对产品的实际利益和心理利益的总和，可以推知，品牌形象论就是使得消费者实现让渡价值最大化的理论。

品牌能够建立一个风格，类似于人的个性，与消费者之间价值观相吻合从而影响消费行为，体现在市场上就是企业的品牌形象，因此，形象可以理解为个性。后来，奥格威对这一理论进行了补充解释，认为：产品品质化程度越高，消费者在选择品牌时就会越少运用理性思考。许多产品彼此之间缺乏明显的实质差异，甚至连基本功能也都没有什么特别的差异。厂商只有刻意制造差异，致力于品牌风格，建立最有利的形象，塑造最清晰的个性，才能获取核心竞争能力。

就传播形式而言，品牌形象论仍是线性传播模式，而且是强化了的单向直线型，它夸大了信息发出者对信息传播过程的影响力。在品牌形象理论指导下，整个世界的营销风格发生了巨大的变化，广告界掀起了品牌形象论的旋风，形象塑造成为品牌的中心。

3. 品牌定位理论

进入 20 世纪 70 年代，国际市场的竞争更为激化，产品同质化现象日益严重。人类进入到了一个信息传播量过度与产品生产过度的时代，消费者面对海量的产品和品牌信息，获得有用信息的难度越来越大。

在这样的背景下，1972 年，两位美国的广告人艾尔·里斯和杰克·特劳特提出了全新的定位理论。1981 年，他俩推出《定位》一书，在美国企业界引起巨大轰动，使得营销理念发生了翻天覆地的变化。

定位理论被认为是在这个传播过度的社会中解决传播效率过低问题的解决思路，也是现代营销中最重要的概念。其基本思想是：要在预期客户的头脑里给产品定位，定位本质上并不是要改变产品，产品的价格和包装事实上丝毫未变，定位只是在顾客脑子里占据一个有价值的位置，而且这个位置必须是别人还没有占有的，这一理论为后来的品牌关系理论奠定了基础。

定位理论强调需要创造复杂的差异化，如心理差异、个性差异等，主张从传播对象角度出发，由外向内在传播对象心目中占据一个有利位置。信息量的过度使得一般的品牌信息已经无法进入消费者大脑，于是就产生这样一个问题：如何进军大脑，实现占位。

艾尔·里斯和杰克·特劳特提出的基本方法是发现或创建心理位置，强调第一的位置优势和类别的独特性，在消费者的心智当中建立相对稳固的位置。如果没有第一的位置，可以通过联想，如比附定位。

按照一般传播理论的模式分类，定位理论属于控制论传播模式，是双向循环性的反馈机制，大大提高了传播的效率和准确性。随着时间的推移，定位的应用范围不断扩大：从最初在广告业中的传播与沟通技术，发展到后来被引用到整个营销领域里，甚至在人力资源等企业经营的各个环节里均发挥着巨大的作用。

纵观这三种品牌传播理论，它们有着明显的逻辑关系，后一种理论是对前面理论的继承与发展，前面的传播理论也并不会因此而消失，只是随着竞争的复杂程度而不断提高，竞争形式也演变得越来越复杂而已。

经典的品牌传播理论基于一个相同的传播原理。品牌是实现差异化传播的工具，只是寻找差异化的方法不同，USP 理论倾向在产品本身寻找差异，强调的是一个差异化的功能利益点；形象理论则强调一个独特的由创意打造的品牌个性形象；定位理论则是在消费者的心智里面占据一个品牌心理位置。

三、现代品牌传播的要素及基本过程

现代品牌传播的实践并不完全按照经典的品牌传播理论进行，因为现代传播媒介与经营形式已经发生了质的变化，现代营销市场要求企业的品牌经营富有柔性，要充分运用现代化的传播技术，把握消费者的观念变迁以及国际市场的变化。所以，现代品牌传播的要素相比过去发生了明显的变化。

1. 品牌传播组合

品牌传播组合由五个基本途径组成，分别是广告、直销、促销、公共关系和人员推销。这五个途径优劣势各不相同，又相辅相成、相互配合，共同构成了品牌传播的组合。

广告是由特定出资者付费所进行的商品展示和促进流动的手段。直销则是利用邮寄、电话和其他非人员的接触手段收集现有或潜在的消费者的反映或与其进行沟通活动。促销是鼓励对产品与服务进行尝试或促进销售的短期激励。公共关系为提高或保护公司的形象或产品而设计的各种方案。人员推销是为了达成交易而与一个或多个潜在的买主进行面对面的交流。

不同的途径意味着不同的沟通方式，可以实现的目标也就不同。表 9–1 列出这五个方式的比较。

表 9–1　五种品牌传播方式的比较表

	各项子目标	广告	促销	公共关系	人员推销	直销
传播能力	传达个人信息的能力	低	低	低	高	高
	覆盖大量受众的能力	高	中	中	低	中
	互动的层次	低	低	低	高	高
	目标受众的信任度	高	中	高	中	中
成本	绝对成本	高	中	低	高	中
	单位成本	低	中	低	高	高
	浪费程度	高	中	高	低	低
	投资规模	低	中	低	高	中
控制能力	达到特定目标受众的能力	中	高	低	中	高
	适应环境变化的能力	中	高	低	中	高

资料来源：Chris Fill（1995）.

此外，赞助活动对于那些已经建立知名度的品牌来说是十分有效的传播工具。然而对于新品牌来说，它就只宜作为一个候选工具，用于辅助其他活动。

对于那些知名度不高的品牌来说，进行赞助活动很可能是一种浪费。

2. 品牌传播的要素

（1）品牌传播的载体。在品牌关系中，产品是品牌的载体，是品牌传播的第一要素，通过产品和服务品牌才能展示它的诉求，实现它的价值。当然，品牌个性应符合它的最具代表性的产品。当品牌融入到产品中，品牌的特性才能传达一定意义。

（2）品牌传播信息。品牌信息是品牌内涵的高度概括。很显然，无论从主观还是客观来看，品牌信息都是专门用来传达品牌特征的。这并不意味着品牌信息纯粹建立在品牌内涵的基础上，应当求助于理性过程来界定品牌的适用范围。品牌信息包括了品牌的名称、符号、宣传理念等。

（3）品牌特性。品牌特性是品牌信息和品牌载体的综合性质，能反映出品牌的风格。许多品牌长期用某个特征来描绘其风格或个性，能够起到强化和抽象品牌特性和符号的作用，有些公司以产品创始人的名字命名，如 P&G 宝洁公司；也有公司直接以品牌及品质为标志；另外，某些特性符号也可以成为品牌与顾客沟通的感情节点。

这些特性有助于突出品牌的与众不同之处，它们被视为品牌形象，或者是品牌品质最突出的代表，它们是品牌表达自身的形式。当某一特性与品牌联系在一起很长时间，该特性就会成为其外在形象及内在要素的一部分。

（4）品牌传播媒介。品牌管理是沿着现代传媒技术发展的轨迹而逐次升级演变的，传播媒介对于品牌传播的意义是其存在和发展的基础。传播媒介的发展会从根本上改变品牌传播的手段，对品牌传播的影响也最为深刻。

四、品牌传播模型

品牌心理活动的研究与品牌传播心理的研究是基本保持一致的，因此，在现有的品牌心理理论中，许多理论都是来自心理学。

1. 共鸣模型

共鸣模型是由美国品牌理论专家 Schwartz 在 20 世纪 70 年代提出的。他认为，成功的品牌一定是与目标受众（消费者）产生了共鸣，品牌让消费者（受众）唤起并激发其内心深处的回忆，产生难以忘怀的体验经历和感受，同时，品牌也被赋予了特定内涵和象征意义，并在消费者心目中建立了移情联想。Schwartz 的“共鸣模型”同样也符合当代认知建构心理学的观点，该理论的一个基本观点就是反对信息加工心理学中将人脑加工信息工作与电脑信息处理方式相类比，同时也不同意人的认知过程不受到情感因素影响的观点。

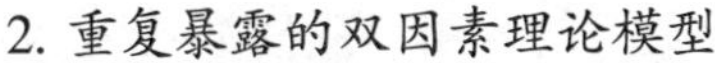

2. 重复暴露的双因素理论模型

在国外，有关重复暴露效应已有几十年的研究，其中，既有对无意义人造字的重复效应的探讨，又有对品牌重复效应的考察。这些研究揭示了如下一个基本规律：随着重复次数的增加，其效应曲线先是上升，然后经历一个拐点后下降，即呈现为一个倒“U”形曲线。在这里“拐点”一般是在呈现的刺激很简单或呈现时间比较长的场合出现。Bornstein（1989）在他对 1968~1987 年这 20 年间相关研究的综述文章中详尽地描述了这样一种结果。对上述现象有一个科学的说明，“在传播过程中存在着两个相对的因素制约着受众对重复刺激的态度，即积极的学习因素和消极的乏味因素”。当刺激重复适度增加时，积极学习因素使得学习效果上升，而消极乏味因子导致的效果变化缓慢；当刺激的重复次数继续增加时，积极学习因素所引起的学习效果增长缓慢并逐渐趋于稳定。相反，乏味因子的消极作用迅速增加，以至于超过学习因素的积极作用。两者互动的综合效果表现为倒“U”形曲线。这就是所谓的“重复暴露的双因素理论”模型，见图 9–1。

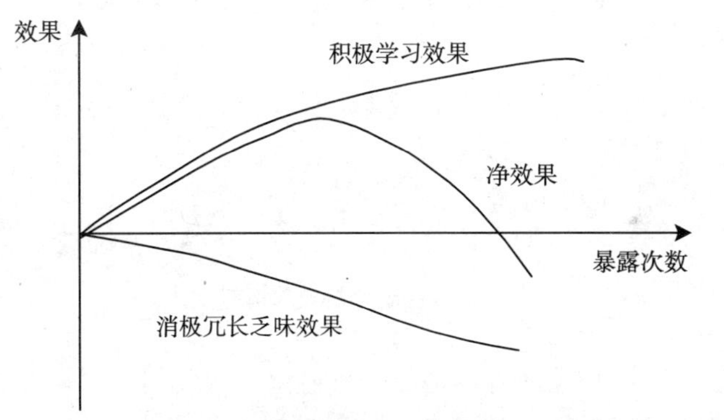

图 9–1 “重复暴露的双因素理论”模型

3. 品牌接触点传播理论模型

品牌专家大卫·艾格的“品牌接触点传播”理论是基于潜在顾客的认知层次的研究。这种所谓的“顾客的认知层次”也就是指顾客对于品牌提供的各种利益的感知性认同，而这种感知就是建立在顾客心智中积淀的与品牌相关的知识之上的。

该模式以品牌为顾客提供的六种价值为基点，以目标顾客对这六种价值的感知模式为对应，着重研究当顾客在某个地点、某个生活阶段、某种欲望渴求产生时与品牌所提供的某些价值“亲密接触”所触发的感知如何刺激了购买行为的课题。

“品牌接触点传播”模式的模型结构是放射型的。第一放射波是消费者对于品牌提供的主要利益点进行感知和反应，进行最重要的购买决策资源的获取。第二放射波则主要是围绕其接收到的购买决策资源进行验证或强化，以最大限度地降低购买风险（见图 9-2）。

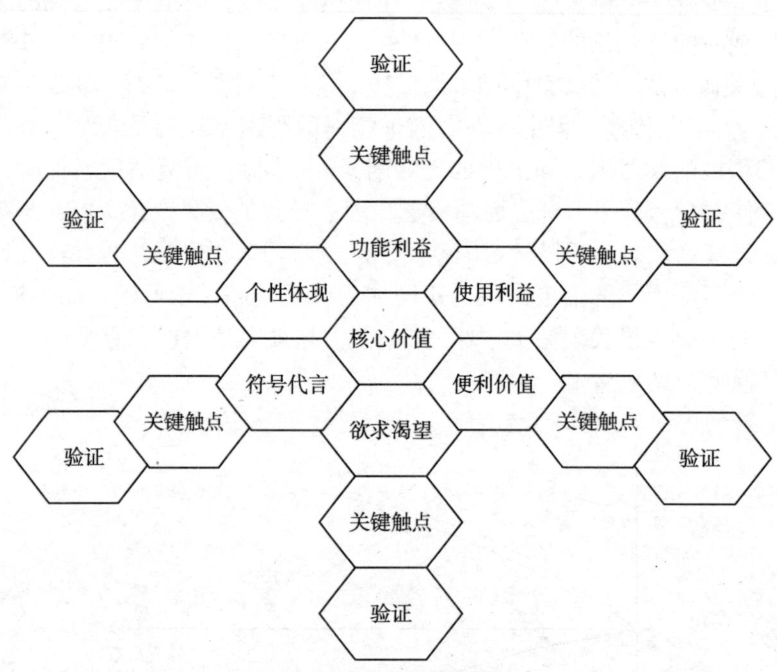

图 9-2 品牌接触点传播模式

品牌接触点传播模式之所以是一个放射型结构，其原理来源于消费者大脑知觉和反应带有放射性思维的特点。放射性思考是人类大脑的自然思考方式，每一种进入大脑的资料，不论是感觉、记忆还是想法，包括文字、数字、符码、食物、香气、线条、颜色、意象、节奏、音符等，都可以成为一个思考中心，并由此中心向外发散出成千上万的挂钩，每一个挂钩代表与中心主题的一个连接，而每一个连接又可以成为另一个中心主题，再向外发散出成千上万的挂钩，这些挂钩连接可以视为消费者的记忆，也就是消费者的个人数据库。

品牌接触点传播模式生动地展现出了消费者接触到众多品牌信息时，其心智中的评价和体验体系所产生出的呈放射状的联想形态。即当他们接触到品牌提供的某个利益点时，就会很快地在脑海里搜寻有关的声音、人物、特定场景等，并根据其中对应其需求和欲望的接触点信息做出购买决策。其实，这就是一种理性思维与感性思维交织的复杂的心理运动。

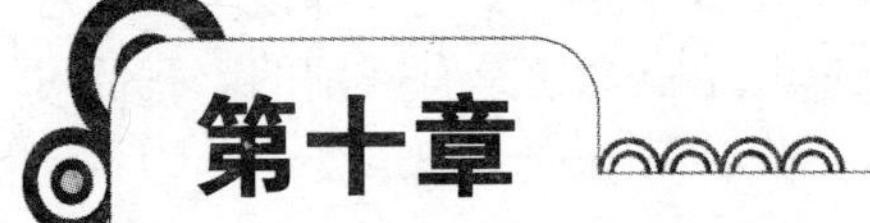

第十章

广告策划与传播

在品牌管理实务当中，有两项主要的塑造工具，即广告与公共关系。广告与公关是品牌塑造的左右手，像火箭的两个助推器，带动品牌冉冉上升。品牌离不开广告，品牌首先是名牌，需要广泛的知名度，广告是获得知名度最快最有效的手段。名牌只有和消费者发生了品牌关系之后才能被称为品牌，品牌关系要靠公共关系才能建立与维系。

第一节　广告

许多人都认为“品牌是靠广告砸出来的”，这话对了一半，品牌的塑造包括许多方面，品牌传播离不开广告，而且广告在品牌塑造中起着十分重要的作用。但这不是说品牌就是依靠广告砸出来的，仅仅靠广告只能创造名牌，而且即使是投广告也有一个如何合理科学地投放的问题。

品牌的塑造是从知名度、美誉度、忠诚度三个方面提升品牌的一个过程。而促使品牌知名度提高的最重要的手段就是广告。广告是最直接的传播工具，利用大众媒体的广泛影响力，可以直接将品牌信息传播到目标人群，为了提高广告的传播效果和传播精度，学者们进行了长期的研究，广告策划与品牌管理也经常被当做一个命题来进行研究。

一、广告起源与现代广告

广告是现代商业社会中一个重要的经济现象和经济活动。从广告在经济活动领域最本质的运动规律来看，广告界普遍认为，广告是广告主以付费的方式，通过一定的媒体有计划地向公众传递有关商品、劳务和其他方面的信息，借以影响受众对所宣传商品和劳务的态度，进而诱发或说服其采取购买行动而使广告主得到利益的一种大众传播活动。其中，广告主、广告媒体、广告信息和广告费是构成一则完整广告所需具备的四个要素。同时，尽管都是一种信息传播活动，但广告同宣传、新闻和公共关系这几个概念还是有区别的。我们可以根据广告的内容、性质、表现方式、地理、媒体等标准，把广告划分为不同类型。

作为对这种具有几千年历史的广告活动的经验总结和理论抽象，广告学这门学科也经历了一个不断充实和完善的过程，尤其是到了 20 世纪 50 年代以后，现代广告学逐步形成了以广告策划为主体，以创意为中心，以科学和艺术为基础，以系统科学为方法，融合多门学科于一体的现代学科体系。这门学科充分体现了科学性、艺术性和综合性的特点。

“广告”一词起源于拉丁语“Adverture”，意为吆喝以吸引或诱导人们注意，在 1300~1475 年的中古英语时期演变成为英语的“Advertise”，意为“引起人们的注意，告知某事”。这与汉语广告的字面含义——广而告之极为接近。到 17 世纪末，随着英国在世界范围内大规模商业活动的展开，广告一词便广泛地流行并被使用。早期的广告仅包含着唤起大众注意事物的意思，我国古文献中“鼓刀扬声、吹曲破卖”便是对其直观的描绘。而现代广告早已超出了口头广告、招贴广告、印刷广告的范围，广告的空间在不断扩大，其目的不仅仅是诱使人们注意购买商品，还为了树立产品的形象，提高企业的知名度，引导和培养新的消费观念和购买习惯，促进经济发展。由此可见，现代广告的含义已得到极大的丰富和拓展。

目前广告界还没有一个统一的、一致公认的定义，国内外较流行的定义有以下几个：

（1）我国《辞海》曾给广告作如下定义：向公众介绍商品、报道服务内容或文娱节目等的一种宣传方式。一般通过报刊、电台、电视台、招贴、幻灯、橱窗布置、商品陈列等形式来进行。

（2）英国《简明不列颠百科全书》对广告的解释如下：广告是传播信息的一种方式，其目的在于推销商品、劳务，影响舆论，博得广告者所希望的其他反应。广告信息通过政治支持，推进一种事业，或是使用各种宣传工具，其中包括报纸、杂志、电视、无线电广播、张贴广告及直接邮送等，传递给它所想要吸引的观众或听众。广告不同于其他传递信息的形式，它必须由刊登广告者付给传播信息的媒介一定的报酬。

（3）美国营销协会（AMA）对广告的定义是：广告是由明确规定主办人通过各种付费媒体所进行的各种非人员的或单方面的沟通形式。

当人类社会出现了商品生产和商品交换之后，为了推销商品，招揽顾客，广告应运而生。可以推算，至今它已有数千年历史了。但是，把广告当成科学，也仅仅是 19 世纪末的事情。1985 年，美国明尼苏达大学心理实验室的盖尔所开展的关于消费者对广告商品的态度与看法的调查研究，可以看做广告心理研究最早的工作，而更有影响的工作则首推美国心理学家斯科特的研究。在 1901 年底，他提出广告工作应发展成一门科学并且对此可大有作为的见解，并且陆续发表了一系列有关文章，还于 1903 年汇编成《广告理论》一书出版。该书的问世标志着广告学的诞生。

二、广告对品牌传播的作用

有学者在分析了 12 种关键的经常购买的消费产品品牌后得出结论：广告对忠诚购买者的购买数量增加很有效，但对赢得新购买者效果不佳。一方面，广告对引导忠诚度并不一定产生积累效果；另一方面，产品特点、陈列和物价比广告有更强的影响。有些人不同意这样的推理，国际市场调研协会（IRI）通过一组控制试验发现，如果仅仅用一年的时间来测试，广告的效果会被大大地低估，当广告信息与周围环境改变时，效果将更好。

还有另外一些研究证明了正面与负面信息的影响。消费者对负面信息产生的反应甚于正面反应等。在品牌成名之后，也不离开广告，品牌还须利用广告等宣传手段使消费者不忘记品牌及相关产品。

将品牌建立等同于广告宣传是最常见的误解。例如，"三株"口服液将标语写遍了中国的大江南北、农村城市，以为这样就可以在消费者心目中建立起自己的品牌。但事实证明这一做法是失败的，人们需要了解的是这一产品具有怎样的质量及能提供哪些性能，而不仅仅是记住它的名称。

与此不同的是，那些成功树立品牌的人却清醒地意识到，发展消费群体只是树立品牌这个庞大工程中的一小部分任务，单单依靠大规模的广告宣传很难促使消费者改变固有的消费习惯而购买自己的产品。从长远的角度来看，广告宣传并不足以赢得消费者的信任，要实现这个目标还需要调动更多其他因素协同作用。生产商与消费者之间的双向交流所带来的互惠学习便是迎接这一挑战的有效工具。同样，在公布 2002 年全球品牌价值评估后，《商业周刊》提醒企业，建立诚信的印象更重要。如果不能兑现广告中的承诺，广告反而会毁掉品牌。因此，即使是大名鼎鼎的，已经建立起诚信和可靠形象的品牌，也不能掉以轻心，而应小心地维护自己品牌的纯洁。例如，AT&T 公司虽然花费了数亿美元，大打迎合年轻顾客的广告并不断更新专利产品，希望借此改变其在大众心目中乏味、老土的印象，但是它并没能为新 AT&T 的亮相及时提供令人激动的新产品和服务。后果是其品牌价值减少了 30%，从世界前十名中跌了出去。

第二节 广告媒体组合策略

一、媒体传播的几个基础概念

1. 收视（听）率

收视（听）率，为转收某一特定电视节目或广播节目的个人数（家庭数）的百分数。

例如，假定某地区拥有电视机的家庭户数（个人数）为 10000 户，同一时间中，有 4000 户收看 A 节目，那么 A 的收视率为 40%；有 2000 户收看 B 节目，那么 B 的收视率为 20%。

2. 开机率

开机率为在一天中某一特定时间有电视的家庭（户）开机数目占所有拥有电视家庭的百分数。计算开机率要注意：开机率的大小因季节、一天中的时段、地理区域以及市场而有所不同，这些变化反映当地的工作习惯与生活形态。如清晨因人们去工作而开机程度较低。夜间人们回家时开机程度高，但随着深夜来临开机程度逐步降低。当炎热的夏天更多的人喜欢逗留在户外，开机程度随之降低，天气寒冷时开机程度又逐步增加。但应注意开机后随着时间和节目的变化，收视群体也在发生变化。据调查，电视与广播的开机程度是互补的，当电视开机率最低时广播开机率增加，反之亦然。

3. 节目视听众占有率

节目视听众占有率为收看某一特定节目开机率的百分数。

注意：节目视听众占有率并不表示拥有电视机的总家户数，而只意味着在某一特定时间那些“正在看电视”的家户数。

收视率 = 开机率 × 节目视听众占有率

4. 毛评点（GRP）

毛评点：为特定的个别媒体所送达的收视点总和。

毛评点 = 平均收视率 × 插播次数

注意：毛评点所送达的是总视听众，而不关心重叠或重复暴露于个别媒体的数量。

5. 到达率和有效到达率

到达率为“不同的”个人（或家庭）在特定期间中暴露于某一媒体广告排

期表下的人群。(计算“到达率”，对观众则不管他们看了多少个节目，也不管他们暴露于广告影片下多少次，都只计算一次。)

到达率通常以一个周期计算，电视、广播以四周为一个周期；平面媒体以特定的发行周期，月刊一般为 11~12 周；户外媒体的到达率以一个月为周期来计算。

6. 千人成本

千人成本是一种媒体或媒体排期表（SCHEDULING）送达 1000 人或“家庭”的成本计算单位。这可用于计算任何媒体，任何人口统计群体及任何总成本。它便于说明一种媒体与另一种媒体、一个媒体排期表与另一媒体排期表相比较的相对成本。千人成本并非是广告主衡量媒体的唯一标准，只是为了对不同媒体进行衡量而不得已制定的一个相对指标。

千人价格 = (广告费用 ÷ 到达人数) × 1000

或是，千人成本（CPM）= (单价 ÷ 收视率 × 人口基数) × 1000

二、排期表

广告排期表是进行广告活动的主要工具，横轴是时间序列，纵轴可以是不同市场投放对各个媒体的选择，也可以是在一个市场中的各个媒体之间交叉使用的组合情况，它能够大致地反映出一个企业在一段时间内的策略导向。以电视媒体传播的组合为例，按照效率追求方向，采用 15 秒+30 秒的广告组合交叉运用，则排期表见表 10–1。

表 10–1 按效率追求方向的电视媒体投放排期表

PATTERN 的运用													
		6 月	7 月	8 月	9 月	10 月	11 月	12 月	1 月	2 月	3 月	4 月	5 月
		旺季		平时		旺季			淡季			旺季	
	(材料选择)				重要节日				重要节日			重要节日	
重点市场/次要市场	15 秒												
	30 秒												
新市场	15 秒												
	(节目选择)	新闻节目			电视剧集				综艺或电影			随片	
	15 秒	√			√				√				

这样排期的原因：

（1）重点市场或次要市场：15 秒广告持续贯穿，产品优异点的强化并配合销售旺季刺激使用频次。30 秒广告配合旺季提升顾客对品牌的理解度和忠诚度，或者平日选择成本低的节目增加受众的偏好度。

（2）新市场：利用 15 秒广告选择重点城镇间隔投放。

其他与品牌有关的活动组合使用时，用排期表的方式表达见表 10–2。

表 10–2　相关活动组合排期表

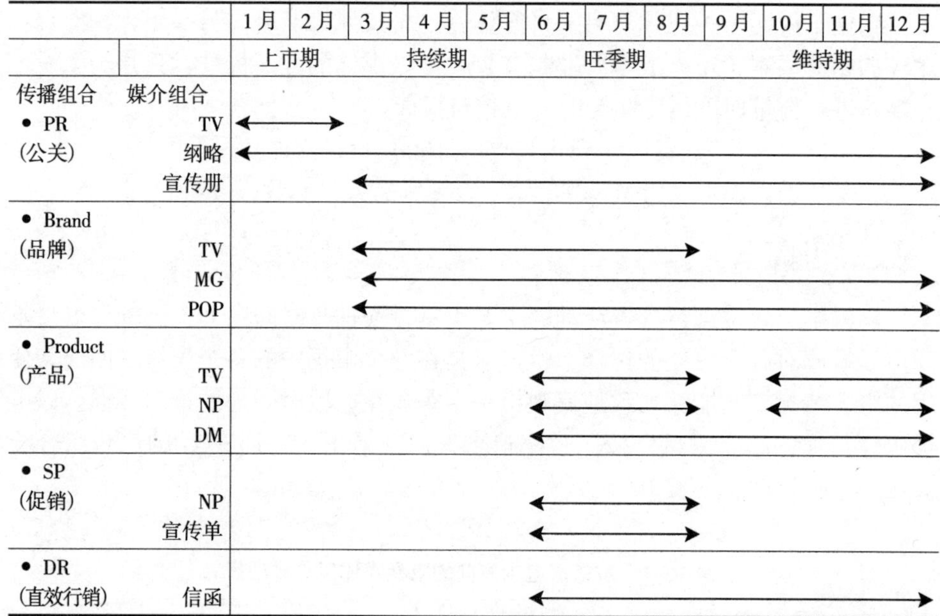

传播组合	媒介组合	1月	2月	3月	4月	5月	6月	7月	8月	9月	10月	11月	12月
		上市期		持续期			旺季期			维持期			
• PR（公关）	TV	↔	↔										
	纲略	↔	↔	↔	↔	↔	↔	↔	↔	↔	↔	↔	↔
	宣传册			↔	↔	↔	↔	↔	↔	↔	↔	↔	↔
• Brand（品牌）	TV			↔	↔	↔	↔	↔	↔				
	MG			↔	↔	↔	↔	↔	↔	↔	↔	↔	↔
	POP			↔	↔	↔	↔	↔	↔	↔	↔	↔	↔
• Product（产品）	TV						↔	↔	↔		↔	↔	↔
	NP						↔	↔	↔		↔	↔	↔
	DM						↔	↔	↔	↔	↔	↔	↔
• SP（促销）	NP						↔	↔	↔				
	宣传单						↔	↔	↔				
• DR（直效行销）	信函						↔	↔	↔	↔	↔	↔	↔

排期表的好处是比较直观，能够非常清楚地把各宗活动或媒体安排按照时间逻辑表达得非常清楚，因而在实务中的应用十分广泛。

三、广告媒体组合的原则

1. 战略性媒体与战术性媒体之间均衡的原则

媒体也有很多种分类，可以按照行业分，也可以按照企业规划的阶段分，按照企业规划阶段的分类是研究品牌创建过程中媒体组合最基础的分类方法。

媒介投放不能临时组织和实施，有些媒体的见效期很长，有的甚至要一年以上。对于一些主流的媒体，与之合作的方式的选择可能会涉及企业长期战略目标的制定，通常把这类能够影响企业战略的媒体叫战略性媒体。战略性媒体的选择需根据企业的战略安排和品牌长期成长需要进行专门的规划，具有长期性和稳定性，企业一旦与某种媒体形成战略性合作关系，是不能轻易变更的。

仅有战略性媒体是难以满足品牌推广的全部要求的，因为品牌的推广还需要根据季节变化、竞争态势和促销活动来调整媒体投放的策略。所以，还要有足够的灵活性。这种对于企业而言完成战术性安排的媒体，叫做战术性媒体。战术性媒体是根据企业的短期策略而进行的比较选择，以灵活、适用为选择原则，可以做因时因地的变化和不拘一格的选择。

进行媒体的组合，一定要贯彻战略性媒体与战术性媒体之间相互补充的原则，以确保整个组合的均衡性。

2. 媒体组合的覆盖特点与目标人群的受体特征之间要求一致的原则

不同媒体的覆盖特点是不同的。比如电视的覆盖率高，但信息量太大，因而观众平均接受的有效信息就十分有限。而杂志的覆盖率低，但相对成本较低。所以，必须根据不同的品牌推广阶段的不同，选用不同的媒体组合，用更合适目标人群特点的媒体与不同的目标顾客进行沟通。再者，不同受体的特点也是大不一样的，机械设备的专业广告刊登在小说杂志的封面上，其效果可想而知。因此，媒体组合的覆盖特点一定要与目标人群的受体特征相一致。

近几年新出现的一些媒体，像网络广告、彩信广告等，都是企业应该关注的。因为新的媒体背后一定有一批新的目标人群。当面对新的目标人群时，这些新型的媒体可能就是最优选择。

3. 投放时间的长度和投放频度相匹配的原则

投放时间周期的长度是指媒体品牌信息的传播从开始到结束的总投放时间。没有具体的要求，可以是 1 年，也可以是 1 个月。投放频度则是指单位时间内广告投放的密度。比如，6 月是旺季，每天投放 10 次，10 月是淡季，可以降低频度每天只投放 2 次。

投放强度有三种方式可供选择：连续式投放、栅栏式投放和脉冲式投放。连续式投放是一种稳定的投放方式，因为它没有随季节及竞争态势变化而变化的能力，因而一般很少单一采用。栅栏式投放是不连续的投放方式，根据自己的预算和需要，断断续续地投放，这样的投放方式很难进行科学的预测和分析。脉冲式投放则是连续式和栅栏式投放的综合形式。基本综合了连续式和栅栏式投放的优点，使得投放时间的长度和投放频度相匹配，因而为品牌推广的媒体组合中首选的投放方式。

除了以上的媒体组合原则之外，单个媒体的选择也很重要，需要通过对媒体整体效果与单位成本之间的比较来判断媒体的性价比。通常情况下考虑两个重要指标：目标受众的覆盖率和覆盖的相对成本。其中，目标受众的覆盖率是至关重要的。表示媒体对目标人群的覆盖能力。当然覆盖率越高越好，但在现实中，覆盖率高的媒体价格一般很高，所以，一般企业都会考虑细分出目标人群，分析目标人群的受众特点，再选择覆盖率高而相对成本较低的媒体。这样就有了第二个指标的约束——覆盖的相对成本，一般用千人成本（CPM）来表示，即信息覆盖 1000 人的费用。

覆盖率与千人成本之间的比值是比较媒体性价比的关键指标。比值越高，代表着覆盖与成本之间相权宜，在此问题上需注意本末倒置和高举高打的两种危险做法。对媒体组合而言，有效覆盖是第一位的，如果放弃这个目标而只图核算，就犯了本末倒置的原则错误，实践中是很危险的。而高举高打的风险一定也不亚于本末倒置，高投入下的高覆盖会有相当部分面对的不是目标人群，这也就是为什么很少见到专业广告在大众媒体上出现的道理了。

四、媒体广告投放的预算

下面讲述的几种计算媒介预算的方法，都有一个共同的前提：假设制定媒介预算的年度的企业宏观和微观环境跟前一年度的环境一样，没有发生任何变化。

1. SOV = SOM 法

根据某一产品的广告占有率等于市场占有率，即 SOV = SOM，确定媒介预算。

公式为：

$$SOV = \frac{某品牌在某时段的广告投放金额}{该品类在某时段的广告投放总额} \times 100\%$$

$$SOM = \frac{某品牌在某时段的销售量/额}{该品类在某时段的销售总量/额} \times 100\%$$

可得：BUGET = SOM × 该品类在某时段的广告投放总额/100%

2. BDI = CDI 法

根据某产品的品牌发展指数等于品类发展指数，即 BDI = CDI，确定媒介预算。

$$BDI = \frac{在某时间内某品牌在某地区的广告量 \div 该品牌总体的广告量}{该地区人口数 \div 总体人口数} \times 100\%$$

$$CDI = \frac{在某时间内该品类在某地区的广告量 \div 该品类总体的广告量}{该地区人口数 \div 总体人口数} \times 100\%$$

可得：BUGET = (CDI × 品牌总体广告量 × 该地区人口数) ÷ (100% × 总体人口数)

3. GRPS 法

通过确定消费者对产品信息认知所需要的媒介传播量，再把媒介传播量转化成媒介预算。首先要从营销的角度出发确定广告活动所要到达的接触广度（REACH）、平均接触频次（AV/F），再根据各地的媒体成本（CPRP）得出当地的媒介预算。将各地的媒介预算加总，即得到总体的媒介预算。

基本公式为：

GRPS = REACH × AV/F

BUGET = GRPS × CPRP

例：某品牌北京地区 2013 年 1 月的媒介目标是：

REACH + 1 = 75%

AV/F = 5 次

北京地区黄金时段 15 秒的平均 CPRP = 1900

那么北京地区 2013 年 1 月的广告预算为：

BUGET = 75 × 5 × 1900 = 712500（元）

4. 比值法/投资效益法

首先计算整体品类的广告投放额与整体品类的销售额的比值，然后根据本品的预期销售额得出媒介预算。

$$I = \frac{\text{品类的广告投放额}}{\text{品类的销售额/量}} \times 100\%$$

可得：BUGET = I × 本品预期的销售额/量

当然，由于这些方法各有不同的优劣势，因而企业在制定媒介预算时，要根据自身的具体情况，因地制宜地选用合理的方法，并可以使用多种不同的方法来综合考虑，制定出一个比较科学、合理的媒介预算。另外，在确定媒介预算时，往往还要考虑到企业的营销策略、广告意图、竞争压力、市场环境等因素，所以制定出预算后，还要适当进行调整。

第三节　其他类型的广告

一、植入广告

（一）植入广告的概念与起源

“植入广告”（Product Placement）是指把产品及其服务具有代表性的视听

品牌符号融入影视或舞台产品中的一种广告方式，给观众留下相当的印象，以达到营销目的。"植入式广告"是随着电影、电视、游戏等的发展而兴起的一种广告形式，它是指在影视剧情、游戏中刻意插入商家的产品，以达到潜移默化的宣传效果。

消费者对显性广告的注意度和信任度不断下降，植入式广告顺势而生。广告要取得好效果，首先要吸引消费者的注意，显性广告令人应接不暇，受众对显性广告的注意度和信任度不断下降。

植入式广告的最大特点就是它构成了节目的一部分，把商品品牌和产品信息巧妙地插入节目中，使观众在没有任何戒备心理的情况下，不知不觉地接受广告信息的刺激，这种广告效应是显性广告所达不到的。

有据可查，最早的植入式广告是1951年由凯瑟琳·赫本和亨莱福·鲍嘉主演的《非洲皇后号》，影片当中明显地出现了戈登杜松子酒的商标镜头。1982年，美国导演史蒂芬·斯皮尔伯格执导的《外星人》中，小主人公用"里斯"的巧克力吸引外星人的画面已成为植入式广告的一座里程碑。其后007系列电影对欧米茄手表、宝马汽车的宣传，《黑客帝国》对三星手机、喜力啤酒、凯迪拉克汽车的推广，无一不表征着植入式广告的异军突起。

在国内，20世纪90年代由葛优和吕丽萍主演的《编辑部的故事》首次采用了类似植入式广告的表现形式，当时在剧中播出了百龙矿泉壶的随片广告。而令植入式广告作为全新的广告形态为国人所熟知的是电影《天下无贼》。

（二）植入广告的理论基础

植入广告的理论依据是品牌信息的阈下知觉与隐性传播理论，与人的感觉阈限一样，是感知和认识事物的能力，人也是有一个明确的感觉阈的限制。

（1）感受性。反应刺激物的感觉能力，叫做感受性。

（2）绝对阈限。能被感受器觉察到的最小刺激值，叫做绝对阈限。

低于意识阈限的刺激，人们不能清楚地意识到，但仍然会有反应，这种情形叫做阈下知觉，而刺激强度在意识阈限以下的广告，或者说，符合阈下知觉传播的广告形式就是隐性广告。植入广告就是这种隐性广告的代表方式之一。

（三）植入广告的植入方式

根据植入广告的植入对象，植入手法划分为道具植入、台词植入、剧情植入、场景植入、音效植入、题材植入、文化植入等方式。

在电影《手机》中，所有演员使用的全是摩托罗拉手机，这就是典型的道具植入。2009年春晚小品《五官新说》中："星期二喝二锅头，星期五喝五粮液，星期六喝金六福，那么，星期四呢？还可以喝四特酒嘛。"就是比较典型的台词植入。

《疯狂的石头》中，道哥吃着康师傅方便面，给黑皮和小军讲解作战计划；包头拿着谢小盟的相机镜头盖，说："耐克？耐克也出相机？"而后，镜头迅速摇向尼康相机镜头盖，这是剧情植入。在《非诚勿扰》电影中，杭州西溪湿地的植入是一个场景植入的很好的例子。

（四）植入式广告的优势

总的来说，植入式广告具备"三高两低一持久"的独特优势，即广告有效到达率高，广告媒体曝光率高，广告口碑传播率高，广告投入成本低，广告干扰度低，影响的持久性。这些优势归结起来，就能够形成强大的品牌渗透力。

此外，植入广告还具有其他方面的优势。

植入式营销效率超过其他形式的广告。它通过生动的场景、明星的示范，直接切入普通人的生活，在不留痕迹中给人清新感觉，轻易达到"润物细无声"的功效，从而影响或改变受众，符合媒体和消费者双方的利益，且性价比高。

（五）植入广告的劣势

由于产品常常是植入到影视剧情当中，不像传统广告那么直接明显，观众常常只关注到情节而忽略了产品，还是有很多植入式广告没有起到预期效果。

最主要的问题是它会分散观众注意力，画面里突然出现一个观众很熟悉的品牌标志，或者品牌的表现和日常生活经验不一致，观众的注意力就会被吸引过去，分散了观众对情节的注意力。而且，商品的功能和品牌的内涵受电影限制无法充分或正确地表达。在故事情节中大量植入没有直接联系的商品，会显得生硬，且还会影响品牌形象，商品的功能或品牌的内涵自然得不到充分和正确的表达。再者，若植入式广告的合法性遭到质疑就会增加广告主的风险，电影广告化甚至会伤害到消费者的利益。对于隐性广告是否真的误导受众，需要依据具体情况合理判断，不能一概地认为隐性广告都意在误导，但现实中确实存在大量的恶意误导受众的隐性广告。

（六）植入广告运用中需要注意的问题

（1）植入广告不适合深度说服，不适合做直接的理性诉求或功能诉求。

（2）不是任何企业和产品都可以做植入式广告，一些缺乏知名度的产品或处于导入期的品牌是不适合做植入式广告的。

（3）要始终坚持"节目第一，广告第二"的原则，一个好的植入式广告，宣传的商品和品牌必须贴近节目，融合到节目之中，不能为了植入广告而杜撰情节。

（4）植入广告还要与常规广告相互配合，才能发挥出好的效果。

二、名人代言广告

（一）名人代言的概念

所谓名人代言是指由名人在商品品牌传播过程中充当商品代言人的行为。包括名人广告、形象使用等概念。名人可以是影视明星、体育明星、政治家等，只要是具有一定知名度的人，就可以称为名人，从信息传播的角度看，名人就是说服过程的信息源，又叫广告源。

名人代言是常用的一种营销工具，利用名人代言的形式能够将名人的容貌、气质、地位等特质按照移情效应转移到品牌上，成为品牌内容的一部分，由于名人的行为有示范性，隐含着生活方式的号召力，对消费者有很强的吸引力和示范作用，能够引发消费者的模仿行为。另外，品牌个性的拟人化有赖于名人代言的具体化，名人代言有利于培育出品牌的内涵。

（二）名人代言广告的运作过程和要点

名人代言广告的运作过程并不复杂，大致需要经过邀请、协商、一致化筛选、脚本设计、实施等几个步骤，其中，最重要的一个环节就是一致化筛选，即在选择名人时要求对品牌个性和所要对消费者的诉求信息与名人形象及专业性之间是否一致作出判断，然后预先构思和设计诉求，使得二者自然紧密地相连，并保持一致，这是脚本设计的基础，二者之间的联系越紧密就越容易被消费者理解，适当含蓄也能起到意想不到的效果，但二者之间距离太远就很难一致化了。如某农产品品牌请袁隆平代言、运动鞋品牌请刘翔代言等，都是非常直接的一致化。

（三）名人代言的局限性

名人代言的局限性体现在如下两点：

（1）通过名人代言能迅速提高受众对品牌的注意和喜欢程度，但对购买行为和购买意向的影响不大。有很多相关的实证研究表明，消费者越是成熟的市场，名人影响力越小，随着我国消费者的不断成熟，以及对市场管理的不断完善，名人代言能发挥的作用也在明显地减小。

（2）品牌个性还没有完全形成之前，名人有可能影响甚至覆盖品牌。对于导入期的品牌，尤其是还没有知名度的品牌，此时引入名人是希望借助名人的知名度，尽快提高其品牌的知名度。但事与愿违的是，此时的品牌与名人的知名度还很不对等，也没有品牌个性，一旦采取名人代言，其结果多是品牌被名人覆盖，因此，在品牌导入期使用名人代言策略需要格外慎重。

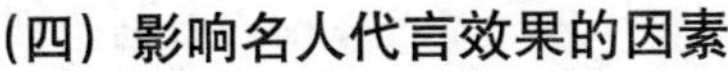

(四) 影响名人代言效果的因素

1. 名人自身的品德问题

名人自身若出现有关道德方面的负面问题，其所代言的品牌也难脱牵连，如美国影星莎朗斯通在“5·12”四川大地震时，公开发表不负责任的言论，引起中国人民的强烈不满，她所代言的 Dior 品牌也受到影响，遭到抵制，无奈之下，Dior 取消了与莎朗斯通的合作。

2. 名人的专业性与代言品牌的一致性问题

名人可以按照其知名度的高低或是所从事的领域分成很多类型，如影视明星、体育明星等，而他们所代言的品牌有些是专业性很强的产品品牌。在选择名人代言时一定要考虑名人与该品牌对消费者的诉求是否一致，一旦出现名人专业性与代言品牌不一致的情况时，便会产生一种错位的现象。如选择航天员为某奶制品品牌代言，可以通过航天员身体健康与奶制品使人健康之间的关联来完成一致化。而选择一个运动员为化妆品品牌代言就很难找到一致的诉求。

3. 名人代言过度的问题

有些名人，尤其是影视名人，由于适用范围大或其他一些原因，使用名人的形象过于频繁，在公众面前，众多品牌同时使用一个名人代言会对消费者造成一种混淆，从而严重影响名人代言的效果。

4. 过于频繁地更换代言人

尤其是一些在成长期里的品牌，频繁地更换代言人是常事，更换代言人有时可以带来短期的收益，比如说追逐时尚或是给消费者新鲜感，但这样不仅使品牌个性难以坚持，更有碍于品牌内涵的形成。

可口可乐的广告史

20 世纪 20 年代的美国，充满了对乡村生活的向往与留恋，“生活中的方方面面都在日益变得急速和疯狂”，人们开始提倡“返璞归真，重过简朴的乡村生活”。可口可乐迅速登出广告作呼应，带着浓厚乡土气息的农村女孩子和广告中通常出现的上流社会人士形成鲜明对比：一个刚刚擦洗干净的乡村女孩留着男孩式的短发，草帽套住脖颈背在身后，用麦秸秆儿吸瓶中的可口可乐，“你喜欢她是确定无疑的，就像阳光和新鲜空气使你口渴一样”。从某种意义上说，可口可乐的广告是美国民众心理和需求的折射。

1929 年，可口可乐伟大的管理者罗伯特·伍德罗夫建立了一所冷饮柜店员培训学校，推销员在那里学习怎样准确地调制最佳的可乐、核定碳酸度等，包括可口可乐若不加冰喝起来口味就不好这一重要原则。授课员甚至编出帮助推销员记忆的顺口溜："冷饮冷饮，冷才好饮，冷才好卖。""冰冻之后的可乐更好喝。"

1968年，由于遭受越战陷入困境的重大挫折，美国国内矛盾重重。可口可乐人拼命寻找一个全新而统一的主题。心理调查显示：年轻人鄙视伪饰和欺骗，看重坦白、自发的情感。基于这些调查结果，可口可乐重新拾起1942年的一条旧广告词，策划了"真品"广告运动。这个主旨正是反文化群体一直寻找的可靠、自然的美德。配合真诚歌词的可视画面构成了静态的纪录片形式。1969年10月，第一批"真品"电视广告问世。其中有一则摄于曼哈顿，一群黑人和白人青少年在打篮球——这是第一个真正打破种族界限的可口可乐电视广告。镜头接着横越美国，表现出平静的泥土路。农场上的风车、小木屋、漂亮的少妇、美国国旗、加州的沙滩，等等。广告暗示说，这才是真正的美国，并非晚间新闻上的暴力和不协调画面。虽然这些广告有很强的革新性，它们仍坚定地建立在可口可乐的传统之上。

1969年后期，可口可乐的"真品"广告充斥了所有电台，同时公司也在做一些外观上的改善工作。纽约利平科特 & 马古利斯公司为可口可乐创意了一个长方形标志，其中那白色"动感飘带"与窄裙瓶轮廓交相辉映，飘扬在悠久的手写体商标名之下，广告语则改成了"请喝可口可乐"。

1979年6月，面对百事可乐增长近3个百分点的严峻现实，可口可乐掀起了一场引人入胜的新广告运动。"兴奋的年轻人说道，'它给我美好的感觉，它让我神清气爽，喝杯可口可乐笑一笑'。"他们跳起了劲舞，可口可乐也嘶嘶地应和，广告获得巨大成功。"我喜欢看到，世界同我一起微笑。""美国人的微笑也能完全为可口可乐所有"，"它总是发自对产品本身的喜爱"，新的可口可乐广告把产品描绘成英雄——"可口可乐带来了笑容。"

从可口可乐早期的广告作品可以看出，无论何时，可口可乐始终在塑造一种精神，来表达人们对于生活的热爱和对美好未来的追求。

提到可口可乐的广告就不能不提及百事可乐与可口可乐的对弈。1963年，百事可乐推出了令人印象深刻的新广告，对消费者进行直截了当的召唤："动起来！动起来！你是百事一代！"利用新科技，选用加利福尼亚的孩子而非职业演员做主角，还把百事可乐自动售货机放在直升机上飞来飞去——这些新颖的广告把百事饮料和出生于婴儿潮时期的青少年以及肯尼迪就职演说中倡导的"新生代"联系了起来。

这则广告成了日后百事可乐和可口可乐广告大战的开端。百事可乐的广告粗犷、花哨，还利用性感挑逗。它注重的不是产品而是消费者。如果你喝百事可乐，你就是时髦，是新生代的一员。百事可乐利用贴近生活的广告，赢得了

7500万名婴儿潮一代的支持。可口可乐的广告总是聚焦于饮料本身。虽然它们的确把生活融入了产品本位的主题，但广告的中心位置依然摆放着一瓶可口可乐。真正的明星是饮料，而非那些演员。

可口可乐是美国文化最突出的代表之一，甚至一度被世界各国称为“文化侵略”最强有力的工具，从欧洲到亚洲、拉美，遭遇过共同的抵制，但可口可乐所蕴藏的自由、开放、欢乐的生活气息始终未曾改变。

自1978年进入中国，可口可乐即一直在探索与中国传统文化的契合，近年来，“胖阿福”的形象堪称经典，迅速地将可口可乐的欢乐气息播撒至中国大地，北极熊、红风车的形象更不用说，应该说，可口可乐国际化广告路线与中国传统文化的融合达到了一个前所未有的高度。

然而，2004年，出现在电视荧屏的一系列可口可乐广告却让人难以把握其脉搏。在今日看来，这些戒律也许烦琐而过分拘泥于形式，可在很长一段时间里，它们得到了很好的贯彻和执行，最终形成了可口可乐独特的品牌个性和品牌精神。而今日的可口可乐，戒律不再。几则广告过后，可口可乐国际化的形象已经荡然无存，与“Always Coca-Cola”的精神相较，“要爽由自己”尤显苍白无力，北极熊渐行渐远，雪地上的红风车已经残破，逐渐暗淡。

2004年5月，美国的《福布斯》杂志评选出美国最具价值的公司品牌。在对公司的声誉、管理、革新能力及人力资源等基本项目进行综合评估之后，总共有25家公司品牌上榜。百事集团位列第十，而可口可乐公司则跌出了前十名，位列第十三。

早在20世纪80年代，一场新旧可乐的战役就曾经挑战过人们对于品牌的忠诚度，400万美元换来的是传统的回归，抛开产品线延伸的对与错不谈，今日的可口可乐广告正在成为百年品牌的破坏者。策略飘忽不定、消费者定位模糊、试图争取最大多数的消费者成为新版广告的最大弊病，更是在挑战忠诚消费者对品牌的心理认同。

资料来源：百事可乐与可口可乐的往时今日［EB/OL］. 中国管理培训网，2011-09-15.

从别克品牌传播看其本地化成功之道

2004年3月上旬，一则60秒的黑白广告开始出现在全国众多电视台的黄金强档节目中，这就是上海通用汽车全新别克品牌形象广告。片中以“逗号”为诉求点，表现当代中国人在“成就”、“杰作”、“纪录”、“荣耀”面前，锐意进取再求超越，从而揭示别克品牌的精髓——“心静，思远，志在千里”。这则广告是“别克”成为旗下四大车系（君威、凯越、陆上公务舱和赛欧）母品牌后的新宣示，无论从立意上，还是表现手法上，都能看出它是别克品牌融入东方文化和时代精神的一种传承与升华。而回顾别克根植中国6年来的一则则经典广告，了解广告背后的底蕴，更会看到其品牌传播和品牌发展一以贯之的中国之道。

推球篇：用当代精神造当代车

上海通用汽车在1998年底下线了第一辆别克“新世纪”，也推出了第一则广告——“推球篇”：辽阔的土地上，有一群人，正以排山倒海的力量推着一个巨大的金属球前行，众志成城的气势、百折不挠的精神，使人联想到中国古代寓言中的愚公移山。据上海通用汽车市场营销部执行总监孙晓东介绍，别克自来到中国之日起，就开始了产品本土化生产、开发与设计的历程，同时也踏上了一条与东方价值观、文化理念相融合的品牌打造、传播之路。

“当时，外界有一种偏见是‘中国造不出好车，好车不来中国’，同时别克品牌的知名度也很低，仅有一种车型。所以，我们决定用企业形象来带动品牌，在广告中提出了‘当代精神当代车’的口号，强调‘别克来自上海通用汽车’，就是要告诉世人，一个团结进取、志向高远的世界级企业，要在中国建造世界级的品牌。”孙晓东说，“当代精神当代车”也激励上海通用汽车胸怀使命感，做前人未曾做过的事业：不到4年时间就进入中国汽车前三甲，成为中国首家批量出口乘用车和向西方销售高档大排量发动机的企业；建立上海通用东岳汽车有限公司，兼并金杯通用，在中国汽车业开创合资企业主导兼并重组的先河；连续两年被评为中国最受尊敬企业，是中国汽车业唯一进入前十名的公司。

水滴篇：别克带给国人信心

1999年4月，上海通用汽车正式投产三款中高档别克轿车。此前，在中国市场上只有桑塔纳和捷达两款主流车型。国人对合资产品的质量充斥着不信任。上海通用汽车在这个时期推出了“水滴篇”广告，画面中的别克穿行在雨后湿润的森林，水滴从空气中不断落下，但怎么也落不到别克优雅的车身上去。与此同时，一句“不允许有任何水分”的广告语，用最中国化的常言俗语表达了世界级的质量观念。“这是一则既讲产品理念又讲企业理念的广告，我们希望通过它给消费者以信心。‘不允许有任何水分’是对‘中国造不出好车’的有力回应，是上海通用汽车要在中国打造世界一流别克品牌的誓言。”孙晓东介绍当时的策略。

“不允许有任何水分”的精神一直在延续，上海通用汽车用它来打造品牌，培育团队，建设体系。今天的上海通用汽车，是中国汽车工业首家通过

QS9000 认证的企业；是 GM 全球五大样板厂之一；引进并发展了精益生产概念，拥有世界一流的制造体系和质量管理体系；坚持“质量是制造出来的”和“不接受、不制造、不传递缺陷”的质量原则，并将质量体系向供应商和经销商两端延伸。

V6 篇：品牌文化渐入东方佳境

随着上海通用快速推出新车型，拓展新的细分市场，别克产品不论在外观设计上，还是功能诉求上，都更接近中国消费者的使用和审美需求。而对于品牌打造和传播上的挑战在于使其既突出产品特色，又符合别克总体的定位。因此从这时，上海通用开始思考别克品牌的主要消费族群和品牌价值诉求的问题。汲取中国文化精髓，悉心探索中国消费者的心灵，上海通用汽车在别克本土化的浴火重生中，使品牌越来越彰显东方意境，逐渐提炼出别克品牌的核心价值和品牌精髓。通过几年的市场积累和印证，上海通用汽车认为 V6 发动机是别克产品与其他竞争产品相比的一个差异化优势，因此在 2002 年推出了 V6 发动机的广告。这则广告表现了别克 V6 发动机的宁静、顺畅和动力澎湃，也象征着别克车主沉稳内敛，志向远大，内心涌动着激情。V6 发动机“心静，思远，志在千里”这句经典广告语就是从中国“淡泊明志，宁静致远”的古训而来。“心静，思远，志在千里”反映了一种大胸襟、大视野，因此已上升为今天的别克母品牌口号。

荷花篇及其他：品牌多重契合中国人心灵

一辆君威轿车行驶在水墨画般的荷花池边，发动机的安静居然没有打扰一只挺立在尖尖小荷角上的蜻蜓。车停了，蜻蜓最终飞落在君威的车标上。在这则广告中，一句“在动静中融智慧，于无声处见君威”树立起高洁、大气的君子之风，把别克品牌的东方神韵体现得淋漓尽致。

经过几年的积淀与淬炼，以世界先进技术筑造产品筋骨，以中国文化精髓塑造品牌灵魂，越来越成为别克品牌的特质。如较早之前为配合 GL8 上市而推出的广告“小鹿篇”，提出“有空间就有可能”，贴合商务人士的需求，激励他们事业的发展；之后的“陆上公务舱”更是摸准中国公商务精英的脉搏，准确地将 GL8 定位成高档豪华 MPV 的典范。赛欧虽然是“10 万元家庭车”的倡导者，但它瞄准着年轻的白领，其所倡导的优质新生活理念与别克的进取精神一脉相承。更有别克君威和别克凯越，一个启悟于中国古代的仁智思想，弘扬“心致行随，动静合一”，一个顺应时代潮流，主张“全情全力，志在进取”，其品牌理念分别与这个社会成功人士、中间阶层的心理需求同频共振，其品牌 DNA 也构成了别克母品牌“大气沉稳、激情进取”的个性。在品牌文化建设上，上海通用汽车还让君威与中国书法艺术和西洋钢琴艺术结缘，让凯越在务实上进、为事业打拼的年轻人实现汽车梦的舞台剧中诞生，充分传达了别克的品牌精神。

逗号篇：别克锐意进取的宣言

随着别克旗下君威、凯越、赛欧和陆上公务舱各自品牌定位的清晰，也着眼于与其他品牌形成差异化区隔，强化和深化别克母品牌的个性与核心价值被提上战略日程。2004年3月，上海通用汽车大力推出了全新别克品牌形象广告“逗号篇”，引起业界与社会的广泛关注。在这则广告中，有登上顶峰的体育健儿，有荣耀在身的商务俊杰，还有喜获丰收的淳朴农民，一幅幅让观众感到亲切、振奋的画面，最终都有一个“逗号”呈现，本应该完结的事物却因为逗号而延伸出更深远的意义。在上海通用汽车别克品牌总监任剑琼看来：“别克从来都是一个追求卓越、追求超越的品牌，我们用一个又一个逗号承前启后，串成别克的品牌链，成为锐意进取的精神符号。”

这就是别克品牌“心静，思远，志在千里”的新宣示。它昭告世人，在别克系列产品仅用5年销售就达到45万辆的时候，在别克未经提示的品牌知名度从最初14%达到现在83%的时候，别克远没有满足，志在成为深受中国消费者认可和拥戴的优势品牌。而这需要进一步解读市场，提高国际化与本土化的创新整合能力，全面打造体系竞争力。明天的别克，将挟大气现代的设计、动态舒适的科技和“别克关怀”服务，加速驶向新的里程碑。

资料来源：http：//doc.mbalib.com/view/9d89501431f1c66100f7840866f752f2.html.

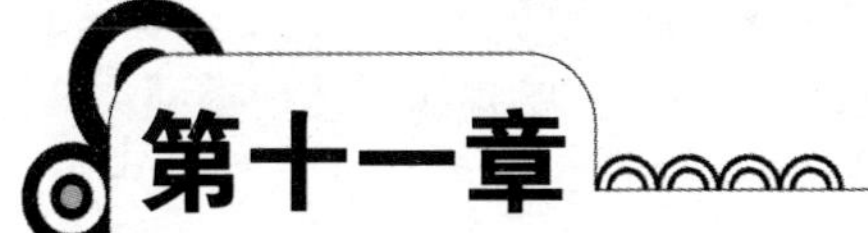

第十一章 公共关系活动

对于品牌运营而言，公共关系是至关重要的，一个团队的公关能力主要体现在能否抓住转瞬即逝的良机。在品牌运营中，公共关系活动主要用于品牌美誉度的获得，以及品牌危机的处理。而所有品牌公关策划都是对着品牌自传播而去的。

第一节 公共关系基础知识

随着企业对品牌认知程度的提高，实践中塑造和提升品牌的手段和方法也逐渐丰富起来。公共关系因为在信息传播、沟通等方面的特殊作用，更是被越来越多的企业应用到品牌塑造的实践中。

公共关系通过为企业挖掘有新闻点的报道，进行新闻发布以及举办各种各样符合企业发展要求的活动等，可以向公众提供品牌的诸多信息，包括其品牌产品的特点、品牌的特征、品牌的内涵，甚至于品牌文化的传播，从而引起公众对品牌的关注，以及提高品牌忠诚度。另外，企业在发展的过程中，需面对各种纷繁复杂的关系，包括如何处理同业竞争者、合作伙伴、消费者、政府和媒体等的关系。相对于广告等其他形式的工具而言，公共关系在正确地处理这些关系方面起着更为显著和重要的作用。

一、基本概念

“公共关系”源自英文的 public relations，其中 public 意为公共的、公开的、公众的，relations 即关系之谓，两词合起来用中文表述便是公共关系的基本含义，在实际应用中简称“公关”。

公共关系的源头可追溯到古代社会人类文明开始的地方——古埃及、古巴比伦、古波斯和古中国等国家。发展至今，公共关系仍然没有唯一的准确定义，由于每个人的认识角度不同，对公共关系内涵的理解也各异，于是就形成了许许多多的公共关系定义，在众多的公共关系定义中，主要有如下几种类型：

（一）管理说

管理说的定义突出公共关系的管理属性，把公共关系看做与计划、财务一样的管理职能，其中美国人莱克斯·哈洛博士的定义便是典型代表。他认为，公共关系是一种特殊的管理职能，它帮助一个组织建立并保持与公众之间的交流、理解、认可与合作，参与处理各种问题与事件，帮助管理部门了解民意并对其做出反应，确定并强调企业为公众利益服务的责任，作为社会趋势的监视者，帮助企业保持与社会同步，使用有效的传播技能和研究方法作为基本工具。

（二）传播说

传播说集中体现了公共关系的传播属性，这一类定义强调公共关系是一种特定的传播管理行为和职能，认为公共关系离不开传播沟通，其定义是，公共关系是一个组织与其相关公众之间的传播管理。

（三）关系说

关系说认为公共关系是公众性或社会性的关系或活动。这种观点认为，关系体现公共关系的本质属性，公共关系是一种特定的社会关系，正确认识公众关系、处理公众关系是开展公共关系的出发点和归宿。美国普林斯顿大学的资深公共关系教授希尔兹认为，公共关系就是我们所从事的各种活动所发生的各种关系的通称，这些活动与关系是公众性的，并且都有社会意义。

（四）艺术说

持这种观点的人认为，公共关系还只是一门不精确的学科，许多公共关系问题不存在唯一正确的答案，公共关系在实际运作中要讲究创造性、讲求形象思维，需要从整体上来把握公共关系及其工作，因此，公共关系是一种艺术。

二、品牌塑造过程中公共关系的职能

公共关系作为品牌塑造的一种工具，发挥着特定的功能和作用。公共关系的基本职责包括收集信息、辅助决策、传播推广、沟通协调四大项。

（一）收集信息

企业公关密切地关注公众对于品牌的认知情况，对于企业形象的评价和印象以及消费者对产品的价格、性能、质量、用途等方面的主要看法等。通过了解各个方面的信息，收集并分析与企业塑造品牌有关的信息，发现与企业形象塑造有关的事件，在相应的时机采取应对措施，从而树立和提高企业的品牌形象。

（二）辅助决策

采集的信息只有在经过系统地整理和分析后，进行预测趋势时，才能真正发挥其作用。通过公共关系收集的信息要能够预测政府决策趋势，预测社会环境变化趋势，获得更大发展空间；监测竞争对手发展动态，洞察竞争对手的公关状态，分析其优劣势所在，预测其发展动向，同样是公共关系的重要工作。

（三）传播推广

企业可以广泛地利用新闻媒介、社会公益、体育赛事等活动进行品牌宣传。企业快捷的服务、优良的产品、一流的管理、科学的操作呈现在公众的面前，促使公众了解并接受反馈意见。在企业和受众之间形成互动，提高企业形象宣传的力度。通过公关、宣传让社会公众了解企业的产品和服务、经营观和价值观，对品牌产生深刻的印象。

（四）沟通协调

在品牌塑造的过程中，公共关系在处理好企业外部的关系方面，发挥着重要的作用。通过公共关系可处理好企业与消费者、新闻媒体、渠道商、供应商甚至政府之间的关系，获得他们的理解和支持。公共关系的实质即通过沟通协调化解公关主体的组织和公关对象之间的种种差异和矛盾。由于他们在信息的掌握上总是不对称的，因此，摩擦和冲突在所难免。这就要求企业公关部门充分运用各种有效的交际手段和沟通方式，发挥其协调功能，协调内外关系，努力减少摩擦。

三、品牌塑造过程中公共关系的作用

（一）树立良好的品牌形象

良好的品牌形象可以为企业赢得良好的口碑，可以唤起和激励员工的自豪感、荣誉感和责任感，不断释放自己的潜能，使企业充满无限活力。所以，运用娴熟的公关技巧塑造企业的品牌形象就显得至关重要。当公众对品牌缺乏认识和了解时，公关应主动地宣传自己、介绍自己，促进公众的认知和了解，当品牌有了基本的公众印象及良好的评价之后，企业公关应继续努力强化这种良好的舆论态势，使品牌形象深入公众心中，当公众对品牌的评价游离不定、好坏莫辨时，组织应谨慎地发挥引导作用，使舆论尽可能向有利于品牌建设的方向发展。品牌形象受损时，组织应该根据不同情形采取相应措施。如果是因组织自身的失误危害了公众利益，就应该本着诚实、真诚的态度，尽快采取补救措施，将损失减少到最低限度。

（二）提高品牌的知名度

实践证实，公关是提高企业品牌知名度的重要手段。企业通过持续的公关宣传活动，让媒体的报道来增加品牌的可信度和亲和力，从而逐步提高品牌的知名度。同广告形象策划方式目的性强、指向性明显、具有很高的时效性，又要有较高的覆盖率、能在极短的时间内迅速形成媒体的知名度的特点相比较，公共关系对知名度的提高更有长期性、持续性等优点。同时，公共关系的手段多样化，对于品牌知名度的提高效力更强。

（三）提高品牌美誉度

公关式的形象策划不仅能提高品牌的知名度，还能极大地提高品牌美誉度。公共关系的根本目标就在于塑造良好的企业形象，通过公关宣传的方法来增加品牌的可信度和亲和力。它是提高品牌美誉度的一个重要的渠道。企业公关人员通过高效合理的公关技巧，使大众从心底接受品牌，在公众中塑造良好的品牌形象，以谋求公众对品牌的了解、信任、好感和合作，并获得更高的美誉度。

（四）化解品牌危机

品牌危机是指由于组织内部或外部的种种因素，严重损害了品牌的声誉和形象，使组织陷入了强大的社会舆论压力之下，并使品牌处于发展危机之中的一种公共关系状态。在激烈的市场竞争中，品牌危机的出现在所难免。如 1999 年，比利时和法国的一些中小学生因为饮用美国饮料可口可乐而发生的中毒事件；2000 年中美史克公司在中国遭到质疑，同年 11 月，国家下发通知禁止 PPA，“PPA 等于康泰克”的舆论几乎将中美史克在中国多年的经营成效压垮；2001 年是南京老牌食品企业冠生园的灾难年，用陈馅当新馅在月饼行业是一种普遍现象，但是冠生园的品牌却从此倒下了。面对危机事件，危机公关是企业在处理危机时所采取的一切手段和策略，它承担着解决危机问题，恢复公众信任，重塑企业形象的重大责任。

危机公关是个系统工程，它需要调动企业各个方面的力量以及企业日常公关工作中逐步积累的社会关系网络，为危机的尽快消除奠定基础。积极、有效的危机公关能够使企业摆脱困境，恢复品牌形象，处理得当甚至能提升品牌形象。

四、公共关系的传播渠道

媒体是公共关系的传播渠道，公共关系的使用通常是企业公关人员通过媒介与公众建立联系，有效、双向地传递组织与公众之间的信息。公共关系的内容包括调研、传播品牌信息、广告推广、宣传策划活动、维护公共事务关系等。

（一）传播渠道

传播渠道是企业向公众传达品牌信息及获取公众反应的沟通途径，有平面媒体，也有电子类媒体。传播渠道分为以下两大类：

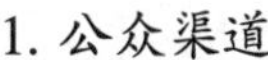

1. 公众渠道

公众渠道，也称大众传播渠道，指全体消费大众在日常生活中都方便接触到的媒体，如报纸、电视、车身广告、互联网等。

2. 专用渠道

专用渠道指向特定人群传播的媒体，如针对目标小众消费群直接投递（简称直投）类的平面杂志、品牌向 VIP 顾客邮寄或 E-mail 的产品信息。

媒介的选择要考虑传播信息特点、受众匹配度、时效、预算成本及媒体可控度等诸多方面的因素。企业公关要非常熟悉投递媒体的类型，如发行量、受众规格、传播效率、产品表述力、信息可控度、媒体与大众的互动性等。

（二）信息传递方式

1. 公关类广告

公关类广告在实践中有三种类型：内部广告、公共服务告示以及组织利用事件宣传的机构广告。企业通常最多选择的是机构广告，用于品牌传递和优化企业形象。由于广告费用的高昂，企业在实际操作中一般将其交给专业的广告公司，负责文案的撰写和表达形式的创作，这不仅分担了媒介风险，还在一定的时间和预算期限内，达到了最有效的公关效果。广告投放应考虑受众的需求、习惯和文化，以及投放目标市场的运行模式。在很多情况下，针对不同的市场，设计不同的广告诉求是企业稳妥的公关实践手段。

2. 宣传

宣传不同于广告，是以评论的方式将组织的信息通过媒介向受众传达的一种公关方式。它可以是新闻、访谈或推广信息，这就要求企业公关向媒介精准地传递事件信息，并提供真实的资源。针对非媒体的受众，企业往往通过产品图册、内部期刊、行业杂志等出版物、VCR、论坛演讲、行业会议等宣传工具传递信息。

3. 其他方式

随着论坛、博客、微博、微信等新兴社交类媒体的出现和大热，企业运用广告和宣传之间的界限越来越模糊，越来越多的大众选择通过真实、传播范围广、互动力强的社交类媒体了解信息，报纸、杂志等传统媒体曾经扮演的特殊角色逐渐被削弱，这就要求企业的公关人员对市场有非常高的敏锐度，时刻关注媒体趋势，做到有针对性和实时性地选择传播工具，最大限度发挥公共关系能力，维护好与媒体的关系，有效传播品牌信息。

五、使用公共关系方法塑造品牌的基本原则

组织的公共关系行为引起的公众反映，是评判公共关系作用的成败标准，

也是衡量企业在品牌塑造过程中运用公共关系的能力的指标。

（一）品牌形象至上原则

在公众中塑造、建立和维护良好的品牌形象是公共关系活动的根本目的，品牌形象既与组织有关，也与公众的状态和变化趋势直接相连。这就要求组织必须有合理的经营决策机制、正确的经营理念和创新精神，并根据公众和社会的需要及变化，及时调整和修正自己的行为，不断地改进产品和服务，以便在公众面前树立良好的品牌形象。良好的品牌形象是塑造品牌的前提，是提升品牌资产的重要保证。

（二）有效沟通原则

组织与公众的沟通实际上是通过信息双向交流和沟通来实现的，正是通过这种双向交流和信息共享的过程，才形成了组织与公众之间的共同利益和互动关系。企业在与公众沟通时，应本着有效沟通的原则。一方面企业要将正确的品牌信息通过公共的各种渠道传播给公众，另一方面企业和公众之间可以进行平等自愿的、充分的信息交流和反馈，倾听公众对品牌的认知状况，双方都可畅所欲言，因而，公共关系能最大程度地降低不良的副作用。

（三）互惠互利原则

在品牌的塑造过程中，一些企业急功近利，追求自身利益的最大化，为了追求短期之利或片面地追求一时品牌认知度和影响力，而失去更多，缩短了品牌的生命周期。造成这种现象的根本原因就在于：利益从来都是相互的，从来没有一相情愿的。对于企业而言，只有在互惠互利的情况下，才能真正达到品牌塑造效应的最大化。

（四）真诚真实原则

在塑造品牌的过程中，追求真实是现代公共关系工作的基本原则，告诉公众真相便一直是公关工作的信条。尤其是现代社会，信息及传媒手段空前发达，使得任何组织都无法长期封锁和控制消息，以隐瞒真相，欺骗公众，真相总会被人知道。因此，公共关系强调真实原则，要求公关人员实事求是地向公众提供真实信息，以取得公众的信任和理解。

（五）长期目标原则

由于公共关系是通过协调沟通、树立组织形象而建立互惠互利关系的过程，这个过程既包括向公众传递信息的过程，也包括影响并改变公众态度的过程，甚至还包括组织的转型，如改变现有形象、塑造新的形象的过程。所有这一切，都不是一朝一夕就能完成的，必须经过长期艰苦的努力。因此，在品牌的塑造过程中，公共关系组织和公关人员，要着眼于长远利益，实现品牌形象的逐步提升。

第二节 公关活动实务

当一个社会组织自觉认识到自身公共关系状态的存在，就会根据自身需要，采取措施为组织创造更加良好的公共关系状态，这种关系的创造是为了陈述事件，解决问题或者改变状态。组织通过设立目标、预算，制定活动内容、选择报道媒体而采取的如庆典、展览、开放参观、赞助等活动，就是公关专题活动。此外，还有周年庆典活动、会员俱乐部活动、慈善公益活动、旗舰店剪彩仪式、各类发布会、品牌传奇演绎、颁奖典礼、明星代言等都是品牌运营实务当中常用的公关活动。

成功的品牌公关策略不仅仅是形式上新颖，更是通过对点滴细节的把握，将品牌独特的品牌符号、品牌文化、品牌内涵有效地展示出来，并尽可能得到最大多数人群的认同，在特定时间、特定距离给消费者带来一种独特的享受。为此，根据品牌自身的特点，富含创意地设计每一次公关活动都是非常必要的。如下讲述实务当中最为常见的几个公关活动。

一、赞助活动

（一）赞助的概念

赞助是组织或团体通过提供资金、产品、设备、设施和免费服务的形式资助社会事业的活动。赞助活动形式多样，主要包括赞助体育事业、赞助文化教育事业、赞助社会福利事业等。赞助是一种既可以赢得社会好感，又可以提高品牌知名度的公共关系活动。赞助活动在现代营销中运用得十分普遍，我们可以把公益赞助营销策略视为公共关系中的一个分支，是企业经营管理的营销策略中的一种。但赞助营销策略不同于其他营销策略，其主要作用是提高企业形象，因此，其作用和价值的体现都不是短期内就能看得到的，需要一定的时间和过程来验证和检验，更需要一定的时间才能够最终显示其作用和效果。

通过赞助既可达到宣传的目的，又可增强说服力和影响力；还能够制造新闻效果，扩大品牌认知度，提高组织在公众中的美誉度；甚至通过赞助行为表明企业组织勇于承担社会责任，便于企业组织树立关心社会公益事业的良好形象，建立与公众的关系，促进社会组织与外界的和谐交流。

（二）赞助的作用

对于品牌而言，恰当的赞助活动产生的作用和价值是非同凡响的，主要体现在以下七个方面：

(1) 便于品牌正面社会形象的塑造，增强社会公众对品牌的信任。

(2) 有利于提高品牌在社会公众心目中的美誉度，加大社会公众对企业及其产品的接受度。

(3) 增加社会公众对品牌的知晓、了解程度，从而提高品牌的知名度。

(4) 有利于培养忠诚的目标消费群体。

(5) 诉求清晰，可信度高。

(6) 目标人群集中，针对性强。

(7) 营造较强烈的正面社会反响。

(三) 赞助营销中应当注意的问题

1. 明确企业营销管理目标

企业在参加公益营销赞助事件活动之前一定要充分了解自己的营销管理目标，然后把赞助有效地同营销管理目标结合起来，有效促进、合适推动。这样不仅为社会发展做出了贡献，更为企业营销管理目标的实现做出了贡献，一举两得。

2. 注意量力而行、量体裁衣

公益赞助营销策略的实施不可能立竿见影，迅速见效，必须经过一段时间的沉淀。因此，很多企业的经营管理者对公益赞助营销的效果急于求成，结果只会欲速则不达，甚至会弄巧成拙。企业在赞助公益事业的时候必须同企业的发展阶段有效地结合起来，根据企业的承受能力而有目的和有针对性地进行赞助，才能够为企业的发展推波助澜。

3. 立足长远，符合企业的长期利益

企业在发展的过程中既要充分考虑到现实的利益，又要充分考虑到长远的利益，有效地把长远和现实进行合理的对接和融合，才能给企业的发展塑造一个良好的发展氛围和环境，为企业的成长找到一个良好的支点，才能有机会成为百年大业、百年品牌。赞助是为企业发展服务的，企业在进行赞助活动时要充分考虑企业的利益，充分考虑这种利益和企业要进行赞助的公益类事业或活动的目标是否能够产生有效共鸣和作用，最终为企业的发展带来利益和价值，否则就是不符合企业发展的策略，不符合企业发展的策略也就是失误的决策。

4. 有效融合公益事业主题

应该说，能否把公益事业的主题同企业的经营目标有效地融合起来，是公益性赞助营销策略能否发挥更好、更大作用的关键因素。仔细观察，我们会发现，每个赞助事件或活动都会有个主题，而这个主题就是要唤醒人们心目中的某个沉睡意识或者是要与某个主流的思想进行有效的结合，如果企业能迅速抓住这个主题并与之有效地结合，就能迅速和目标群体产生心灵上的共鸣，迅速在目标消费者心目中成为焦点，并在广大的目标群体中广泛传播开来。

【案例】

瑞士历峰集团与高尔夫

瑞士历峰集团是世界最著名的奢侈品公司，它由南非亿万富翁安顿·鲁伯特于1988年建立。公司涉及的四个商业领域是：珠宝、手表、附件以及时装。从2004年以来，按营业额计算，它是世界第二大奢侈品公司，排名在路易·威登（LVMH）和巴黎春天（PPR）之间。拥有众多的品牌：卡地亚、梵克雅宝、伯爵、江诗丹顿、朗格、积家、万宝龙、登喜路、兰姿、上海滩等。

在南非，约翰·鲁伯特家族是第二富豪，鲁伯特本人经常坐着自己的私人喷气式飞机往返于世界各地，经营着自己庞大的家族生意，从卡地亚到积家、从江诗丹顿到万国、从万宝龙到登喜路，这一系列耀眼的奢侈品牌为鲁伯特所领导的历峰集团带来了不菲的收入。除了照看自己的商业帝国，他最愿意行走在高尔夫球场上，因此，他不遗余力地赞助高尔夫赛事，拓展高尔夫市场，在奢侈品与高尔夫之间享受着成功与喜悦。

因为鲁伯特对高尔夫的情有独钟，他一直在努力推动登喜路这个品牌的发展，尤其注重开发其高尔夫服装，在最困难的时候，有人曾劝他放弃登喜路这个品牌，他却坚决地说不；他在登喜路和高尔夫之间找到了共同点，不惜重金赞助高尔夫赛事；另外，他还出任了南非阳光巡回赛董事会主席。

登喜路这个品牌对高尔夫爱好者而言可谓如雷贯耳，以登喜路冠名的高尔夫赛事中，闻名世界的就有四项，包括登喜路杯、登喜路公开赛、登喜路英国名人赛和登喜路挑战赛。鲁伯特自接手历峰集团以来，对这个品牌倾注了极大热情，选择了自己钟爱的高尔夫运动来树立登喜路的产品形象，赞助高尔夫赛事就是手段之一。事实证明，这种推广手段积极而有效，具有高消费能力的高尔夫人士正好是登喜路产品的最大买家。登喜路男装自推出以来只有10年左右，业绩却蒸蒸日上。能取得这样的成绩，除了硬性广告，高尔夫运动潜移默化的作用才是“润物细无声”的。

资料来源：http：//www.8ttt8.com/shenghuo/w12340.htm.

二、庆典活动

庆典活动是组织利用自身或社会环境中的有关重大事件、纪念日、节日等所举办的各种仪式、庆祝会和纪念活动的总称，包括节庆活动、纪念活动、典礼仪式和其他活动。通过庆典活动，可以渲染气氛，强化组织的影响力，也可以广交朋友，广结良缘。成功的庆典活动还可能具有较高的新闻价值，从而进一步提高组织的知名度和美誉度。

三、开放式参观活动

社会组织为了让公众更好地了解自己，获得公众对其各项活动的支持，可以有计划地邀请组织的员工家属、社会公众、新闻工作者及其他对组织感兴趣的人到组织内部进行现场参观。利用这种机会向公众宣传，也是塑造组织形象的方法之一。例如，湖南经济电视台定期举办公众开放日，让公众参与了解节目的制作过程，安排节目主持人与观众进行面对面的交流与沟通，从而与公众建立了良好的互动关系。

庆典与开放式参观活动的经典结合——宾利的“奖励自己、帮助别人”

宾利作为奢侈品品牌，在进入中国市场时，几乎没有做过任何广告，却做到了家喻户晓。宾利的品牌建设主要依靠公共关系活动来推动口碑传播。

宾利在深圳举行的“生活奥斯卡—宾利高尔夫球赛和慈善之夜”就是一个庆典与开放式参观活动的经典结合，参加盛会的都是车主邀请的朋友，都是与车主社会地位相仿的潜在顾客群，目标人群十分明确，其间，宾利还借高尔夫球赛之际，邀请一些 VIP 车主亲赴位于英国克鲁郡的厂房，亲身体验每分钟只移动 6 英寸，每辆车要花 16~20 个星期才能完成的流水线作业。在惊叹其秉持的品牌文化之余，车主们都不自觉地成为宾利的“品牌大使”，热心地在朋友圈中义务推广宾利的品牌理念，宾利就这样通过像“生活奥斯卡”这种生活方式的盛宴，向人们传达着“奖励自己、帮助别人”的生活理念，并从高端用户开始，一直成功利用口碑效应，树立起牢固的品牌形象。

资料来源：www.hurun.net/hurun/oscarcn7.aspx.

四、展览

所谓展览，是指通过实物并辅以文字、图形或示范性的表演来展现社会组织成果，以提高组织形象、促进产品销售的专题活动。展览有大量的公共关系内容，是各社会组织力求塑造最佳组织形象的好机会。展览是一种十分直观、形象生动的复合型传播方式，可为社会组织和公众提供直接的双向交流与沟通的机会。它可以同时用产品说明书、宣传手册、活页广告等文字媒介，照片、幻灯片、录像片及电影等音像媒介，讲解、交谈和现场广播等声音媒介，现场表演、示范等动作语言媒介以及实物媒介等多种形式，进行全方位的宣传。

对于公众来讲，可以触摸、使用、品尝展览商品或以其他方式对展览商品加以检验，能形成较完整的感性认识。同时，由于展览集中了许多厂家不同的产品，交易集中且交易费用低，可以为公众节约大量的时间和费用，因此，很多公众都喜欢这种形式，新闻媒介也常对其追踪报道。展览展销会特别是大型的展览展销会，是一项综合性的、多维的、立体式的传播活动。办好一个展览会需要主办方精心的组织、有关部门密切的配合以及必要的展览费用。

巧用展览——贝纳通的品牌塑造

注册在意大利贝卢诺（1968）的品牌贝纳通一年的广告支出仅相当于菲亚特汽车一天的广告费用。而它要实现的战略愿景却是“成为全世界年轻人中名声最大的意大利品牌”。贝纳通有句著名的格言：“我们所做的一切都与惊世骇俗有关”，于是它的品牌重心完完全全落在了公共关系上。

为此，该品牌创新了许多公关活动，大胆并巧妙地使用了摄影展、主题展、主题活动等，成功地运用了新闻媒介，引起轰动效应，成为备受关注的品牌，其中一些活动热点突出，吸引公众，堪称经典，最终以极少的代价赢得目标消费群的认可。

比如其代表作，1991 年的艾滋病宣传活动、忧郁的黑天鹅、阿富汗难民船等等，都无时无刻不体现着其品牌核心思想，传递“贝纳通关心全球消费者”的信息，其间，当消费者关注事件时，也不知不觉地接受其品牌的影响。

由于贝纳通的品牌运行实施得坚决，坚持“语不惊人死不休”的个性主张，坚持“强烈视觉冲击+不美化+不掩饰=免费广告”以及“禁播+获奖=长期关注”的思想，使得它被喻为“广告恐怖主义”，使得人们对其品牌的评价就如同它服饰的斑斓色彩一样，可谓多姿多彩，褒贬不一。

为此，贝纳通近年来也作了适度调整，开始考虑当地法律限制，尊重不同国家文化，考虑不同宗教背景及社会公众心理接受度，逐步淡化“广告恐怖主义”色彩。如下就是一个很典型的例子，1996 年的作品“不同的肤色，相同的心”使用的是人的心脏，这使得很多人看后感觉不悦，之后，贝纳通将其换成了三个孩子伸出相同的舌头，其中的寓意不言自明。

经过 40 多年的努力，贝纳通巧用媒体策略，成功实施了产品线品牌战略与品牌资产扩张战略组合使用的战略，目前在全世界 100 多个国家有 6000 多家商店，成为享誉世界的成功品牌。

公关活动结束后，还需对活动后续进行跟踪监测，如活动到场人数、重要嘉宾满意度、现场协调、预决算差距，以及媒体报道时效及准确性、报道留样、公众反映等活动效果的不断评估。再根据这些评估的结论，不断调整和完善公共关系活动。

公共关系活动是品牌塑造中最为重要的方法和途径，是每一个品牌经营者都必须面对和重视的环节。

资料来源：http：//baike.baidu.com/view/162086.htm.

【补充知识】

举办新闻发布会

在公关策划中，新闻发布会可算是应用频率较高的一种活动。无论是公司成立、战略发布、新品推出、项目开通等企业成长中具有里程碑性质的事件，还是其他事件，新闻发布会都是一个常见的、必不可少的手段。通常来说，新闻发布会的参会人员包括媒体人员、中间商、企业主要领导、合作伙伴、知名

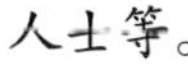

人士等。

一、新闻发布会的策划要点

（1）时机：把握好举办时机，过于密集会降低新闻效应，过于长期和分散又会让媒体淡忘。同时，发布会要注意避开在社会上影响重大的政治事件和社会事件的影响期，否则无法引起大众关注。

（2）时间：应该根据媒体人员的工作特性进行时间的具体安排，才有利于提高媒体人员的出席率，保证发布会的现场效果及媒体发布效果。据调查，通常发布会的时间安排在周二、三、四的下午为宜，会议时间持续一到一个半小时为宜。

（3）地点：在地点选择上，要考虑与主题内容贴切，交通便利的场合，便于寻找。

（4）主题：发布会要抓住重点突出主题，确保参会人员能得到有用的信息，内容不要松散或过多。

（5）形式：发布会要注意在形式上与内容上完美结合，同时突出企业形象的完美展示。

（6）过程：可以适当地制造悬念，引发媒体人员的兴趣，还有助于把现场效果推向高潮。

（7）专访：针对主题在发布会后安排专访，可使所发布的新闻素材得到进一步的深入和升华。

二、新闻发布会的流程

新闻发布会与其他的公关活动一样，都需要明确目标，制定相应的执行计划，安排具体的执行流程，其基本步骤如下：

（1）明确发布会主题：根据企业的事件，制订明确响亮的新闻发布会主题。

（2）选择适当的时间地点：选择发布会的时间，避免与重大新闻事件产生冲突，提前选定发布会所在的城市、具体地址。

（3）确定协办组织：明确发布会中需要涉及的公关公司、广告公司、行业单位、相关领导及管理机构、媒体人员、规模大小，以预订会场。

（4）会议方案策划：与协办方根据会议主题，策划设计场地布置、需要举行的仪式、会议议程、时间表、详细的邀请名单等。

（5）发送邀请名单：按照名单，专人负责发送邀请函和请柬，确保相对重要的人员参加发布会，根据实际情况进行人员调整，回收确认信息后，制定参会详细名单。

（6）做好准备工作：进行会议所需要的准备工作，包括会议礼品、会议资料、场地背板、会议设施、发言稿、新闻通稿、背景音乐、礼仪人员、接待人员、主持人等。制定好意外情况的补救措施，检查各项准备工作，将会议议程精确到分钟。

(7) 发布会的常见流程：来宾签到、贵宾接待、主持人宣布会议开始、宣传会议议程、举行相关仪式、按会议议程进行、会后的聚餐交流、特别安排的专访或是其他活动、会议结束。

(8) 监控执行情况：整理发布会音像资料、收集会议剪报、制作发布会资料集（包括来宾名单、联系方式、媒体报道资料、会议记录资料等），作为营销资料保存，并在此基础上制作相应的宣传资料，监控媒体发布情况，收集反馈信息，总结经验。

当然，媒体的运用只是企业公共关系中的一个方面，但也是最为常见的公关手段。作为营销策划人员，必须牢牢记住，在某种程度上而言，媒体关系的优劣直接影响到企业的生死存亡，只有通过精心的计划及持续的努力，才能使其为企业建立和维持与大众之间的良好通道发挥应有的作用。

资料来源：http：//wenku.baidu.com/view/2de5eba6f524ccbff12184fb.html.

"城市让生活更美好"
——上海申博公共关系活动案例

一、项目背景

当今社会国际商品交换的扩大和科学技术与经济发展之间的紧密联系使世界博览会这一国际经济、科技、文化的奥林匹克盛会显得举足轻重。中国正以她前所未有的发展速度和在世界政治、经济、国际事务中的影响和作用，令世人所瞩目，举办一届成功的世界博览会显得极其重要。能否成功举办世界博览会，不仅反映出一个国家的建设成就和综合国力，更显示出主办国迈向下一世纪的决心和信心。

项目调查：

作为中国最大的经济中心城市，拥有1300多万户籍人口的上海，2002年人均国内生产总值超过4900美元，综合经济实力达到中等收入国家水平。经过20多年不懈努力，上海的市政基础设施建设、旧区改造、产业结构调整都取得了重大进展，城市综合素质大大提高。特别是经过’99财富全球论坛、2001年亚太经合组织会议的洗礼，上海举办大型国际活动的能力得到进一步增强。上海正在迈向国际经济、金融、贸易和航运中心。如果中国申博成功，对长江三角洲影响巨大。上海周边城市将迎来一个扩大对外开放，活跃人流、物流、信息流，带动相关产业发展的历史性机遇。世博会从申办到举办，整个过程长达10年，上海市初步估计要投资30亿美元，用于世博会园区建设。1美元的会展投资，将拉动5~10美元的城市相关产业投资，这对江浙两省无疑是一个极好的机遇。江浙两省作为经济大省、建筑大省，为上海发展出力，接受上海辐射，是江苏、浙江的区位优势。目前，上海进行的上万个建筑工程中，有无数的江苏、浙江人在竭诚奉献。2010年上海世博会，预计有7000万名参观者，其中30%~35%将继续在华东地区游览。这意味着上海周边100公里以苏州、周庄为代表的江南水乡，150~200公里的无锡、杭州，300公里内的南京、扬州、镇江，以至中国最为富庶的整个华东6省1市，都将被上海世博会直接带动。

对于民众支持度的调查，申博办委托上海城市经济调查队对全国50个城市的民意调查显示：89.4%的人认为中国有必要申办2010年世博会，94.4%的人拥护中国申办2010年世博会，92.6%的人认为中国有能力申办2010年世博会，78.6%的人相信中国申办2010年世博会会成功。一次广泛的网上调查也证明，92.3%的人支持上海举办2010年世博会。

二、项目策划

公关目标：

- 塑造上海国际大都市形象，展现上海魅力。
- 最终夺取2010年世博会主办权。

充分发挥上海的五大优势是申博取得成功的保障，所以贯穿整个公关策划的就是突出优势、体现个性、展示魅力。

五大优势：

第一，参观人数多。如果2010年世博会在上海举行，超过7000万人次的参观者将创世博会历史纪录。2010年上海世博会将成为各国人民的盛大集会。

第二，上海为世博会选定了合适的主题，"城市，让生活更美好"的主题能得到各国广泛关注。

第三，选址符合世博会的宗旨，做好了合理的选址场馆规划。世博会场址选在黄浦江滨水区，规划控制面积540公顷，世博园区面积规划400公顷，通过场馆建设，促使旧城改造；并在举办后，使该地区今后成为经济、科技和文化的交流中心。

第四，上海改革开放以来积累的经济实力完全有条件举办世博会。

第五，社会稳定，秩序良好。上海举办世博会得到了民众的极大支持。据调查结果显示，上海世博会的民众支持率在90%以上。

围绕这五大优势系列公关一一展开，让世界认同"上海是最好的选择"。

三、项目执行

2001 年 9 月前以发放宣传册为铺垫，之后展开了大规模全方位的宣传。

• 世博会知识网络电视竞赛。

• 举行申办 2010 年上海世博会新闻通气会。

• 世博主题文艺演出。

• “万人支持申博网上签名”活动。

• “上海市民骑车申博万里行”。

• 2010 名上海市民代表宣誓。

• “长江三角洲申博之旅”。

• 征求申办徽标、口号、招贴画。

• 通过宣传征集徽标 165 个、海报 470 幅、口号 6140 条。最终决定入围海报 10 幅、入围口号 10 条，入选口号“中国如有一份幸运，世界将添一片异彩”。

• 进入社区的“世博会向我们走来——世博知识巡回展”。

• 派遣 37 个组团出国访问了 87 个 BIE 成员国，其中包括 9 个非建交国家。

• 国外媒体宣传。世界各大主流媒体都对上海申博表示热切关注，分别以专题、专刊、专版的形式给予追踪报道。英国《泰晤士报》、天空电视新闻频道以及星空传媒新闻频道，对时任上海市市长陈良宇进行了联合采访，表示了对上海申办世博会的支持。

• 成立支持中国申博“企业后援团”。

四、活动主体

• 2001 年 6 月 6 日，国际展览局第 129 次成员国代表会议在巴黎举行。时任上海市常务副市长陈良宇在会上进行了中国申博首次陈述，确定申博主题以及选址。

起用申博市民代表袁鸣作诚恳的介绍，现身说法谈上海发展为人类提供实现价值的环境，以情动人，形式创新生动。

• 2001 年 11 月 30 日，国际展览局举行第 130 次成员国代表大会，时任上海市市长徐匡迪作了申办陈述。

• 瑞士罗氏制药有限公司总经理以一名外资商人角度谈自身在上海的投资回报，证实了中国政府的承诺是绝对可以信任的。

• 2002 年 3 月 10~16 日，中国作为申办国之一，第一个接受了国际展览局代表团的考察，通过一系列的陈述报告、实地考察，与各界人士交流沟通，国际展览局充分了解到上海的优势、能力、举办条件和各项准备工作。

• 2002 年 7 月 2 日，国际展览局举行第 131 次成员国代表大会，时任国务委员吴仪、外交部长唐家璇、上海市市长陈良宇、中国贸促会会长俞晓松等作了申博陈述。唐家璇部长代表中国政府承诺我国将投入1亿美元支援发展中国家和地区前来参展。对参展国建立永久性展馆，中国政府还将给予建馆资金25%的补贴。此外设立用于大会各项评奖的奖励基金。

• 2002年12月3日，国际展览局举行第132次大会，时任国务院副总理李岚清、国务委员吴仪、上海市市长陈良宇进行最后一次陈述，再次肯定了中国政府对于承办2010年世博会的信心与态度。会上以一部充满上海市民热切期盼的实地拍摄申博纪录片充分展示了上海的无限魅力。

当日，国际展览局成员国对2010年世博会主办国进行投票表决，中国获得2010年世博会的主办权。

五、项目评估

• 韩国YTN电视台在新闻报道中高度评价中国申办成功，认为这显示了中国经济发展的实力，提高了中国在国际社会上的威望和地位。

• 中国香港贸发局认为上海世博会将为港带来商机。

• 西班牙《世界报》把上海定为2002年世界最知名城市，其中成功申办2010年世博会作为其中关键一条。

• 法国《世界报》派发评论认为中国拿到2010年世博会主办权是众望所归。

• 国际展览局官员评论：今天世界诞生了一个伟大的希望。

有了北京申奥的成功经验，上海申博活动开展得相当不错，整个申博过程中，政府牵头的国际公关为上海赢得了不少加分。

首先，在国际展览局成员国会议上的四次陈述形式有重大突破，给成员国代表以耳目一新的感受。其次1亿美元援助基金的提出也是史无前例的，充分表示了中国政府的诚意以及表达了上海努力办好国际性世博会的意愿。最后，公关活动抓住了上海的五大优势展开，扬长避短，展示了上海开放、包容的鲜明个性，最终吸引了世界的目光。

资料来源：http：//jingpin.lstc.edu.cn/2006jpkch/gongguan/anli/22.htm.

第四部分

品牌资产管理

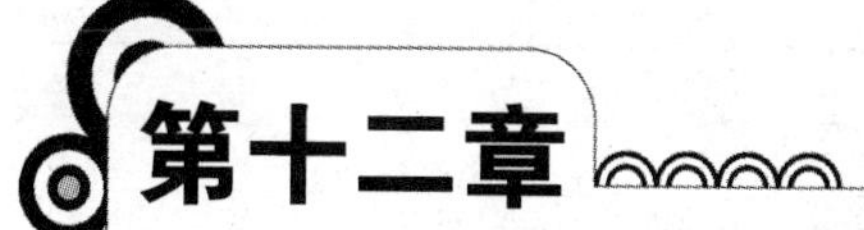

第十二章 品牌资产

第一节 品牌资产的基本概念

现代品牌理论特别重视和强调品牌是一个以消费者为中心的概念，一个品牌如果没有给消费者带来功能和情感上的利益，品牌就没有价值可言。最有代表性的凯文·凯勒（1998）提出的基于消费者的品牌资产概念（Customer-based Brand Equity），即主要从消费者对品牌的反应去衡量品牌的价值。

目前，国内外学者对品牌资产概念的理解仍然是仁者见仁、智者见智，存在分歧（见表 12-1）。

表 12-1 品牌资产定义汇总

出处	品牌资产定义
营销科学研究所	品牌客户，渠道成员和母公司等方面采取的一系列联合行动，能使该品牌产品获得比未取得品牌名称时更大的销量和更多的利益。还能使该品牌在竞争中获得一个更强劲、更稳定、更特殊的优势
凯文·凯勒 大卫·艾格	由于顾客对品牌的认知而引起的对该品牌营销的不同反应能够增加或减少产品服务对于其公司和公司客户所产生的价值的一系列品牌资产和负债，以及品牌名称与象征
拉贾·斯拉瓦斯塔瓦 阿兰·斯考克尔	品牌资产包括品牌影响力和品牌价值。品牌影响力是一系列关于品牌客户、渠道成员及母公司的联合行为，他们能使该品牌拥有特定持久的竞争优势。品牌价值是管理层通过采取一系列大力增加当前和将来利益并减少风险的行为，以增强其品牌并由此产生的经济效益
沃克·史密斯	通过各种成功的计划和活动，为一种产品或服务累积起的各种在交易中可度量的财政价值
美国品牌资产委员会	品牌资产向顾客“提供一种能够拥有的、值得信赖的、有关联的特别承诺”
林恩·普绍	一组品牌的资产和负债，它们与品牌的名称、标志有关，可以增加或减少产品或服务的价值，也会影响企业的消费者和客户

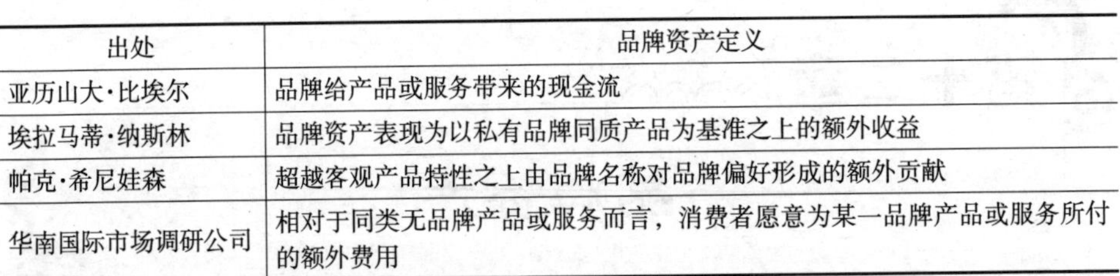

续表

出处	品牌资产定义
亚历山大·比埃尔	品牌给产品或服务带来的现金流
埃拉马蒂·纳斯林	品牌资产表现为以私有品牌同质产品为基准之上的额外收益
帕克·希尼娃森	超越客观产品特性之上由品牌名称对品牌偏好形成的额外贡献
华南国际市场调研公司	相对于同类无品牌产品或服务而言，消费者愿意为某一品牌产品或服务所付的额外费用

资料来源：凯文·莱恩·凯勒. 战略品牌管理 [M]. 中国人民大学出版社，2003.

从上述定义不难看出，人们对品牌资产的理解是不一致的，但其出发点不外乎三种：财务会计观点下的概念、基于市场的品牌力概念和基于品牌关系的概念。上述定义虽然侧重点不同，但都表明品牌资产具有三个主要特点：第一，品牌资产是一种无形资产；第二，品牌资产是由品牌带来的，是一个公司拥有的很重要的资产；第三，品牌对公司的价值是通过品牌对消费者的影响产生的。

第二节 品牌资产模型

一、财务会计概念模型

财务会计概念模型主要着眼于对公司品牌提供一个可衡量的价值指标。这种概念模型认为品牌资产本质上是一种无形资产，因此必须为这种无形资产提供一个财务价值。一个强势品牌是非常有价值的，应该被视为具有巨大价值的可交易资产。英国 Interbrand 公司执行董事 Paul Stobart 是该概念模型的典型代表，他认为："关于品牌的一个重要问题不是如何创建、营销，而是如何使人看到它们的成功及在财务上的价值。"

财务会计模型的产生背景如下。公司必须对股东负责，一家规范的企业必须在一定的时期内向股东报告其所有资产的价值，包括有形资产与无形资产的价值。因此如果不给每一个品牌赋予货币价值，公司管理人员及公司股东就无法知道其公司的真正总价值，甚至会导致价值的低估，从而对企业造成重大损失。尤其是在收购或兼并行动中，就更需要知道品牌的价值。品牌资产的财务会计模型有许多评估方法，可以分为两大类，一类是狭义的完全财务意义方法，另一类是在财务评估基础上再考虑使用非财务因素进行调整的更为广义的财务评估方法。现在全世界比较著名的品牌评估机构 Interbrand 和 Financial World 及我国北京的名牌资产评估事务所所使用的品牌资产评估方法都是建立在财务会计概念模型基础上的。

因此，应用品牌资产财务会计概念模型的主要目的有：①向企业的投资者或股东提交财务报告，说明企业经营绩效；②便于企业资金募集；③帮助企业制定并购决策。

财务会计概念模型把品牌资产价值货币化，符合公司财务人员把品牌作为资本进行运作的需要。但是这一概念模型存在着许多不足之处：①最大不足是过于关心股东的利益，过于关心短期利益，很可能导致公司短期利益最大化，从而牺牲品牌的长期利益增长。②过于简单化和片面化。因为品牌资产的内容十分丰富，绝不是一个简单的财务价值指标所能概括。③财务会计概念模型对于品牌管理没有任何帮助，它只能提供品牌的一个总体绩效指标，但却没有明确品牌资产的内部运行机制。

二、基于市场的品牌力概念模型

基于市场的品牌力概念模型认为一个强势的品牌应该具有强劲的品牌力，在市场上是可以迅速成长的，从而把品牌资产与品牌成长战略联系起来。这种概念模型认为，从财务角度衡量品牌资产价值只是在考虑品牌收购或兼并时才很重要，财务价值只应是评估品牌价值的第一位的指标，除此之外，更重要的是要着眼于品牌未来的成长。品牌资产的大小应体现在品牌自身的成长与扩张能力上，例如品牌延伸能力。

品牌延伸能力是体现品牌力的一个重要指标。正如大卫·艾格所指出的，现在对于一个企业而言，引入一个全新品牌的成本要比品牌延伸的启动成本高得多，而且失败的概率也要高，因此品牌延伸已为绝大多数企业所使用。品牌延伸可以把现有品牌资产中的贡献因素也向新的产品实现延伸，这些因素包括品牌名称、消费者对品牌的态度、对现有品牌的忠诚度、现有产品与延伸产品之间的适应性、品牌形象等。

基于市场的品牌力概念模型是顺应品牌的不断扩张和成长而提出的，该模型与财务会计概念模型最大的不同在于，财务会计概念模型着眼于品牌的短期利益，而基于市场的品牌力概念模型研究的重心则转移到品牌的长远发展潜力。该模型开始比较深入地研究品牌与消费者之间的关系，并第一次把品牌资产与消费者态度、品牌忠诚度、消费者行为等指标联系起来。

Pitta 和 Katsanis 是把品牌资产纯粹作为长期计划工具的主要提倡者，他们在 1995 年曾经提出了一项“九十年代品牌资产管理计划”，论述了品牌管理人员应该把重心从短期目标转移到长期目标。该计划分为四步：第一步是 Brand Picture，企业首先必须建立一个品牌蓝图，勾勒一个品牌的 5 年发展战略；第二步是 Brand Persona，企业应该从消费者角度来评估品牌的现状，并发现和识别品牌战略目标（第一步）与品牌发展现状（第二步）之间的差距；第三步是 Brand Life，为了缩小第一步与第二步之间的差距，必须对品牌原有的策略进行调整，制定品牌生存策略；第四步是 Brand Initiative，评估品牌所有的收益。该项计划重点强调了消费者对品牌的态度及如何制定公司的营销战略以体现消费者的观点。

三、基于品牌关系的概念模型

基于市场的品牌力概念模型尽管也开始注意到消费者与品牌资产的关系，但是该模型主要重心还是在于品牌的长期成长及计划。迄今为止，绝大部分学者都是从消费者角度来定义品牌资产。他们意识到：如果品牌对于消费者而言没有任何意义，那么它对于投资者、生产商或零售商也就没有任何意义。因此品牌资产的核心便成为如何为消费者建立品牌的内涵。

Pokormy 认为，消费者看待品牌资产的关键首先在于建立一个持久的积极的品牌形象。品牌形象事实上是一个品牌本身或生产品牌的企业的个性体现，消费者可以用形容词来描述其对品牌或企业的感觉和认识。

Kelley 和 Krishnan 则认为，长期保持顾客忠诚度关键在于让消费者了解品牌，让消费者掌握更多的品牌知识。消费者对品牌知识的了解可以分几个阶段进行，首先是品牌知名度、品牌形象。Kelley 认为，品牌知名度又分为品牌认知和品牌回忆，品牌形象又可分为品牌态度和品牌行为；如果建立一个好的品牌联想，消费者就可以建立一个积极的品牌态度。品牌能够越多地满足消费者，消费者对品牌的态度就越积极，也就有越多的品牌知识可以进入消费者的脑海。一旦在消费者心目中建立了品牌的知识，品牌管理者就要确定品牌的核心利益——品牌能够满足消费者哪一方面的核心需要。

Dyson、Farr 和 Hollis 也提出了一个 Brand-Dynamics Pyramid 模型，他们认为，首先，一个品牌必须拥有提示前知名度。其次，必须建立与消费者需求的联系，能够满足消费者的某种核心需要。再次，品牌的产品功能和绩效必须达到消费者的要求。品牌必须表现出相对于竞争对手独特的优势，与竞争对手相区别。最后，品牌必须与其最终消费者建立某种情感联结。只有知道品牌处于金字塔的哪一位置，品牌经理才能制定适宜的战略和策略来维持或提高顾客忠诚度。

Aaker 在综合前人的基础上，又提炼出品牌资产的“五星”概念模型，即认为品牌资产是由品牌知名度、品牌形象、品牌感知质量、品牌忠诚度及其他品牌专有资产五部分所组成。这一基于品牌消费者关系的品牌资产概念模型把品牌资产的组成模块化，有利于对品牌资产的管理。

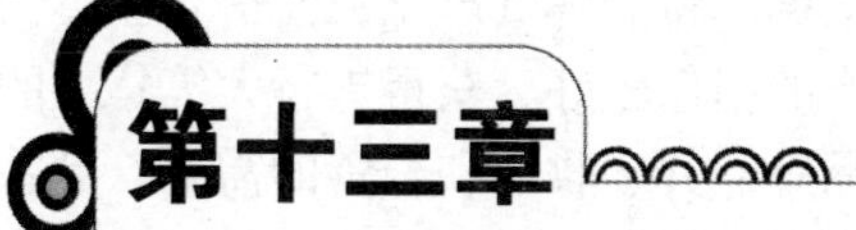

第十三章 品牌资产评估方法

第一节 品牌资产评估方法综述

一、品牌资产评估方法的三个发展阶段

品牌资产作为一种无形资产，对公司来说是最有价值的资产，品牌资产评估成为企业关注的一大焦点，有关的研究大量展开并受到广泛瞩目。品牌资产评估方法的发展是以对品牌资产概念的理解为基础的。目前，国内外学者对品牌资产概念的理解存在分歧，从而导致品牌资产评估方法层出不穷，难以统一；这造成了学者、广告公司、市场研究公司和品牌资产评估专业机构采用不同的品牌资产评估方法对品牌资产进行评估，形成不同的品牌资产评估模型。

基于上述对品牌资产内涵的三种不同理解，目前对于品牌资产价值的评估基本上是分别侧重于以下三种要素展开的：财务要素（成本、溢价、现金流量）、市场要素（市场表现、市场业绩、竞争力、股市）和消费者要素（态度、行为、信仰；认知、认同、购买意愿）。从而，品牌资产评估方法的发展大体上经历了三个阶段。

第一阶段，完全基于财务会计要素的品牌资产评估法。这是人们最早采用的评估"品牌财产"时采用的方法。20 世纪 80 年代以前，"品牌资产"(Brand Equity) 的概念还没有被西方营销界广泛采用，取而代之的是"品牌财产"(Brand Assets) 的概念，人们认为品牌资产仅仅是公司无形资产的一部分，因此主要寻求从狭义的财务角度对品牌资产进行评估。其评估结果难以为品牌管理者提供具体管理操作方面的指导。

但基于财务要素的评估方法对于企业在越来越多的融资活动中企业价值的衡量具有重要的意义。首先，品牌资产评估使得企业资产负债表结构更加健全。资产负债表是银行贷款、股市投资的依据。将品牌资产化，使得企业负债降低，贷款的比例大幅降低，显示企业资产的担保较好，获得银行大笔贷款的可能性大大提高。其次，品牌资产评估是品牌兼并、收购和合资的需要。品牌兼并、收购热潮，使得许多企业意识到对现有品牌资产的价值进行更好的掌握是必需的，对兼并、收购的企业品牌价值掌握也同样重要。最后，将品牌从公司其他资产中分离出来，当做可以交易的财务个体的做法，有日渐增加的趋势。这为合资与品牌繁衍奠定了稳定的基础。避免在与外商合资时，草率地把自己的品牌以低廉的价格转让给对方，造成损失。

第二阶段，品牌资产评估方法中引进了市场要素，使得评估结果反映了品牌的市场地位，能够为管理者提供具体管理方面的指导。20 世纪 80 年代以后，“品牌资产”（Brand Equity）的概念开始在西方营销界广为流传，取代了“品牌财产”（Brand Assets）的概念，将古老的品牌思想推向了新的阶段。评估方法中也更多地涉及反映企业市场状况和其他管理层面的因素，如市场占有率、国际化水平等。虽然该类评估方法没有完全摆脱财务会计因素，但是在财务要素的基础上，引进市场要素对品牌资产进行评估是评估方法的一大改进之处。首先，品牌资产评估有利于提高管理决策效率。虽然企业形象资产对股东有利，但是，无法根据它来具体评估各项品牌经营实绩。然而，依据公司各个品牌的市场表现对品牌价值作出评估后，有利于公司的营销和管理人员对品牌投资作出明智的决策，合理分配资源，减少投资的浪费。其次，基于市场要素的品牌资产评估结果能够激励公司员工，提高公司的声誉。品牌价值不但向公司外的人传达了公司品牌的健康状态和发展趋势（品牌是公司长期发展的目标），更重要的是向公司内所有阶层的员工传达了公司的信念，激励了员工的信心。品牌经过评估，可以告诉人们品牌的市场表现，以此可以显示自己这个品牌在市场上的显赫地位。最后，品牌资产评估的结果能够激励投资者的信心。评估品牌可以让金融市场对公司的价值有正确的看法，可以提高投资者的交易效率。

第三阶段，考虑消费者与品牌的关系，以及消费者在品牌资产评估中的重要作用。基于市场因素的评估结果可以为品牌管理者提供宝贵的指导建议。营销人员通过不懈努力来提高品牌的市场表现和地位。但是人们发现，最终决定品牌市场表现和地位的，不是营销手段，而是消费者。无论营销手段多么高明，如果得不到消费者的认可，品牌也不会有很大的发展空间。如果品牌对于消费者而言，没有任何意义和价值，那么它也绝不可能向投资者、生产商或零售商提供任何意义和价值。所以，基于品牌关系理论（主张品牌资产主要体现于品牌与消费者关系的程度）的品牌资产评估方法应运而生，该类方法把消费者看做是品牌资产形成和评估的焦点。因此，品牌资产的核心为品牌与消费者之间的关系程度，对品牌资产的评估便成为如何评估品牌与消费者之间的关系。使用这类方法对品牌资产进行评估的意义如下：首先，消费者是上帝。公司所做的一切就是为了满足消费者的需求，使得利润最大化。品牌不仅仅是公司自己的，还是与竞争者相区别的标志，更是消费者赋予公司的财富。所以，品牌价值不仅仅应该从公司内部的指标考虑，更应该考虑到消费者赋予品牌的价值。其次，有助于发现品牌资产价值的真正驱动因素。品牌资产的实现要依靠消费者的购买行为，而消费者的购买行为又根本上是由消费者对品牌的看法，即品牌的形象所决定的。尽管以上两类评估方法可以反映品牌资产的大小，但是这两类评估方法并不能揭示在消费者心目中真正驱动品牌资产的关键因素，只有基于消费者的评估方法才能够真实反映品牌资产的驱动因素。最后，有利于公司对品牌形象的保护。品牌资产的价值是每个消费者通过对品牌各个部分认识的总和得出的。消费者对品牌资产的这种认识是消费者在与某一品牌产品或服务打交道的过程中，根据他们的经验、交往与感情综合而成的。所以，采用消费者评估法有助于为管理人员提供可行的管理方法来评估品牌形象，采取具体行动改进或保护品牌形象，以及对营销项目进行长期监控。

二、品牌资产评估方法分类比较

如上所述，品牌资产评估方法发展阶段中探讨的因素并不是完全相互独立的，有些评估方法同时考虑了财务要素和市场要素，也有些方法同时考虑了市场要素和消费者要素，还有些方法同时考虑了财务要素和消费者要素（见表 13–1）。

表 13–1 品牌资产评估方法汇总

评估方法要素	评估方法特点	代表方法
评估方法一：财务要素	品牌资产是公司无形资产的一部分，是会计学意义的概念	历史成本法、重置成本法、市价法、收益现值法
评估方法二：财务要素 + 市场要素	品牌资产是品牌未来收益的折现，因此，对传统的财务方法进行调整，加入市场业绩要素	Interbrand 方法 Financial World 方法
评估方法三：财务要素 + 消费者要素	品牌资产是相对于同类无品牌资产或竞争品牌而言，消费者愿意为某一品牌所付的额外费用	溢价法 品牌抵补模型（BPTO） 联合分析法（Conioint Analysis）
评估方法四：消费者要素 + 市场要素	品牌资产是与消费者的关系程度，着眼于品牌资产的运行机制和真正驱动因素	Brand Asset Valuator Brand Equity Ten EquiTrend Brand Equity Engine

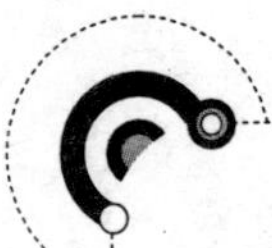

第二节 品牌资产评估方法

对品牌资产的价值评估是一项非常有意义的工作，但也是一项复杂而烦琐的工作。基于对品牌资产的不同理解，品牌资产的评估方法根据侧重角度不同分为以下四种。

一、侧重于财务要素角度

一般认为，品牌是公司无形资产的一部分。在公司并购、商标使用许可与特许、合资谈判、税收缴纳、商标侵权诉讼索赔等许多场合都涉及品牌价值的计量。具有代表性的方法有历史成本法、重置成本法、市价法和收益法。

1. 历史成本法

历史成本法是依据品牌资产的购置或开发的全部原始价值估价。最直接的做法是计算对该品牌的投资，包括设计、创意、广告、促销、研究、开发、分销等。

2. 重置成本法

重置成本法是按品牌的现时重新开发创造的成本，减去其各项损耗和贬值来确定品牌价值的方法。重置成本是第三者愿意出的钱，相当于重新建立一个全新品牌所需的成本。

具体来说，这种方法的思路是首先估算品牌所在行业的新品牌开创费用，在此基础上根据该品牌影响力的大小确定一个成本因子，两者的乘积即该品牌的品牌资产价值。采用成本因子系数的原因是在每一个行业，不同品牌的影响力差异很大，而这种差异反映着各品牌的重置成本存在着不同，即影响力越大的品牌，重置成本越高。重置成本法评估品牌资产正是基于这一原则而成立的。所以，在以行业内平均重置成本为基础评估资产大小时，还应根据品牌影响力的大小确定一个影响力因子系数，即对影响力大的品牌赋予相应较大的因子系数。在实际操作中，一般按照品牌的市场占有率来确定该因子系数。例如，假设市场占有率在5%以上的为成功品牌，而符合该标准的品牌数量有30个，这30个品牌总的市场占有率为90%，企业有一市场占有率为45%的品牌，则其影响因子系数为15，即影响因子系数=被评估品牌市场占有率/成功品牌平均市场占有率。运用该方法还应该考虑的一个问题是风险因素，因为不是所有品牌开创都成功了，假设行业内开创新品牌平均费用为200万元，而新品牌开创成功率为 1/3，则平均开创费用为 600 万元。所以品牌重置费用=行业平均费用/成功率×成本因子=200×3×15=9000（万元）。

因为品牌作为一种无形资产，它的投入与产出相关性比较弱，加之企业对品牌投资通常与整个投资活动联系在一起，很难将品牌投资单独分离出来。另外价值较大的品牌一般成长时间都比较长，企业往往没有保存关于品牌投资情况的完整数据。更重要的是品牌投入与品牌资产之间的弱相关性是历史成本法的致命弱点。所以，以往在进行品牌资产评估时一般采取重置成本法。总的来说，重置成本法看似在实际操作中比较便利，数据相对而言容易收集，但由于品牌资产的重复性比较差，使得这一方法存在着内在的缺陷。另外该方法没有考虑市场的未来变化因素，是一种静态的分析方法，这也是其不足之处。

3. 市价法

这种方法是通过市场调查，选择一个或几个与评估品牌相类似的品牌作为比较对象，分析比较对象的成交价格和交易条件，进行对比估算出品牌价值。参考的数据有市场占有率、知名度、形象或偏好度等。应用市场价格法，必须具备两个前提条件：一是要有一个活跃、公开、公平的市场；二是必须有一个近期、可比的交易对照物。但在执行上存在一些困难，因为对市场定义不同，所产生的市场占有率也就不同，且品牌的获利情况和市场占有率、普及率、重复购买率等因素并没有必然的相关性。这些市场资料虽然有价值，但对品牌的财务价值的计算却用处不大。

4. 收益法

收益法又称收益现值法、未来收益法。它是通过估算未来的预期收益，并采用适宜的贴现率折算成现值，然后累加求和，得出品牌价值的一种评估方法。该方法是根据品牌的未来获利能力来评估其价值的一种方法，从根本上讲，这种方法最符合逻辑性，因为品牌之所以有价值，就在于它能够为企业的未来带来收益。在对品牌未来收益的评估中，有两个相互独立的过程：第一是分离出品牌的净收益；第二是预测品牌的未来收益。可以说该方法很好地反映了品牌之所以具有价值的本质，充分考虑了其在未来市场上的获利能力及相关因素。但也不可否认，该方法在计算由品牌所带来的超额利润时，并没有完全把其他影响因素排除掉，因为许多因素为获取利润带来的贡献是很难和品牌完全剥离的。

二、侧重于市场要素角度

由于品牌开创成本与其未来收益的不对称性以及大量品牌投资并不必然带来品牌影响力同步增大，使得上述方法具有不可克服的内在局限性。一些学者通过市场要素考察品牌的价值，比较典型的是 Interbrand 方法。

英国 Interbrand 公司（以下简称“英特公司”）的品牌价值评估方法是目前品牌价值评估中常用的一种方法。这种方法的基本假定是，品牌之所以有价值不全在于创造品牌所付出了成本，也不全在于有品牌较无品牌产品可以获得更高的溢价，而是在于品牌可以使其所有者在未来获得较稳定的收益。这种方法是以市场表现为主要的评估依据，并以货币现值作为价值评估结果。该方法在评估过程中首先要确定反映品牌价值的各种参数，对影响品牌价值的这些参数采用综合评分法分别评出相应的数值，根据评分的数值和各个参数的权重实施加权，求出该品牌强度，再根据品牌强度推算出倍数，然后乘上该品牌当期净利润额得出品牌的价值。

英特公司的品牌价值评估方法的计算公式为 $E = I \times G$。其中，E 是品牌价值；I 是品牌给企业带来的年平均利润；G 是品牌强度。

品牌收益反映企业品牌近几年的获利能力。Interband 方法中品牌收益的衡量方法非常复杂。品牌收益的计算虽然可以从品牌销售额中减去品牌的生产成本、营销成本、固定费用和工资、资本报酬以及税收等，但是品牌收益的计算还要考虑其他因素。首先，并非所有的收益或利润都是来自于品牌，可能有部分收益或利润来自于非品牌因素；其次，品牌收益不能用某一年份的利润来衡量，而应该用过去 3 年历史利润进行加权平均。

品牌强度的决定。英特公司研究品牌强度大小构成要素后认为，主要有七个因子类别综合反映了品牌实力，即领导力、稳定力、市场力、国际力、趋势力、支持力和保护力。其中，领导力（Leadership），是指品牌影响市场的能力，即该品牌的发展与走向对市场影响的大小，实际上反映了品牌在同行业中所处的综合竞争地位，从市场实践来看，著名品牌一般具有较强的市场领导能力；稳定力（Stability），是指品牌的生存能力，反映了品牌及其所代表的产品和服务的市场生存能力的大小，一般来说历史悠久的品牌稳定性较高；市场力（Market），是指品牌可以作用的目标市场，品牌的目标市场选得准确，则自然能与品牌建立有效联系，使品牌能被目标市场充分接受，品牌的竞争力也就自然增强；国际力（International），是指品牌超越地理和文化障碍的国际化能力，反映了品牌蕴意的文化包容性；趋势力（Trend），即品牌的发展方向，反映了品牌在什么程度上与社会发展趋势相一致；支持力（Support），主要反映品牌与社会公众，特别是与目标市场群体沟通的有效程度，如果能与目标受众达到良性互动，则品牌就容易被社会所接受，提高品牌的竞争力；保护力（Protection），是指品牌拥有者的法律地位，受保护的品牌所涵盖的行业与产品范围越广泛，受保护的地区、国家越广泛，那么品牌受到的侵犯相对越小，从而品牌的竞争力也就相对得到巩固。

品牌价值评估方法的实施步骤。英特公司的品牌价值评估方法主要由以下三个步骤组成：第一步是确定影响品牌价值的 80~100 个参数，并进行评分，然后对各种参数进行综合，合并成表示品牌实力的上述七个指标类别，给出每个指标类别的得分值。这些构成要素在品牌竞争中所起作用大小的不同决定于它们在品牌竞争中所占权重的不同。第二步是对公司品牌获得的利润进行分解，一旦由品牌获得的利润额得到确认，再分析非品牌商品可能产生的利润额，从而计算出与品牌有关的净利润额。第三步是根据品牌强度推算出倍数，再乘以当期品牌净利润额，从而得出品牌的价值。英特公司的品牌价值评估方法中最为关键的参数是倍数，倍数一般是 6~20 倍不等，用以表示品牌可能的获利年限。品牌的市场信誉越高，越受市场欢迎，可预期的获利年限越长，则乘以净利润的倍数就越高，那么该品牌的价值就会越高。

从图 13-1 可以看出，英特品牌法为了得到品牌资产的价值，需要从财务、市场、品牌三个角度进行分析。

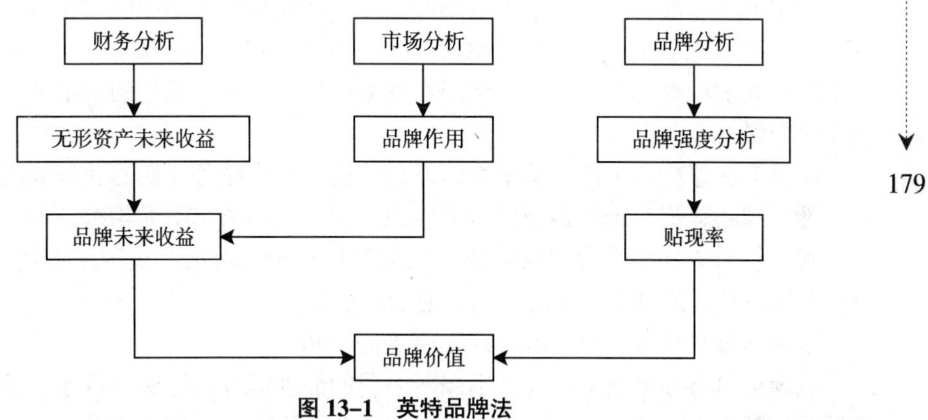

图 13-1 英特品牌法

三、侧重消费者要素角度

这种方法主要通过识别某品牌产品相对于同类无品牌产品或竞争品牌产品而言，消费者愿意为其支付的额外费用。代表方法有溢价法、品牌价格抵补模型、联合分析法。

1. 溢价法

溢价法的基本思路是品牌价值的大小可以通过消费者由于选择这一品牌而愿意额外支付多少货币加以衡量。在其他条件相同的情况下，如果消费者为选择某一品牌而愿意支付的额外费用越多，则表明该品牌越有价值。

用溢价法评估品牌资产，首先要解决的问题便是溢出价格的确定，即确定在使用品牌时，与不使用品牌相比，消费者愿意额外支付的价格，一般是通过对消费者进行调查，比较同一种产品分别在使用品牌和不使用品牌时，消费者愿意支付的价格，两者之差即溢价。可以在可控制的较小市场范围内进行比较实验，对得到的结果进行处理，计算出差价，差价乘以该品牌的销量即超额利润，再用超额利润除以品牌所在行业的平均利润率即得到该品牌价值。比如，如果某一品牌产品的市场售价为 100 元，销量为 10000 件，不使用品牌消费者可接受的价格为 50 元，行业平均投资利润率为 20%，则该品牌价值为：

$(100 - 50) \times 10000 \div 20\% = 2500000$（元）

这种方法不仅可用于评估某个品牌的价值，也可用于评估两个品牌之间的比较价值，方法与前面的相同。需要指出的是，两个品牌之间价格的差异并不一定是由品牌造成的，也可能是由其他因素造成的，比如，质量、技术水平、服务等，因此在评估两种不同品牌之间相对价值时，要注意选择在其他方面因素非常接近的产品，以排除其他方面因素的影响。如果两种产品相差较大，评估出的结果可靠性就不大。由于市场的变化，产品销量也是不断变化的，在经济繁荣的时候，销量就大一些，相反，经济不景气时，销量就小一些，为了较为准确客观地反映销量，消除偶然因素的影响，可以用近几年的销量平均数来减小这个误差。

用溢价法评估品牌资产的不足之处是仅仅考虑到品牌当期的获利能力，而没有考虑到品牌资产未来各期的获利能力，这与实际情况不大相符。但该方法的优点是：对于同一品牌产品来说，能够较好地把溢价的其他因素剥离出来，对由品牌所造成的价格差异能较准确地加以衡量。

2. 品牌价格抵补模型（Brand-Price Trade Off）

品牌价格抵补模型是国际市场调研公司的品牌资产研究专利技术。品牌价格抵补模型在不同的价位上测试一组品牌的购买意向，并在此基础上进行微观模拟测试。该模型主要研究目的是：当消费者面对他们喜欢的价格较高的品牌和那些价格相似的第二选择品牌时，作出的反应情况。消费者是否会转换品牌，还是忠实所喜爱的品牌，从而确定品牌的理想价格，为企业品牌战略管理提出指导性建议。

3. 联合分析法（Conjoint Analysis）

联合分析法于 1964 年由数学心理学家 Luce 和统计学家 Tukey 提出。原先只是心理学领域中一种较新的衡量方法，而后由 Green 和 Rao 于 1971 年将其引进市场营销学领域，成为市场营销研究中衡量消费者偏好的重要方法之一。联合分析法可以将主观反应转换成估计参数值的模式，因此该方法可以用来测量受测者的心理判断、知觉偏好等。

品牌价格抵补模型和联合分析法的具体操作采用实验模拟，向消费者提供品牌和价格的多种组合，让消费者进行选择，进而通过专用的统计软件计算出品牌资产价值。其特点是运用实验方法，操作比较繁杂，且过分依赖消费者的直观判断和电脑统计过程。

四、市场因素和客户因素的结合

这种方法是在前三种评估方法的基础上，将基于市场取向和客户取向的因素结合考虑，通过调查消费者对品牌的熟悉程度、忠诚程度、品质感知程度、消费者对品牌的联想等，来确定品牌在消费者心目中处于何种地位，识别品牌在哪些方面处于强势，哪些方面处于弱势，然后据此实施有效的营销策略以提高品牌的市场影响力或市场地位，目前西方市场营销学术界主要侧重从这一角度评估品牌。代表方法有品牌财产评估电通模型、品牌资产趋势模型、品牌资产十要素模型、品牌资产引擎模型。

1. 品牌财产评估（Brand Asset Valuator）电通模型

由扬·鲁比广告公司提出，其前身是朗涛形象力（Landor Image Power）模型。该模型使用邮寄自填问卷，每 3 年进行一次消费者调查，覆盖了 19 个国家 450 个全球性品牌及 24 个国家的 8000 多个区域性品牌。调查中由消费者用以下四方面指标对每一个品牌的表现进行评估：①差异性：即品牌在市场上的独特性及差异性程度。②相关性：品牌与消费者相关联的程度，品牌个性与消费者适合程度。③品牌地位：品牌在消费者心目中受尊敬的程度、档次、认知质量以及受欢迎程度。④品牌认知度：衡量消费者对品牌内涵及价值的认识和理解的深度。

在消费者评估结果的基础上，该模型建立了两个因子：①品牌强度，等于差异性与相关性的乘积。②品牌高度，等于品牌地位与品牌认知度的乘积。并进而构成了品牌力矩阵，可用于判别品牌所处的发展阶段。

电通模型突出了从品牌力的角度进行评估，有利于品牌资产的诊断和品牌战略管理。它的优点是比较简单，可以覆盖的品牌范围及产品种类范围很广，摆脱了传统的认知—回忆模型，因而比较新颖。该模型的局限，首先，必须以数据库作为基础；其次，这一模型不能解释品牌选择及品牌忠诚的机制。

2. 品牌资产趋势（Equi Trend）模型

由美国整体研究公司提出，每年调查 2000 位美国消费者，1995 年的调查包括 100 多个产品类别的 700 个品牌，尽管其调查的范围和问卷的长度都不如电通公司的模型，但该模型由于经过多年的调查积累了较大的数据库，因而可以更好地理解各品牌的品牌资产的运行机制及效果。该模型主要由消费者衡量品牌资产的以下三项指标：①品牌的认知程度：消费者对品牌认知比例，也可以分为第一提及、提示前及提示后知名度。②认知质量：这是该模型的核心，因为消费者对品牌质量的评估直接影响到品牌的喜欢程度、信任度、价格以及向别人进行推荐比例。在品牌资产趋势模型的研究中，认知质量被证实与品牌的档次及使用率或市场占有率高度正相关。③使用者的满意程度：指品牌最常使用者的平均满意程度。

综合每个品牌在以上三项指标的表现，能够计算出一个 EquiTrend 品牌资产得分。根据 EquiTrend 的数据库及调查结果，美国领导品牌多年来的排名顺序都比较稳定和一致。

与品牌财产评估电通模型一样，品牌资产趋势模型也比较简单，而且能覆盖较广泛的品牌和产品种类，并且摆脱了传统的认知—回忆模型。但不足之处是过于依靠认知质量这项指标（这项指标只能解释消费者为什么去买该品牌，但却不能解释是什么原因导致高质量）；由于认知质量和使用者满意程度两项指标的基数不一样的，认知质量和使用者满意程度两项指标的相关性并不高；而且，该模型没有很好地解释“各项指标的权重是如何得到的，是否对于每一个消费者都是一样”的问题。

3. 品牌资产十要素（Brand Equity Ten）模型

由美国著名的品牌专家大卫·艾格教授于 1996 年提出的，从五个方面衡量品牌资产：忠诚度、认知质量或领导能力、品牌联想或差异化、品牌认知与市场行为，并提出了这五个方面的 10 项具体评估指标。

忠诚度评估：①价格优惠；②满意度或忠诚度。

认知质量或领导能力评估：③感觉中的品质；④领导品牌或普及度。

品牌联想或差异化评估：⑤感觉中的价值；⑥品牌个性；⑦公司组织联想。

品牌认知评估：⑧品牌认知。

市场行为评估：⑨市场份额；⑩市场价格和分销区域。

品牌资产十要素模型为品牌资产评估提供了一个更全面、更详细的思路。其评估因素以消费者为主，同时也加入了市场业绩的要素。它既可以用于连续性研究，也可以用于专项研究。而且该模型所有指标都比较敏感，可以以此来预测品牌资产的变化。其不足之处在于，对于具体某一个行业品牌资产的研究，这些指标要作相应的调整，以便更适应该行业的特点。例如，食品行业的品牌资产研究与高科技行业的品牌资产研究所选用的指标就可能有所不同。

4. 品牌资产引擎（Brand Equity Engine）模型

品牌资产引擎模型是国际市场研究集团的品牌资产研究专利技术。该模型认为，虽然品牌资产的实现要依靠消费者购买行为，但购买行为的指标并不能揭示消费者心目中真正驱动品牌资产的关键因素。品牌资产归根结底是由消费者对品牌的看法，即品牌的形象所决定的。

该模型将品牌形象因素分为两类：一类是“硬性”属性，即对品牌有形的或功能性属性的认知；另一类是“软性”属性，反映品牌的情感利益。

该模型建立了一套标准化的问卷，通过专门的统计软件程序，可以得到所调查的每一个品牌其品牌资产的标准化得分。而且可以得出品牌的亲和力和利益能力这两项指标的标准化得分，并进一步分解为各子项的得分，从而可以了解每项因素对品牌资产总得分的贡献，以及哪些因素对品牌资产的贡献最大，哪些因素是真正驱动品牌资产的因素。

这项技术着眼于从品牌形象的角度来评估品牌资产，从而进一步摆脱了传统的认知—回忆模型，有助于去发现品牌资产的真正驱动因素。它既可以用于连续性研究，也可以用于专项研究。不足之处是，测量问卷要针对具体行业品牌作相应调整。

第三节　品牌价值计量实例

一、收益现值法评估实例

某企业拟对其所拥有品牌资产采用收益现值法进行价值评估。对于收益现值法，关键是要确定品牌资产在未来为企业所带来的收益及折现率。我们可以以企业前几年（一般采用五年）的经营状况，把预测分成两个阶段，前一阶段是预测企业未来五年的收益，后一阶段假设从第六年到无穷远，在这一阶段企业将保持等额收益，分别将两部分收益进行折现处理，最后计算出品牌资产的价值。

在这里，我们所称收益是指企业在生产经营过程中的现金流量，根据我国国库券利率和对未来几年通货膨胀率的分析与判断，设折现率为 r = 18%。

企业 1994~1998 年的经营状况见表 13–2。

基于以上数据，企业 1999~2004 年的有关收支和净现金流量指标预测值如表 13–3 所示（在已知更多历史资料情况下，可用回归模型加以预测）。

表 13-2 1994~1998 年经营状况

单位：千元

	1994 年	1995 年	1996 年	1997 年	1998 年
销售收入	7000	7500	8200	8300	8500
销售税金	1050	1200	1271	1311.4	1351.5
销售成本	2870	3150	3362	3403	3400
其中：折旧	630	750	902	954.5	1020
其他费用	350	450	492	456.5	467.5
销售利润	2730	2700	3075	3129.1	3281
营业外支出	91	90	106.6	116.2	127.5
营业外收入	70	75	114.8	116.2	136
利润总额	2709	2685	3083.2	3129.1	3289.5
所得税（15%）	406.4	402.8	462.5	469.4	493.4
净利润	2302.6	2292.2	2620.7	2659.7	2796.1
追加利润	200	250	260	270	290
企业净现金流量	2732.6	2782.2	3262.7	3344.2	3526.1

表 13-3 1999~2004 年有关预测指标

单位：千元

	1999 年	2000 年	2001 年	2002 年	2003 年	2004 年
销售收入	8800	9100	9500	10000	11000	12000
销售税金	1372.8	1419.6	1491.5	1550	1727	1920
销售成本	3520	3731	3800	4100	4620	5040
其中：折旧	1056	1183	1330	1350	1650	1920
其他费用	500	520	560	600	650	760
销售费用	3407.2	3429.4	3648.5	3750	4003	4280
营业外支出	130	150	170	190	195	210
营业外收入	140	155	172	190	196	200
利润总额	3471.2	3434.4	3650.5	3750	4004	4270
所得税	512.6	515.2	547.6	562.5	600.5	642
净利润	2904.6	2919.2	3102.9	3187.5	3402.5	3638
追加投资	420	550	700	800	850	900
净现金流量	3540.6	3552.2	3732.9	3737.5	4202.4	4658
折现系数	0.847	0.718	0.609	0.516	0.437	0.370

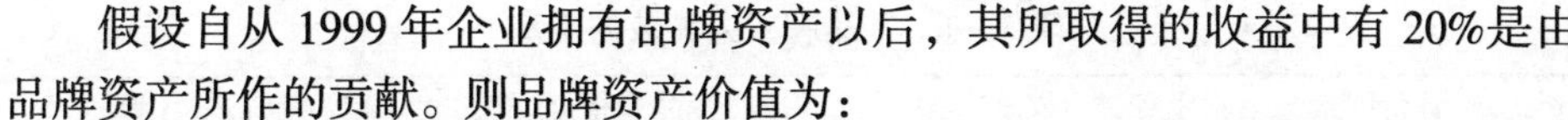

假设自从 1999 年企业拥有品牌资产以后，其所取得的收益中有 20%是由品牌资产所作的贡献。则品牌资产价值为：

P =（3540.6 × 0.847 + 355.2 × 0.718 + 3732.9 × 0.609 + 3737.5 × 0.5164 + 4202.4 × 0.437 + 4 658 ÷ 18% × 0.437）× 20% = 2289.7 × 20% = 457.94（千元）

二、英特品牌评估方法的应用

对某服装企业 Z 品牌采用英特品牌评估方法评估该品牌价值。该企业 1998~2000 年的收益情况见表 13–4。1998 年、1999 年是 Z 品牌服装的数据；2000 年是 Z 品牌集团的综合数据（所得税暂缺），计算时以前者为依据。

表 13–4 Z 品牌的部分财务数据

单位：亿元

项目	1998 年	1999 年	2000 年
总资产	12.85015	15.69499	35.3645
主营业务收入	7.85869	10.16291	48.8540
营业利润	1.66604	1.83112	3.51446
所得税	0.05910	0.10625	

根据表 13–4 数据计算，得出 Z 品牌收益，见表 13–5。

表 13–5 Z 品牌收益的相关值

单位：亿元

项目	1998 年	1999 年
主营业务收入①	7.85869	10.16291
营业利润②	1.66604	1.83112
销售品牌产生的利润③	0.40079	0.51831
品牌销售利润④	1.26525	1.31281
总资产⑤	12.85015	15.69499
资本报酬（资本报酬率 2.35%）⑥	0.30201	0.36883
所得税⑦	0.05910	0.10625
品牌收益⑧	0.90414	0.83774
加权平均的品牌收益	0.87094	

注：③ = ① × 销售品牌利润率（市场值），销售品牌产生的利润率经市场调研取值 5.1%；④ = ② – ③；⑥ = ⑤ × 资本报酬率；⑧ = ④ – ⑥ – ⑦。

根据英特品牌法总结出的测定品牌强度的七个方面，经过市场调研，各参数得分见表 13–6。

表 13-6 Z 品牌实力参数的确定

评价因素	权重（qi）	Y 品牌得分（Ti）	Ti × qi/100
领导力	25	76	19
稳定力	15	67	10
市场力	10	60	6
国际力	25	60	15
趋势力	10	60	6
支持力	10	70	7
保护力	5	60	3
小计	100		66

通过市场调研，由表 13-6 数据得到品牌强度 G = 66，利用 MATLAB 数据处理软件对现有数据进行整理研究，得出品牌实力值与乘数的关系曲线，计算得到品牌倍数 Q = 11.536，由此，计算可得 Z 品牌价值：E = 0.87094 × 11.536 = 10.047（亿元）。

以上是依据品牌收益与品牌倍数的乘积得出品牌价值，下面举一简单例子说明运用品牌收益与折现率得出品牌价值。首先假设：

(1) 净销售收入是用当前年度（第 0 年）不变价计算的；

(2) 净销售额全部是生产经营企业被评估品牌标定下的产品的销售额；

(3) 有形资产包括固定资产与流动资产，均以第 0 年不变价计价；

(4) 有形资产的收益排除了通货膨胀的影响；

(5) 品牌所产生的未来收益按全部无形资产所创收益的 75%计算；

(6) 在对行业、市场和品牌分析基础上确定的贴现率为 15%；

(7) 第 5 年之后品牌收益增长为零。

表 13-7 为企业品牌资产价值表。

表 13-7 企业品牌资产价值

单位：万元

项目	前年	去年	第 0 年	第 1 年	第 2 年	第 3 年	第 4 年	第 5 年
净销售额	440.0	480.0	500.0	520.0	550.0	580.0	620.0	650.0
营运收益	66.0	72.0	75.0	78.0	82.5	87.0	93.0	97.5
使用的有形资产	220.0	240.0	250.0	260.0	275.0	290.0	310.0	325.0
有形资产计提收益 (5%)	11.0	12.0	12.5	13.0	13.8	14.5	15.5	16.3
无形资产收益	55.0	60.0	62.5	65.0	68.8	72.5	77.5	81.3

续表

项目	前年	去年	第 0 年	第 1 年	第 2 年	第 3 年	第 4 年	第 5 年
品牌收益（占无形资产收益 75%）	41.3	45.0	46.9	48.8	51.6	54.4	58.1	60.9
税率	33%	33%	33%	33%	33%	33%	33%	33%
税后品牌收益	27.6	30.2	31.4	32.7	34.5	36.4	38.9	40.8
贴现率			15%					
贴现因子			1.0	1.15	1.32	1.52	1.75	2.01
现值现金流			31.4	28.4	26.1	24.0	22.3	20.3
到第 5 年时品牌所创造的价值			152.4					
第 5 年后的品牌残值			135.3					
品牌总价值			287.7					

从表 13-7 中可以看出，被评估品牌到第 5 年所创造的累积收益的现值为 152.4 万元，第 5 年后品牌残值折合现值为 135.3 万元，因此，该品牌的总价值为 287.7 万元。

现代品牌理论特别重视和强调品牌是一个以消费者为中心的概念，一个品牌如果没有给消费者带来功能上和情感上的利益，品牌就没有价值可言。最有代表性的是凯文·莱恩·凯勒（1998）提出的基于消费者的品牌资产概念（Customer-based Brand Equity），即主要从消费者对品牌的反应去衡量品牌的价值。根据这一观点，具有强大价值的品牌，应当不仅有较高的知名度，而且更重要的是与消费者建立关系，让消费者联想到它所代表的利益，包括功能上的和心理上的，这也是现代品牌计量理论的核心所在。

最后，需要指出的是，随着品牌理论研究的深入，以上观点在实践中遇到了越来越多的质疑，基于营销理论的品牌解释也早已不能满足品牌实践发展的需要，它们不能很好地解释品牌所具有的自传播能力、自组织能力和溢价能力，也就难以完成从具体实践到理论抽象的过程，不能进一步适用于广泛的品牌实践。由于品牌资产具有几项一般无形资产不具备的能力，如自传播能力、溢价能力和自组织能力等，因而不能将它简单地视同其他无形资产，自然地品牌资产也就具有了更为特殊的内涵。

参考文献

[1] 年小山. 品牌学 [M]. 北京：清华大学出版社，2003.

[2] 潘肖钰. 牌子 = 品牌？“第一品牌”的品名研究 [J]. 公关世界，2003 (11).

[3] 凯文·凯勒. 战略品牌管理 [M]. 北京：中国人民大学出版社，2003.

[4] 罗伯特·希斯. 危机管理 [M]. 王成等，译. 北京：中信出版社，2001.

[5] 龚维斌. 公共危机管理 [M]. 北京：新华出版社，2004.

[6] 李经中. 政府危机管理 [M]. 北京：中国城市出版社，2003.

[7] 刘文新. 品牌战略驱动 [M]. 北京：企业管理出版社，2007.

[8] 房振宏，万莉莉. 品牌及其文化内涵研究 [J]. 商场现代化，2006 (17).

[9] 刘邦根. 品牌文化的研究 [M]. 北京：北京交通大学出版社，2006.

[10] 马春光. 国际企业管理 [M]. 北京：对外经济贸易大学出版社，2002.

[11] 黄佶. 关于跨文化广告创意的思考 [J]. 中国广告，2006 (6).

[12] 张曰瑶，刘华军. 品牌经济学原理 [M]. 北京：经济科学出版社，2007.

[13] 余明阳，杨芳平. 品牌学教程 [M]. 上海：复旦大学出版社，2005.

[14] 余明阳，朱纪达，肖俊菘. 品牌传播学 [M]. 上海：上海交通大学出版社，2005.

[15] 余明阳，姜炜. 品牌管理学 [M]. 上海：复旦大学出版社，2006.

[16] 王维平. 企业形象塑造论 [M]. 北京：北京大学出版社，1998.

[17] 迈克尔·波特. 竞争优势 [M]. 北京：华夏出版社，1997.

[18] 菲利普·科特勒. 营销管理（第十版）[M]. 北京：中国人民大学出版社，2001.

[19] 白光. 品牌资本运营通鉴 [M]. 北京：中国统计出版社，1999.

[20] 陈放. 品牌学 [M]. 北京：时事出版社，2002.

[21] 魏国. 100 个成功的品牌策划 [M]. 北京：机械工业出版社，2002.

[22] 晓钟. 品牌竞争制胜之谋 [M]. 北京：经济管理出版社，1999.

[23] 马特·黑格. 品牌失败经典 100 例 [M]. 北京：机械工业出版社，2004.

[24] 孙德禄. 名牌策划 ABC [M]. 北京：华文出版社，2000.

[25] 吴海明. 品牌特攻 [M]. 广州：广州出版社，2001.

[26] 汤姆森·斯迪兰克. 战略管理（第十版）[M]. 北京：北京大学出版社，2001.

[27] 肖峰. 企业文化 [M]. 北京：中国纺织出版社，2002.

[28] 斯图尔特·克莱纳. 如何打造品牌的学问 [M]. 西安：陕西师范大学出版社，2003.

[29] 菲欧纳·吉尔摩，杜孟. 中国品牌大赢家 [M]. 北京：中信出版社，2003.

[30] 屈云波. 品牌营销 [M]. 北京：企业管理出版社，1996.

[31] 汤姆·邓肯. 品牌至尊 [M]. 中国台北：美商麦格罗·希尔国际股份有限公司台湾分公司，1999.

[32] 蒙勒·李，卡拉·约翰逊. 广告原理 [M]. 延吉：延边人民出版社，2003.

[33] 张仁德，霍洪喜. 企业文化概论 [M]. 天津：南开大学出版社，2001.

[34] 俞剑平. 企业战略谋划 [M]. 北京：中国广播电视出版社，2003.

[35] 肖延云. 名牌战略与企业振兴 [M]. 北京：经济科学出版社，2001.

[36] 刘光明. 企业文化（第三版）[M]. 北京：经济管理出版社，2002.

[37] 艾·里斯，杰克·特劳特. 定位 [M]. 北京：中国财政经济出版社，2002.

[38] 中岛正之，铃木司，吉松彻郎. 口碑营销 [M]. 北京：科学出版社，2006.

[39] 吉姆·布莱思. 消费者行为学精要 [M]. 北京：中信出版社，2003.

[40] 李苗，王春泉. 新广告学 [M]. 广州：暨南大学出版社，2002.

[41] 冯丽云. 品牌营销 [M]. 北京：经济管理出版社，2006.

[42] 苏勇. 品牌通鉴 [M]. 上海：上海人民出版社，2006.

[43] 斯科特·贝德伯里，斯蒂芬·芬尼契尔. 品牌新世界 [M]. 北京：中信出版社，2004.

[44] 李光斗. 品牌竞争力 [M]. 北京：中国人民大学出版社，2004.

[45] 陈云岗. 品牌观察 [M]. 北京：中信出版社，2002.

[46] 秋水. 品牌胜典 [M]. 北京：中央编译出版社，2003.

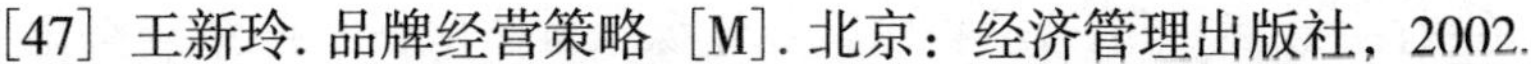

[47] 王新玲. 品牌经营策略 [M]. 北京：经济管理出版社，2002.

[48] 杜纳·科耐普. 品牌智慧 [M]. 北京：企业管理出版社，2004.

[49] 萨姆·希尔，克里斯·莱德勒. 品牌资产 [M]. 北京：机械工业出版社，2004.

[50] 肖恩·史密斯，乔·惠勒. 顾客体验品牌化 [M]. 北京：机械工业出版社，2004.

[51] 曾朝晖. 品牌金字塔 [M]. 广州：广东经济出版社，2004.

[52] 大卫·艾格. 创造强势品牌 [M]. 北京：中国劳动社会保障出版社，2004.

[53] 大卫·艾格. 品牌组合战略 [M]. 北京：中国劳动社会保障出版社，2005.

[54] 刘威. 品牌战略管理实战手册 [M]. 广州：广东经济出版社，2004.

[55] 张春兴. 现代心理学 [M]. 上海：上海人民出版社，1994.

[56] 陈军. 策划最佳定位 [M]. 长春：时代文艺出版社，2004.

[57] 祝合良. 品牌创建与管理 [M]. 北京：首都经济贸易大学出版社，2007.

[58] 周云，何忠伟. 品牌的经营要素替代原理 [J]. 经济师，2007 (9).

[59] 周云，李兴稼. 品牌学的理论框架和研究思路 [J]. 经济师，2007 (10).

[60] 周云，刘瑞涵. 品牌延伸的产生条件及评估框架研究 [J]. 商业研究，2006 (11).

[61] 周云. 基于排序原理的品牌自组织现象演进方向的解释. 社会主义新农村建设系列论文集 [M]. 北京：中国农业出版社，2007.

[62] 杨为民，周云. 基于信息熵和经营耗散理论下的品牌自传播计量框架 [J]. 商业研究，2006 (9).

[63] 何建明. 论上市公司整体资产评估中的收益现值法 [J]. 求索，2005 (7).

[64] 杨以雄，万艳敏，宋翠萍. 服装品牌资产评估方法的应用与研究 [J]. 东华大学学报 (自然科学版)，2002 (6).

[65] 卢泰宏. 品牌资产评估的模型与方法 [J]. 中山大学学报 (社会科学版)，2002 (3).

[66] 周晓东，张胜前. 品牌资产评估方法的比较与分析 [J]. 经济师，2004 (4).

[67] 卢泰宏，黄胜兵，罗纪宁. 论品牌资产的定义 [J]. 中山大学学报 (社会科学版)，2000 (4).

[68] 徐哲一，武一川. 策划管理 10 堂课 [M]. 广州：广东经济出版社，2004.

[69] 范秀成. 品牌权益及测评体系分析 [J]. 南开管理评论，2000 (1).

[70] 付林. 我国品牌价值量化评估模型探析 [J]. 管理世界，2004 (7).

[71] 国家信息中心. 中国行业发展报告：乳制品业 [M]. 北京：中国经济出版社，2004.

[72] 卢泰宏. 品牌延伸反馈效应研究述评 [J]. 外国经济，2008 (10).

[73] 卫海英，王贵明. 品牌资产与经营策略因子关系的回归分析 [J]. 学术研究，2003 (7).

[74] 于春玲，赵平. 品牌资产及其测评中的概念解析 [J]. 南开管理评论，2003 (1).

[75] 张传忠. 品牌资产价值评估中的边界 [J]. 商业经济与管理，2002 (12).

SB

中华人民共和国国内贸易行业标准

SB/T10761—2012

品牌管理专业人员技术条件

Qualifications for brand management professional

2012-9-19 发布 2012-12-1 实施

中华人民共和国商务部　发布

前　言

本标准根据现阶段我国各类企事业组织的品牌管理水平、发展趋势和品牌管理专业人员的基本素质而制定。

本标准的附录 A 为规范性附录。

本标准由中国商业联合会商业职业技能鉴定指导中心提出。

本标准由中国商业联合会归口。

本标准起草单位：中国商业联合会商业职业技能鉴定指导中心、首都经济贸易大学中国品牌研究中心

本标准主要起草人：祝合良、姚歆、赵敏。

本标准为首次制定。

品牌管理专业人员技术条件

1　范围

本标准规定了品牌管理专业人员的术语和定义、划分依据、评定方法、管理原则及技术条件。

本标准适用于各类企事业组织中的品牌管理专业人员，其他社会组织的相关人员可参考执行。

2　术语和定义

下列术语和定义适用于本标准。

2.1　品牌管理专业人员 brand management professional

从事品牌规划、品牌建构、品牌推广、品牌运营等方面的专业人员。

3　品牌管理专业人员等级划分和要求

3.1　等级划分

品牌管理专业人员划分为三个等级：助理品牌管理师、品牌管理师、高级

品牌管理师。

4　品牌管理专业人员技术条件

4.1　基本条件

4.1.1　职业道德要求

4.1.1.1　遵纪守法，敬业爱岗，严守保密制度。

4.1.1.2　实事求是，工作认真，精研业务，尽职尽责，具有团队和创新精神。

4.1.2　基础知识要求

4.1.2.1　市场营销学基础知识。

4.1.2.2　消费心理学基础知识。

4.1.2.3　消费者行为学基础知识

4.1.2.4　公共关系学基础知识。

4.1.2.5　广告学基础知识。

4.1.2.6　传播学基础知识。

4.1.2.7　商务交流基础知识。

4.1.2.8　设计学基础知识。

4.1.2.9　管理学基础知识。

4.1.2.10　组织行为学基础知识。

4.1.2.11　商品学基础知识。

4.1.2.12　信息网络技术基础知识。

4.1.2.13　美学基础知识。

4.1.2.14　社会学基础知识。

4.1.2.15　知识产权、商品质量相关法律知识。

4.2　资格条件

4.2.1　助理品牌管理师

4.2.1.1　学历及经历要求

具备下列条件之一者：

4.2.1.1.1　取得国家认可的大专学历，从事专业工作满一年。

4.2.1.1.2　取得国家认可的本科及以上学历。

4.2.1.2　工作要求

4.2.1.2.1　品牌要素建构

4.2.1.2.1.1　能够进行市场调研问卷的甄别和验收工作，通过现场、媒体、统计资料等各种途径收集产品品牌相关的市场信息；

4.2.1.2.1.2　能够进行顾客分类，概括不同顾客群的相似点和差异点；能够组织顾客访谈，深入了解顾客行为特点和潜在需求；能够进行产品功能价值点的总结和概括，提出产品品牌定位建议方案；

4.2.1.2.1.3　能够协助选择产品品牌要素类型（图形、文字等），并协助设计和创建产品品牌要素。

4.2.1.2.2　品牌日常管理

4.2.1.2.2.1　能够按照要求编制品牌营销报表和公文，进行品牌系统管理文件存档和管理；

4.2.1.2.2.2　能够协助制定、实施品牌营销组合方案、传播推广计划和品牌策划计划。

4.2.1.2.2.3　能够收集销售代表和经销商品牌营销信息，执行人员和渠道品牌绩效激励计划。

4.2.1.2.3　品牌传播推广

4.2.1.2.3.1　能够协助实施品牌广告和公关计划并进行效果监测；

4.2.1.2.3.2　能够收集产品品牌促销信息，组织实施品牌促销计划，进行促销品的制作和发放管理、终端促销宣传策划和陈列管理等工作；

4.2.1.2.3.3　能够收集产品品牌展览信息，组织产品品牌展览布展、陈列和接待等活动。

4.2.1.2.4　品牌资产管理

4.2.1.2.4.1　能够进行商标注册查询，完成商标申请和注册工作；

4.2.1.2.4.2　能够了解类似商标信息，提出商标保护和管理建议。

4.2.2　品牌管理师

4.2.2.1　学历及经历要求

具备下列条件之一者：

4.2.2.1.1　取得国家认可的大专学历，从事专业工作满六年。

4.2.2.1.2　取得国家认可的本科学历，从事专业工作满四年。

4.2.2.1.3　取得国家认可的第二学士学位或研究生班毕业，从事专业工作满二年。

4.2.2.1.4　取得国家认可的硕士学位，从事专业工作满一年。

4.2.2.1.5　取得国家认可的博士学位。

4.2.2.2　工作要求

4.2.2.2.1　品牌要素建构

4.2.2.2.1.1　能够分析市场调研成果、顾客需求特点和趋势以及品牌市场竞争格局。

4.2.2.2.1.2　能够进行目标顾客定位和市场竞争定位，确定品牌定位。

4.2.2.2.1.3　能够进行品牌要素选择并且提出品牌要素构成方案，制定品牌要素建立计划并组织实施。

4.2.2.2.2　品牌运营管理

4.2.2.2.2.1　能够分析品牌市场营销现状、存在的机会和问题，制定品牌营销目标、营销战略、营销行动方案、预计损益表和营销控制方案并进行实施。

4.2.2.2.2.2　能够制定品牌管理目标和原则以及管理制度，与研发、制造、市场和销售等业务相关部门进行沟通与协调。

4.2.2.2.2.3　能够制定产品品牌的销售目标和奖励制度、人员和渠道品牌绩效激励计划，并能够培训下属和进行绩效评估。

4.2.2.2.2.4　能够主持或协助制定新产品开发及产品升级计划，与相关部门共同组织实施，驱动新产品开发与产品升级。

4.2.2.2.3　品牌传播推广

4.2.2.2.3.1　制定品牌推广计划、整合传播方案和推广预算。

4.2.2.2.3.2　能够编制品牌广告和公关宣传方案，组织品牌信息发布会。

4.2.2.2.3.3　能够制定品牌终端推广和阶段促销计划，制定并且评估品牌促销方案。

4.2.2.2.3.4　能够制定品牌展览计划，组织品牌展览活动。

4.2.2.2.4　品牌资产管理

4.2.2.2.4.1　能够主持商标创意设计和申请注册工作，制定并实施商标管理制定和措施。

4.2.2.2.4.2　能够制定品牌保护管理制定，组织实施品牌保护专项和日常活动。

4.2.2.2.4.3　能够组织开展品牌资产评估工作。

4.2.3　高级品牌管理师

4.2.3.1　学历及经历要求

具备下列条件之一者：

4.2.3.1.1　取得国民教育序列的大专学历，从事本专业或相关工作满十二年，且具备品牌管理成功案例。

4.2.3.1.2　取得国民教育序列的本科学历，从事本专业或相关工作满八年，且具备品牌管理成功案例。

4.2.3.1.3　取得国民教育序列的硕士学历，从事本专业或相关工作满五年，且具备品牌管理成功案例。

4.2.3.1.4　取得国民教育序列的博士学历，从事本专业或相关工作满两年，且具备品牌管理成功案例。

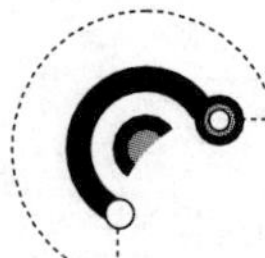

4.2.3.2　工作要求

4.2.3.2.1　品牌要素构建

4.2.3.2.1.1　能够分析品牌市场调研成果和市场竞争格局、顾客需求特点和趋势。

4.2.3.2.1.2　能够规划、确定品牌要素。

4.2.3.2.2　品牌系统管理

4.2.3.2.2.1　能够制定品牌营销目标、营销战略、营销行动方案、预计损益表和营销渠道建设方案。

4.2.3.2.2.2　能够制定并组织实施品牌管理制定，审核品牌管理制度和措施的制定并监督实施，与相关部门进行沟通与协调，并能够组织开展培训和指导工作。

4.2.3.2.2.3　能够编制品牌经费预算，审核和监督品牌预算的制定与实施。

4.2.3.2.2.4　能够审定新产品开发及产品升级计划。

4.2.3.2.3　品牌传播推广

4.2.3.2.3.1　能够审定品牌整合传播推广计划、品牌广告计划和品牌公关宣传计划。

4.2.3.2.3.2　能够审定并监督实施品牌促销计划。

4.2.3.2.4　品牌资产管理

4.2.3.2.4.1　能够制定品牌运作监控计划，组织品牌运作信息收集工作。

4.2.3.2.4.2　能够分析品牌受损问题，策划和组织品牌保护活动。

4.2.3.2.4.3　能够制定品牌危机处理方案并组织实施，提出品牌危机防范计划并监督实行。

4.2.3.2.4.4　能够组织实施品牌资产评估工作。

4.2.3.2.5　品牌战略规划

4.2.3.2.5.1　能够根据品牌战略目标和原则制定品牌发展规划，审查和批准品牌发展规划。

4.2.3.2.5.2　能够设计品牌构建体系，开展品牌组合管理。